叢書・ウニベルシタス　907

ほつれゆく文化

グローバリゼーション，ポストモダニズム，アイデンティティ

マイク・フェザーストン
西山哲郎／時安邦治 訳

法政大学出版局

わが父母の想い出に捧げる

『ほつれゆく文化』の刊行によせて

吉見　俊哉

はなはだ乱暴な図式ではあるが、人類の知には、その専門的な知見を深めることに専心するタイプの知と、そうして掘られた様々な知をつなぎ、その結び目から新たな視座や領域を生み出すタイプの知が存在するのではないか。前者をディシプリン型、後者をエンサイクロペディア型と呼んでもいい。物理学や化学から経済学、そして社会学まで、近代知が発達する一九世紀から二〇世紀までは、ディシプリン優先の時代であった。しかしそれ以前、一八世紀には、様々な知識の飛び地や現場を横断し、俯瞰的な広がりのなかで新しい思考を生み出そうとする知識人の活動が活発化していた。それを可能にしたのが活版印刷の普及であり、そうした活動の代表選手がフランスの百科全書派、なかでもディドロのようなネットワーカーであった。そして、このような活動の一つの結果が、フランス革命や一九世紀以降の近代知の創出であったことも広く知られているところである。

二一世紀、近代知をめぐる状況は再びヨコ軸を必要とし、エンサイクロペディア型の知を浮上させようとしている。二世紀におよぶディシプリン発達の時代を挟んで一八世紀と二一世紀が、知の横断的なネットワーク化やエンサイクロペディア的な実践を必要とする時代になっているのは偶然ではない。このどちらもが、人類が圧倒的な知識の爆発に直面した時代であった。一八世紀の場合、それまでの二世紀に及ぶヨーロッパ文明の世界化、あるいは非ヨーロッパ世界の植民地化のプロセスを通じ、ヨーロッパ各地に取り込まれる文物や知識の量が爆発的に増大していた。二一世紀には、とりわけグローバル化やコンピュータ技術の発達により、人類は文字通り「情報爆発」の時代を迎えている。

知識が爆発的に増大する時代には、過去の認識パラダイムでは世界が説明しきれなくなり、既存の知の壁を破って新しい知が創出されていく。一六世紀以降、キリスト教神学知から近代知への移行は数世紀かかったが、一八世紀の百科全書派は、そのような知の再編を、知識人や実務家の横断的なネットワーク化を通じて実践した。もちろん、そのような営みは、世界の植民地化と表裏の関係にあった。そして二一世紀初頭、ポスト植民地化とグローバル化、情報の爆発的な増大は、知の再編というよりも、既存の知の権威の相対化と多方向への拡散、遠心力をどんどん大きくさせているように見える。本書の冒頭に掲げられている言葉のように、「ものみな離散し、中心は持ちこたえない」のである。

そのようななかで、本書の著者マイク・フェザーストン教授は、二重の意味で、遠心力を否定するのではなく、むしろ一つ一つの遠心力を生かす方向で、新たな世界を認識する地平を形作ろうとしてきた。二重というのは、一方では知の編集人の実践において、他方では本書のような著作において、という意味である。

一方で、同氏が長年にわたり多大なエネルギーを傾注してきたのは、英国をベースにして社会理論と文化理論を横断する世界的に名高い学術ジャーナル『セオリー・カルチャー・ソサエティ』誌の編集である。同誌が一九八二年に創刊されて以来、四半世紀以上にわたり、フェザーストン氏は同誌の編集やここに集まる世界中の知識人ネットワークの運営の中核を担ってきた。八〇年代から九〇年代にかけて、グローバリゼーションや消費文化、新しい身体性の問題をいち早く取り上げるなど、同誌の特集には今も魅力的なものが多く、そのような新しい知的フロンティアへの開放性において、同誌は類似の社会理論系の学術雑誌のなかでも際立っている。

そして九〇年代末以降、同氏の関心は、学術雑誌の編集・発行から新しい百科全書（エンサイクロペディア）の出版へと向かっていった。エンサイクロペディアとは、この言葉が「円環」（サークル）と「学び」（ペダゴジー）を意味する語の複合であることが示すように、単なる事項の説明の網羅的集成なのではない。むしろ様々に異なる分野や領域の知が結びあわされ、連環していくネットワーク化の運動のことである。『セオリー・カルチャー・ソサエティ』誌という、それ自体、社会学、人類学、歴史学、メディア学など、異なる分野の知の出会いの場であった雑誌の編集から、ネットワーク化の運動自体をメディア化する実践への展開は一貫したものであり、フェザーストン氏は、長年のジャーナルでの活動をエンサイクロペディアとしてまとめ上げようとしているようだ。

さて、私が最初にフェザーストン氏とお会いしたのは、もう一〇年も前になる。一九九九年に来日された折、東京大学旧社会情報研究所の公開講演会で、本書のテーマでもある「グローバリゼーションと消費文化」についてお話しいただいた。その後、同氏らの新百科全書プロジェクトに私も関与することになり、「百科全書解体」と題したシンポジウムを開催して来日講演もしていただいた。この間、同氏は何度も来日しており、二〇〇七年には、『セオリー・カルチャー・ソサエティ』誌と東京大学情報学環、同総合文化研究科の共催で、国際シンポジウム「ユビキタス・メディア――アジアからのパラダイム創成」を開催した。このシンポジウムは、フリードリヒ・キットラーやベルナール・スティグレール、バーバラ・スタッフォード、蓮實重彥などの基調講演者をはじめ、四〇〇人の報告者を世界から迎え、一〇〇のセッションが新しいメディア時代の社会理論をテーマにして論じあうメディア学の歴史にとって画期的なものであった。

フェザーストン氏は、現在の知的状況全体を見渡す見通しの良さと、それぞれの論者の言わんとするところを言葉の端々から見抜く勘の良さ、ソフトな応対のなかで肝心な志は貫き通す芯の強さを備えている。学者というのは、しばしば相当に我儘な存在であり、時にはそのような我儘さがその人物の独創性と不可分なこともある（多くの場合は、そうではなくただ単に我儘なだけなのだが……）。しかも、世界各地の第一線の研究者たちとのネットワークを長年にわたり維持し、経済的な価値とは異なる次元で彼らからの貢献を引き出していくのは並大抵のことではない。フェザーストン氏は、概していつも相手の立場を考え、バランスをとりながら丁寧に人間関係を調整してきた。そうした彼のパーソナリティが、彼らの雑誌やプロジェクトの継続的発展を可能にしてきたようにも見える。

このような氏の活動の軌跡は、私がイメージできる限り、たとえばディドロ、あるいは日本でいうならば林達夫氏、あるいは最近ならば三浦雅士氏のような知識人＝知の編集人のイメージに近い。本書においても、氏の論考は、一点を徹底的に掘り下げて何らかの結論を導き出しているというタイプのものではない。むしろ、現代世界の〈文化〉をめぐる状況を的確に見渡し、どのような問いが本質的に重要なのか、その問いに答えていくいかなる補助線がこれまでの社会理論で培われてきたのかを正確に言い当てている。著者は冒頭、本書の諸論考が、様々な次元で遠心力が大きく働く現代社会での〈文化〉の位相を問うために、①文化の専門家の存立条件の変化、②統一されたパーソナリティの観念、③グローバル文化の編成という三つの次元から考察を進めると宣言している。

文字通り、この三つの次元が本書の柱であり、もうこれ以上の解説は必要がないのだが、あえて私なりの意訳をするなら、本書の問題意識を貫く一方の軸は、消費社会のなかでの文化の専門家の問題にあり、他方の軸は、グローバル化とマックス・ウェーバーをつなぐ線にあるとはいえないだろうか。

前者の問題設定の重要性は明白である。現代文化に関する諸々の理論的探究は、フランクフルト学派の文化産業論、一九六〇年代から七〇年代にかけての文化帝国主義論、それらを批判して様々に展開されていったカルチュラル・スタディーズ、あるいは米国での文化の生産に関する社会学などなどの諸系譜をたどってきたと、とりあえずは教科書的に整理できよう。しかし、グローバル化のなかでの権力の多元化や新しいメディア体制における受け手の情報発信者への転換、アカデミックな知や芸術的権威の相対化、文化システムの複雑化といった諸状況を踏まえるならば、既存の文化産業論はもちろんのこと、オーディエンス（受け手）研究も根本的にその枠組を考え直すべき段階に来ている。そのようななかで、おそらくもっとも重要なポイントのひとつは、著者のいう文化の専門家、なかでも文化媒介者や制作者たち（企業内であれ、インデペンデントであれ）についての透徹した調査や分析であるように思われる。

たとえば著者は、「ポストモダニズムを単に時代の推移や資本主義の新しい段階として理解してはならない」と述べ、これまでなされてきた多くのポストモダニズム論とは異なる視点を提起しようとする。そのポイントは、「新しい範疇の文化財に関わる文化の専門家と仲介者の活動と、増加するオーディエンスに焦点をあてることで、経済と文化の媒介に注意を払うこと」である。つまり、フレデリック・ジェイムソンやデイヴィッド・ハーヴェイが資本主義の構造転換とポストモダンの文化現象を理論的に結びつけるかたちで展開した分析に、そうした文化現象の生産や流通を具体的に担う人々や組織の実践についての分析を、〈経済〉と〈文化〉をつなぐ仕方で介在させていこうというものである。

この関心は社会学的なものであり、ちょうどかつてブルデューが、文化消費のレベルで個々の消費者がいなかる慣習的実践を通じて階級再生産に身を投じていくかを洞察したのに対し、個々の文化生産や媒介のプロセスにおいて、様々な「文化の専門家」の実践がどのように経済や権力の編成と結びついていくかを明らかにする問題設定であるようにも見える。著者の言葉を引用するなら、「文化の専門家（芸術家、知識人、それに様々なタイプの文化仲介者）がそのなかで仕事をしている場の知的かつ文化的な生産や消費の諸条件と、その『外部にある』より大きな世界との関係こそ、精査が必要なのである」。

必要なのは、グローバル化する資本主義のなかでの「文化の専門家」たちの実践を、経済や政治、軍事といった「通常彼らより強力な他の集団との相互依存や権力のバランス」のなかで精査することである。この点で、著者は本書で現代を通じて顕著になっていった三つの傾向を指摘している。第一は、現代におけるこの専門家たちの実践が、「文化的な飛び地の独占化と分離」と「より広範な公衆への文化の脱独占化」という二重のプロセスに向かって変化する傾向を帯びていることである。前者は、高度な文化的リテラシーを備えた少数のエリートによって享受される文化に向けられ、後者はより大衆的で商業主義的な文化、あるいはサブカルチュラルな消費に向けられている。第二は、「それぞれの文化の専門家に関して別個の制度と生活スタイルが発展したこと」、つまり文化のジャンル化とそれぞれのジャンルにおける独自の慣習や規範の成立である。そして第三は、文化（情報）産業の拡大や「象徴財のためのより広範な市場の創出」といった、文化の専門家たちを取り巻き、しばしば彼らの生活を支えてもいく経済システムの発展である。

ここにおいて、文化の専門家たちは「市場とアンビバレントな関係」に囚われる。この関係は複雑である。本書は、市場が「文化領域の自律性を維持し促進するために、分離と距離化の戦略をとる」かもしれないことや、文化の専門家たちが「市場を利用して、彼らの社会的権力を補強するためにより広範な観衆に接近し、その専門的な文化財の威信と公共的な価値を増大」させるかもしれないこと、さらには、通常の「文化の専門家以外の集団がオルタナティブな趣味を支持し、以前は排除されていた民衆の伝統と大衆的な文化財を包摂できるほど拡張されたレパートリーを正当化」していくかもしれないことに言及している。いずれにしても、「文化領域の発展は、象徴生産における専門家の権力の成長に関連する長期的プロセスの一部」とみなされなければならず、専門家集団間の、あるいは専門家とその支持者たちとの支配や依存の関係が問われなければならないのである。

しかも、これらの関係はグローバル化の圧力のなかにある。国民国家は多くの文化の専門家たちを雇ってきた。しかし、彼らはしばしば米国で教育を受けたり、デビューを果たしたりして、国境を越えるネットワークを有しており、その発想もグローバルであることが少なくない。文化省の担当官も世界的なアーティストも、「一方では国民文化の統合に気を取られながら、他方では国際観光業界にも気を取られている」。その上、彼ら「文化のゲートキーパーやブローカー、興行主たちは、国民国家の主要都市にいながら、海外の世界都市の仲間たちと連絡を取り合って、ローカルな大衆文化のどの面が、大都市である中心やその他の場所で組み合わせでき、売れるかを共同で決定」してもいる。

さて、以上のような文化の専門家たちをめぐる議論に加え、著者は本書で、一九世紀から二〇世紀への転換期にウェーバーが格闘したピューリタニズムと天職、職業的な生の一貫性をめぐる問いを、ジンメルを補助線に二〇世紀末のポストモダン状況と結びつけている。

知られるように、ウェーバーにとって近代の合理化プロセスは、ピューリタン的な価値合理性の喪失、彼が真の人格と考える「行動に一貫性を示し、個性というプロテスタントの理念で把握される卓越性を達成できる、統合されたパーソナリティ」が育つことのできる土壌を衰退させていくものであった。ウェーバーが擁護したこの種の人格性、人がその生を統一されたものとして全うできる可能性を、二〇世紀初頭の世界は粉砕しつつもあった。そして、その同時代にジンメルは、そのようなモダニティのはかなさや移ろいやすさ、多元化や断片性といった、やがてポストモダニティをめぐる議論に引き継がれていく多くの問題系に敏感に反応していた。ジンメルとウェーバーがどこで共鳴し、どこでは対立していたのかを考えることで、ウェーバーの人格性や卓越性をめぐる問いを、ポストモダン状況のなかでもなお同時代性を有するものとして理解していくことができる。

本書はこうして、社会学にとって古典中の古典であるウェーバーやジンメル、二〇世紀初頭の社会学的知を、グローバル化やポストモダニティといった現代的な状況を考える補助線として再導入する。たとえば著者は、「ウェーバーやジンメル、それに彼らの努力の射程を継承しようとしてきたエリアスやレックスのような人々に結びつけられる社会学の伝統は、自らの領分にこだわって、社会学を狭義に解釈された社会の研究だと考えて縄張りを守る者にとっては、まるで縁のないものである。（しかし）このより広範に理解された学科横断的な社会学こそが、我々の時代の重大問題に答える試みに最も適したもの」だと語る。社会学的な知の本来の可能性が、「業界」としての社会学にではなく、越境的な知としての社会学にこそあり、その意味で「我々の時代の重大問題に答える試み」は、一世紀を越えて二〇世紀初頭の社会学者たちの問いにつながっているのだという著者の確信は、比較的多くの日本の社会学やその関連領域の人々には受け入れやすいものであるように思う。

このように書いてくると、冒頭の「ディシプリン型／エンサイクロペディア型」という二分法には、若干の修正が必要であるように思えてくる。横断的な知は、決して一八世紀で終わり、二〇世紀末になって突然再浮上してきたわけではない。一九世紀においては経済学が、世紀末には社会学が、そして二〇世紀の人類学、言語学、歴史学など様々なディシプリン型とされる知が、むしろエンサイクロペディア的ともいえる広がりを形成し、〈近代〉とは何か、〈社会〉とは何か、〈文化〉とは何かといった大きな問いに正面から取り組み続けてきた。今日の「情報爆発」のなかで、多くの知や文化が遠心力を強め、その一方で知の横断性への関心も強まっているとしても、そのような越境には常に〈歴史〉の軸、近代西欧文化の統一性やヘゲモニーが不安定化していった時代のなかで先人たちが考えていたこととの架橋が不可欠である。本書はそうした歴史的射程にこだわりながら、グローバル化やポストモダニティの現在を、「文化の専門家」や「人生の統一性」といった具体的な社会生活の現場に結びついた形で問い、多くの示唆を与えてくれている。

日本語版序文

『ほつれゆく文化』の様々な章立ては、『消費文化とポストモダニズム』（Featherstone, 1991）出版の後、一九九〇年代の初頭に書かれたものである。二〇〇七年に英語で第二版が出版された『消費文化……』は、一九八〇年代にポストモダニズムが劇的に登場したことに対応して消費文化の重要性が高まったことに焦点を当てたものだった。このふたつの現象は、それぞれに異なるやり方ではあるが、どちらも実際に文化を解《ほつ》れさせる（undoing cultures）ものとみなされていた。『ほつれゆく文化』は、社会生活の様々な次元における文化の位置を問うことに的を絞ることで、『消費文化……』の探究の路線を継承している。そこで注目したのは、文化領域の創発、統一されたパーソナリティという観念、グローバル文化の編成などであった。『ほつれゆく文化』は、これらの現象の編成をよりプロセス的な視点から見ようとする議論であったが、それは「現実」の世界においてそうした現象のパラメーターがいかに推移し変化するかという観点だけではなく、それらが知識のカテゴリーとして、すなわち社会や文化の研究者や理論家が世界を意味づけようと試みる時に用いる概念として編成されるという観点からも、プロセス的な見方を要求するものである。

理論分野においては、モダニティ、社会、文化といったより高次なレベルの概念を包括的に使用することが批判されている一方で、それらの概念の支配の背後にある制度的かつ地域的な権力構造がそなえる可変性や偶発性の評価に力点が置かれている。ここ数年の風潮は、そうした概念の編成に焦点を当てることで、その概念の歴史をつまびらかにすることを可能にしてきた。様々な系譜学、はじまりの瞬間に関する議論は、普遍的とされるカテゴリーの陰にある恣意性や偶発性を暴いてきた。文化領域のような概念は、社会生活の恒常的な一側面とみなされるものであって、分析的に分けられた領野を指すものとみなすべきではない。むしろ文化領域は、経済領域（経済そのもの）のように創発的なカテゴリーとして扱うべきであって、それなりの歴史を有し、編成と変容のプロセスを経過したものなのである。また、このことが意味するのは、文化の概念はプロセスとして扱われなくてはならず、文化財の生産、循環、消費を規制しようとする諸制度だけでなく、文化や文化活動の実際の利用のされ方が変化している点とも関連づけられねばならないということである。こうした方向性から、社会学は歴史研究や文化研究へと向かうようになった。本質やより高度な一般概念の追究をやめて、出来事の特殊性や独自性、そして偶発性をいっそう意識するようになってきている。

『ほつれゆく文化』の最終章では、このアプローチに従って、社会生活を扱う上で支配的な社会資源のいくつか、すなわち社会、文化、モダニティを吟味している。そこで主に焦点を当てているのは社会という用語である。この用語は、それが主として社会統合と関連するものだという想定が広く保持されているために、依然としてゲマインシャフトないしコミュニティと密接につながっている。そして、社会という用語は、コミュニティ－社会という対立図式における遅れた側として、ゲマインシャフトやコミュニティを非難する。こうした点が示されて、社会という用語が問題化されている。社会は社会統合と関連するものであるという想定は、十九世紀、二十世紀の社会学理論の大部分にとっての限界となった、強力な国家形成プロジェクトとリンクさせて考察することができる。もちろんマックス・ウェーバー（Weber, 1948a, 1948b; Tenbruck, 1994）、ノルベルト・エリアス（Elias, 1987, 1994; Mennell, 1989）といった傑出した例外も数多く存在しており、さらに数例あげるなら、フランクフルト学派のようなネオマルクス主義の様々な潮流（Horkheimer and Adorno, 1972; Habermas, 1989; Bogner, 1987）がある。

しかしながら、社会や文化は国民国家の、あるいは統合された人類というもっと広汎な観念の設計やプロジェクトに合わせて改良したり、再設計したりすることができるという信念は、社会学において長らく影響力を保ち続けた。実際、このような発想は十八世紀の終わりや十九世紀始めにまでさかのぼることができる。当時、社会についての新興科学のポテンシャルは、テクノクラート的なものとみなされていた。たとえばそれは、新しい社会は産業経営者、科学者、知識人が統治する社会であるというビジョンをもっていた、アンリ・ド・サン＝シモンやオーギュスト・コントの著作にも見出すことができる（Wernick, 2007）。コントの格言“savoir pour prévoir et prévoir pour pouvoir”「予見するために知り、ものごとを可能にするために予見する」に相当するのは、サン＝シモンの「橋を建てるように宗教を構築する」のは可能であるという印象的な発言である。多様化した世界を統合する唯一の実効的な源泉として人類教の理想を依然として追求する者がいる一方で、社会工学や社会介入、それに革命という基本図式は、この四半世紀のネオリベラルなグローバリゼーションという社会的現実に直面して、次第に信頼を失い、駆逐されてきた。今日、市場はしばしば、社会秩序、社会正義、進歩を実効的に保証しうる唯一のものとして描写されている。

社会学は、経済学とお馴染みの争いをしなくてはならなかった。十九世紀中頃あるいはそれより少し前までさかのぼるこの争いにおいて、社会学は、個々の主体は合理的計算を通して行動し、常に安く買って高く売るはずだという経済学の主要な想定に挑戦してきた。この経済学的な単位行為は、計算的あるいは道具的合理性が社会生活における動機づけの主要な力だとする想定にもとづいたものであり、それで社会統合は十分に説明できると考えられた。もちろん社会学は、経済学者が「非合理的な感傷や感情」という残りもののレッテルを貼る概念領野を、集合意識や規範や価値の力強い潮流にまで展開することによって、批判してきた。集合意識や規範や価値が、社会生活において中心的なものだと考えられたからであった。しかしながら、「自由な」市場行動が単に抽象的な理論とはみなされておらず、社会的世界における経済学の強力な実効性に支えられているとすれば、この闘いは、それも特に英国の文脈では、決して勝利を収めることができないと思われた。なぜなら、その社会的世界には、権力をもった私的および公的な利害関係者が活動する「現実の」経済というものがあって、彼らはより洗練されているとされる経済学の知識に利害関心を寄せたからである。このことが、群を抜いて成功した社会科学としての経済学の役割を強化した。市場合理性の理論的かつ実際的な支配は、一九七〇年代の経済危機に引き続いて、一九八〇年代に勢いよく復活した。これが脱神秘化や効率性の名の下で、社会学、社会介入、社会工学、福祉国家への十把ひと絡げの攻撃をまねいた。市場は社会福祉管理のもっとも有効な形態であり、社会統合の主要な源泉であると再び言われるようになった。そうした態度は、マーガレット・サッチャーの「社会なんてものは存在しません」という挑発的な発言に見出すことができる。

同時に社会という観念は、一九八〇年代に加速したグローバリゼーションの諸々のプロセスによって、外部からはっきりと問題にされるようになった。財、知識、技術、金、人のフローが強まったことで、国民国家を超えた、より緊密なネットワークや制度構築に人々が束ねられるようになった。それゆえ、国民国家社会という複合語は、国民国家が常に社会にとって隠れた参照項となってきたために、（主にはインターネットや低コストの電話線などのような新しい情報技術を通して）コミュニケーションの多元的なラインが発達するにつれて、問題化されるようになった。これが示唆するのは、社会学は、グローバルな社会関係や創発するグローバル社会といった新しい指示対象を考慮するように、基礎概念を再考する必要があるということである。しかしこれだけがグローバリゼーションの影響というわけではない。というのも、グローバルな統合プロセスは、必ずしも画一性にはつながらないとみなされるべきであり、むしろそれは、本書の多くの章で論証しようとしているように、多様性と差異がより可視的になる新たな空間を提供してもいるのだから。

それゆえグローバリゼーションは、多様な方法で、多様な集団が、その文化的アイデンティティを強化し再創造するために用いることが可能である。よくある発想とは反対に、グローバリゼーションがさらなる国家統合のプロジェクトを可能にすることもある（Chun, 1996; Featherstone, 2006a; Friedman, 1994; Randeria, 2007）。加えて、トランスナショナルな、あるいはグローバルな公共圏の編成を通して、グローバルな政治が出現する兆しが存在する（Fraser, 2007）。世界社会フォーラムはここでの重要な実例となるが、それはネオ・リベラルたちに支配された世界経済フォーラム、世界銀行、世界貿易機関による市場化の社会的影響に対抗する行動をとるために、諸々の新しい社会運動と南の排除された人々を結びつけて雑多に同盟させようとする（Patomäki, 2006; Santos, 2006）。最後に、社会学は新しい社会関係、生活形式、折衷的なアイデンティティに焦点を当てる必要がある。こうしたことは、居場所を固定しない人々から生じつつある。彼らは新しいグローバルな労働市場の結果として移動するのである。グローバルな移民が増加することがいろいろなディアスポラにつながり、移住者集団は新たな情報テクノロジーを通して次第にネットワーク化し、つながっていく。

本書の鍵となる合意のひとつは、社会学は、マックス・ウェーバー（Weber, 1948a; 1948b; Tenbruck, 1994）やノルベルト・エリアス（Elias, 1994）のアプローチにとって中心的な課題であった国際政治、戦争、グローバルな権力バランスの問題に回帰しなくてはならないということである。両者はともに、政治学、経済学、社会学の間の厳密な学問的境界を受けつけなかった。近年は、国際社会学、グローバル社会学、あるいはコスモポリタン社会学でさえ（Beck, 2002を参照）、その発展が求められてきた。イギリスでは、一九五〇年代や一九六〇年代以来、人々は、国民国家の枠組みに限定された、近代イギリスの社会構造、イギリスのカルチュラル・スタディーズといったコースの教育を受けることがかなりあった。ここで意味をもってくる問いは、新たな概念道具のセットをいかに考案するかである。なぜなら、もし社会学的探究の対象が国民国家社会からグローバルなものに移行したのであれば、概念の武器庫もまた変化しなければならないからである。このことが示唆するのは、グローバルなものがひとつの「事柄」であるとか、社会生活の弁別的なレベルであるということではない。むしろそれは、新しい社会的な実践、相互作用、活動を生み出す一連のプロセスを表すものとみなされるべきである。というのも、人々の関与構造やネットワークが拡張されて、国民国家社会の物理的国境を超えて広範囲で長距離の接触路を含むようになったからである。このことから、新たな社会存在論が必要となっており、それによって今度は新たな認識論、つまり新しい構造やプロセスを理解し説明するのに適切な概念セットを構築する必要があるということがわかる。したがって、グローバルな知識を構築することとは何か、そしてこの構築を行う権威をもつのは誰か、あるいは誰であるべきか、さらには、その権威要求の本質は何かを決定することをめぐる問題が、重要な課題となる。

このようなことが *Theory, Culture & Society* にとって、そしてその新百科事典計画のために最初に刊行された巻『グローバルな知識を問題化する』（Featherstone *et al.*, 2006）にとって中心的な関心事であった。もし本書の焦点が「文化を解《ほっ》れさせていく」プロセスにあるなら、我々は、進行中の関連する諸変化が知識のヒエラルヒーを解《ほっ》れさせていくのを目撃しているのだと論じてよかろう。ポストモダニズムやポストコロニアリズムのような知的ないしアカデミックなムーブメントは、長らく続いた知識のヒエラルヒーの再分類を主張するために、既存の社会科学カテゴリーを批判してきた。それゆえ、グローバリゼーションのプロセスを単に統一性の広がりとみなすべきではない。グローバルな相互コミュニケーションの増大が意味するのは、グローバルな歴史のオルタナティブな説明や、オルタナティブな、あるいは多数のモダニティーズの理論化が、生まれてくることを避けるのは困難だということである（Gaonkar, 1999）。単一の概念から複数化された概念への移行が示唆するのは、可変性であって、近代化が世界の異なる部分に多元的な起源をもつことである。これによって、文化の可変性や差異に関する我々の感覚は実際に豊かになり、オルタナティブな系譜学の問題が喚起され、知識を再分類する必要性が明らかになることになる。デジタルメディアと記憶装置の増殖によって推し進められる方向性は、以前ならば特定の集団によって独占されるか、あるいは限定的なアクセスしか許されなかった文章や資料を、はるかに広範な人々が直接入手できるようにするだけではない。もし「あらゆる知識の背後にはアーカイブが存在する」という仮定が正しいものであるなら、その場合のアーカイブは、我々に他者の説明を意識させる、拡張されたグローバルなアーカイブであるだけでなく、知識のデータベース化やハイパーテクスト・リンクを活用する能力が研究実践を変容させ、より横断的な接合と独自の探究の筋道を可能にするようなデジタル・アーカイブとなる（Featherstone, 2000, 2006b; Featherstone and Venn, 2006）。これらふたつの側面によって、包括的な知識を求める社会科学が問題化される。

モダニティの概念を中心に据え続け、それを普遍化する社会学的説明（Giddens, 1990, 1991）は広く受け入れられているけれども、我々がモダニティの事例を手短に検証するなら、近年では多くの批判的な文献が出てきている。それらの文献のおかげで、モダニティの概念が時期や場所によって様々であることに我々は敏感になり、その概念がもつ暗黙の西洋的前提や権威的要求を脱構築し脱中心化しようとする。このため、『ヨーロッパを辺境化する（Provincializing Europe）』（Chakrabarty, 2000）といったタイトルの本が出版され、科学、合理性、テクノロジー的進歩といった名の下で西洋的な知識のシステムが、非西洋的知識を、硬直した不変の伝統的社会構造を再生産する役割に限定してきたプロセスを明るみに出そうとする関心が示されている。非西洋的知識は民族科学としてあまりに安易に非難され（Hountondji, 1983, 2002）、ムベンベ（Mbembe, 2001）がアフリカの社会科学を議論するなかで主張するように、「欠損」した何かとみなされてしまう。しかし、酒井（Sakai, 1989）やその他の研究者たちが指摘してきたように、このプロセスの関係論的な歴史を理解する必要がある。歴史は空間的かつ関係的なものとみなすべきであって、単に進化論的に考えられるべきではない。同じことが知識の歴史にも当てはまるといってよかろう。支配の中心にある特定の知識形態が優越的で普遍的なものと受け取られ、そのせいで非西洋的知識は、伝統的で、柔軟性がなく、理論的な力を欠いたものとしての役割を演じさせられてしまう。西洋のモダニティにおいて発達したこの関係性は今日も持続していて、西洋と「その他の地域」の間の主要な関係は、理論的知識が西洋の中心から流れ出し、生のデータが周辺から送り返されるような関係であると主張されてきた。

しかしながら、西洋の文化的優越と仮に称されるものと、この「独自の文化複合」があったからこそ西洋が最初にモダニティに到達できたのだという主張とを詳細に見てみれば、そうした主張が次第に批判の的となってきたことが明らかになる（Featherstone, 2007 を参照）。実際、現代の研究が示唆するところでは、一八〇〇年以前の世界経済は「中国中心」であったとみなすことができる（Hobson, 2004: 61; Gunder Frank, 1998）。一七五〇年頃の中国や日本の中心地域は、その洗練された農業、商業、手工業に関して西欧のもっとも発展した地域と類似していた（Pomeranz, 2000: 17）。自由労働や市場経済に関して、この時期のヨーロッパは中国より明らかに遅れていたし、さらにポメランツは、この時期の中国や日本やイングランドの間には、生産や消費レベルについて違いより類似の方が目立つことを強調している。グッディ（Goody, 2004）が示唆するところでは、決定的なアドバンテージをもたらしたのは、合理性を推し進める文化複合ではなく、もっと俗っぽい、西欧の銃と帆船であった。しかし、宋や明時代の中国がすでに主要な技術的ブレークスルーを達成していたことからすると、これらの破壊とコミュニケーションの手段をもっていたのは、ヨーロッパの文化的独創性のおかげというわけではない。ただ、勃興しつつある国民国家が排除競争にかかずらうような、緊密に結びついた形《フィギュレーション》勢に取り込まれていて、海外貿易、植民地化、戦争を通してリソースの基盤や権力のポテンシャルを増強するよう圧力を受けていたことを考えれば、ヨーロッパの国々は破壊やコミュニケーションの手段というリソースをより集約的に使用していたのであった。

ここで示唆されている要点は、我々はモダニティをプロセスとして理解するように努めるべきであるということだ。このプロセスは栄枯盛衰を避けられないのだが、それは歴史的な変化という意味での栄枯盛衰だけでなく（ここでいう歴史は、マックス・ウェーバーやドイツの歴史主義が考えたように、次の時代が来るたびにその価値によって常に新しく染め変えられるものであるが）、次々と地域や国民国家が興隆し、衰退していく国際的な権力バランスの推移という意味での栄枯盛衰でもある。二十一世紀に移行するにあたって、今日の主要な関心事は中国やアジアの復活になってきた。その結果、中国経済の躍進だけでなく、中国の歴史と過去の文化の再評価を含んだ、中国のすべてに関心が高まってきた。中国は経済面でアメリカの権力のポテンシャルに近づきつつあり、ルーズベルトが一九四〇年代に築きあげる努力をし、第二次大戦終了以降、半世紀ほど続いたアメリカの平和《パクス・アメリカーナ》も及ばないところへ、我々を連れて行こうとしている。今日我々は、はるかに複雑で不確実な世界に直面している。アメリカ―中国の新たな二極体制が創発する可能性があるだけでなく、インド、ブラジル、南アフリカ、イランの勃興やロシアの復活も起こっており、より不確実で多極的な権力のアンバランスへと移行する可能性がある。

グローバルな影響力を強めるように駆り立てられているこの状況で、中国による新たなアーカイブが構築される可能性がきわめて高い。新世代の学者たちは、中国が再び中心的な役割を演じるものとして、グローバルな歴史を書き換えようとしている。この国が近代的であるための歴史的ポテンシャルを常にもっていたこと、すなわち「中国は近代初期にある」ことを示すために、中国の役割と地位が再評価されるのも当然かもしれない。同じようなプロセスは、『「No」と言える日本』(Ishihara, 1989)、『自動車絶望工場』(Kamata, 1983) といったタイトルの本が出版された一九八〇年代の「バブル経済」で日本が経済的に優位にあった時期にも生じていた。経済関係において日本が頭ひとつ抜け出している感覚は、その歴史の再評価につながり、日本は近代になる前にポスト近代に達していると申し立てる者もいた。あるいはキャロル・グラックのように、「日本の前近代は、実際はすでにポスト近代であった」(Gluck, 1998: 275) と述べる者もいた。グラックはさらに、江戸の再評価プロセスが一様でなかったことを教えてくれる。それは遅れた封建主義であり、前近代であり、近代初期であり、すでにポスト近代であり、すでに近代であった。このような再評価は、明治時代の改革者たちが始めたことで、彼ら自身の個別の関心や価値と適合するように、徳川時代を潤色するという実践を最初に始めて以来、そうした再評価は定期的に行われている。そしてもちろん、そのプロセスは現在も続いている。しかしだからこそ我々は、それ以外のあり方がないものだろうかと熟考しなければならないだろう。

このようにして文化を考えると、グローバルな知識を問題化するパースペクティブから見ると世界中の様々な学問分野で文化史が行われていて、支配的な中心によって正統化された特殊なパースペクティブをグローバル化し、押しつけようとする闘争があることがわかる。ここで我々は、境界をもつ「島」としての古くからある文化イメージが、国民国家の文化統合プロジェクトに非常に強く影響されてきたことに気づく。そのプロジェクトは、単一言語による想像の共同体となるように国語を編成していくことを含むものである。酒井（Sakai, 1989）が指摘するように、このプロジェクトは共通文化の前提となる基盤を形成しており、共通文化は言語の標準化を押しつけるプロセスに依存している。国家形成のプロセスは、外国人からなる、多言語を用いる非同一的言語共同体に対する抑圧をもたらす。こうした言語共同体に典型的なのは、人々が多言語が混在しているという言説に関与することである。そしてこの言説は、彼らが話しかける者や対話相手は混交したオーディエンスを形成するという仮定にもとづいている。このため、確信をもって話したり、「わかってるでしょ？」と共通理解があると前提することはまったく不可能である。人々は翻訳がいつも未完で不完全だけれども、それでもどうにか機能するものだと常に想定するであろう。

人類学は、独立した文化という二十世紀初期の神話を強化する上で、重要な役割を果たしてきた。とりわけそれは、自分たちは文化の孤島で研究したのだと想定する、マリノフスキーのような人類学者たちによるものであった。不変の統合された全体というこの文化の見方は、文化の構想において支配的なものとなった（Hutnyk, 2006）。ここで我々は、ルース・ベネディクト（Benedict, 1946）の『菊と刀』のような影響力のある本を念頭に置いている。この本は、日本の文化を、明瞭なパターンをなし、すべてのパーツがひとつに組み上がるパズルに似たものだと理解できると想定していた。ここ二、三十年前から、プロセス、運動、交わりといったものを強く意識するポストコロニアリズムやポストモダニズムのような知的ムーブメントの結果として、こうした文化感覚は、文化の移動や「生きた」文化にも焦点を当てることで、文化相互《インターカルチャー》および文化横断《トランスカルチャー》の問題を問うことへと形を変えていった（Spivak, 2006）。今日我々は、文化をより不安定なフィールドだと見ることに関心をよせている。文化とは、現在という瞬間に住まう人々の関心と価値にとって意義をもつ新しい話題が常に前面に来るよう開かれ、作り直される、文化アーカイブに依存するものである（Featherstone and Venn, 2006）。たとえかつては可能であったとしても、今や次のような問いに答えるのは不可能であるように思われる。すなわち、何が日本文化なのか、何がイギリス文化なのかといった問いである。こうした問いは、差異を発見し規定しようとする強迫観念のゆえに、前の世代を夢中にさせたが、もはや答えが与えられることはない。

目次

『ほつれゆく文化』の刊行によせて（吉見俊哉）　v
日本語版序文　xv
序　文　xxix
第1章　イントロダクション――グローバル化する文化の複雑性　1
第2章　文化領域の自律化　25
第3章　パーソナリティ、統一、秩序立った生　57
第4章　英雄的な生活と日常生活　93
第5章　ポストモダンなもののグローバリゼーション　125

第6章　グローバルな文化、ローカルな文化　151
第7章　ローカリズム、グローバリズム、文化的アイデンティティ　179
第8章　旅、移住、そして社会生活のイメージ　223
訳者あとがき　281
参考文献　(13)
索　引　(1)

序　文

この本のバラエティに富んだ章立ては、ここ五、六年にわたって書きためてきたものであるが、その多くは会議用の発表原稿として、あるいは編著書のために書かれたエッセイとして生まれてきたものである。扱おうとしたテーマに一貫性が見出されるものを、その時期に書いた一連の論考のなかから選別したのが、これらである。様々な意味において、これは『消費文化とポストモダニズム』(Featherstone, 1991a) で発展させたいくつかの論題を深化させ、展開させたものである。しかしそれは直接ポストモダニズムを表明するというより、むしろふたつの主要な関心を通じて、ポストモダニズムのための基盤を探究しようとするものである。そのひとつは、文化の自律化とそのプロセスに関与する自律的なタイプの人間（英雄としての芸術家や知識人）の問題を扱う文化領域の編成や改編についてである。第二の関心はグローバル化のプロセスについてのものであるが、そこで私はポストモダニズムに関わる様々なテーマに対して、より幅広い知的文脈を提供しようとしている。

双方の領域における私の仕事は、多くの友人や同僚たちからの支援と、これらの論題について彼らと行った数多い議論によって支えられてきた。私は特に雑誌 *Theory, Culture & Society* の編集委員である友人たち、ジョゼフ・ブライチャー、ロイ・ボイン、マイク・ヘップワース、スコット・ラッシュ、ローランド・ロバートソン、そしてブライアン・ターナーに、多くのものを負っている。彼らはここに示された事柄に覚えがあるだろう。なかでもブライアン・ターナー、スコット・ラッシュ、ローランド・ロバートソンは、私が横断しようと試みてきたのと同じ領域を、彼ら独自の方法で横断してきた人々である（グローバル化の理論の発展におけるローランド・ロバートソンのパイオニア的な仕事は、特に言及する必要があるだろう）。私はまた、マイク・ヘップワースとロジャー・バロウズの貢献に感謝したい。彼らはともに原稿すべてに目を通して、編集上役に立つ示唆を数多くもたらしてくれたし、私がよく口にする忠告に自分自身が従うように、すなわち「削れば削るほど文章は良くなる」という編集者の箴言に従うよう説得してくれた。加えるに、ティーズサイド大学の人間研究学部における、社会学、犯罪学、社会政策を研究課題とするグループの同僚たちの支援にも、私の無謀な挑戦に対する彼らの励ましと寛容に関して感謝したい〔二〇〇八年時点では筆者の所属はノッティンガム・トレント大学である――訳者〕。成人生活研究センター（The Centre for the Study of Adult Life）における私の直接の同僚たち、特にロビン・バントンとロジャー・バロウズには、*Theory, Culture & Society* の新たな姉妹誌 *Body & Society* を創刊するためブライアン・ターナーや私とともに働いてもらうことで、特別な支援をしてもらった。また、TCSのために長年働いてもらっているバーバラ・コックスには特にお世話になった。彼女は、我々全員のポストモダンな作業スタイルでも、出版の締切に間に合うよう、奇跡的な秩序をもたらす数々の魔法を編み出してくれた。さらに、TCSが長年発展させてきた様々な計画において我々を励まし、助けてくれたセージ出版の友人たち、スティーヴン・バー、イアン・イーストメント、クリシア・ドマシャフ、デビッド・ヒル、ジェーン・マコフ、ロバート・ロジェ、そしてジェニー・ウォーカーの忍耐と支援にも非常に感謝している。

最近の数年間、私は客員研究員としてブラジル、日本、カナダで遊牧民《ノマド》的な学究生活を楽しめる幸運を得てきた。私の滞在を実り多く快適なものにしてくれたサンパウロのカンピーナス大学、京都の同志社大学、バンクーバーのサイモン・フレーザー大学の同僚と学生に感謝したい。また、これら三つの国の上記の大学以外でも、この本のなかで発展させたたくさんのアイデアについて議論した、数多い同僚や友人たち、アントニオ・A・アランティス、アナ・サイラ・バスィ、グィータ・デベート、アルノルド・アウグスト・デ・シゲール、ジャラ・タシュネール、森川眞規雄、青木康容、原田勝弘、川崎賢一、クリス・キング、喜多川豊宇、ジョン・マヘア、中野秀一郎、小川葉子、奥田和彦、表三郎、和田修一、シャロン・フラー、リック・グラノー、ステファン・クライン、マーティン・ラバ、デビッド・レイ、リチャード・ピネ、キャロライン・ニュートンのサポートにも触れておきたい。

この本に現れたアイデアを発展させる上で様々な形で助けてくれた、次の友人や同僚たちにも感謝したい。ジグムント・バウマン、ローラ・ボバン、マジモ・カナバチ、デビッド・チェニー、クラウス・エーダー、デビッド・フリスビー、クリスチャン・ラリーブ・デピネー、スティーブン・メノル、ブライアン・モラン、ハンナ・モマス、ジャスティン・オコーナー、ジョン・オニール、オズワルド・ハナチオネ、ビリット・ロビラー、ジョン・レックス、クリス・ロジェ、ハーマン・シュヒインケル、リサ・スコフ、サム・ウィムスター、カス・バウターズ、デレク&ジェニー・ウィン。また、悲しいことにもはや席を共にすることはできないノルベルト・エリアス、ハンス・ハファー・カンプ、フレドリック・テンブルックといった友人たちから受けた助力と励ましにも、謝辞を述べるべきであろう。最後に、私の家族にも当然お礼を述べなければならない。特にエドナ、クレア、そしてジョンには、二階の部屋でいつも仕事をしている人物に忍耐と理解を示してくれたことに、感謝したい。

第1章 イントロダクション——グローバル化する文化の複雑性

ものみな離散し、中心は持ちこたえない。
（W. B. Yeats, 'The second coming'）

筆耕する者は旅をする。
そこに居続ける技とは、そこに赴くことだ。
（Joseph de Maistre）

解《ほっ》れゆく文化統合

イェーツからの上記の引用は、文化の断片化と地殻変動に関する昨今の感覚を強調するため、直接あるいは間接に何度となく使い回されてきた。文化は脱中心化され、その緊密さや統合の欠如も当然と思われている。文化はもはや、我々の生活を構築し秩序づけてきた、世界に関する適切な説明を提供できない。上の引用の直前にあるイェーツの詩の出だし数行は次のようであった。「廻りめぐる鷹、環は外に延び拡がり、鷹師の声は鷹のもとまでとどかない」〔鈴木弘訳「再来」より〕。この帰郷する道を見出すことの不可能性、失われた一貫性と秩序へ戻ることの不可能性は、イェーツがその詩を書いた頃の、第一次世界大戦の終焉とその直接の余波にともなう出来事にふさわしくしつらえられたテーマである。

文化の断片化という最近の我々の感覚は、『オフ・センター』（Miyoshi, 1991）、『移りゆく男性性』（Cornwall and Lindisfarne, 1994）、『カルチュラルスタディーズの再配置』（Blundell *et al.*,1993）、『境界の対話』（Chambers, 1990）、『分断された境界』（Gupta, 1993）、『国民とその断片』（Chatterjee, 1993）、『脱中心化するレジャー』（Rojek, 1995）といったタイトルの本によっても示されていて、いまやそれは目新しいものではない。実際、人々は長きにわたって「文化を解《ほつ》れさせて」きたのであって、急速に増えつつあるリストにこの本のタイトル『ほつれゆく文化』が加わることになる。しかし、ここで注目に値することは、二十世紀晩期の文化分析では、潜在的な並行関係にある歴史の別局面がめったに吟味されないことである。その時代とは、イェーツが「再来」を書いた第一次大戦直後の時代であり、シュペングラー、シェーラー、ウェーバー、その他の思想家の著作が示したような文化相対主義と危機が鋭く意識された時代である。もし我々がさらに遠くにまで目をやろうとするならば、ヴァルター・ベンヤミン（Benjamin, 1977）やその他の研究者（Buci-Glucksmann, 1994; Maravall, 1986）を魅了した十七世紀バロック時代の文化もまた思い出されるだろう。さらにいえば、我々の世代は、アドルノのフレーズを借りるなら「記憶喪失者（men）［今日的には people というべきところであろうが］」を宿したことを告発されるべき最初の世代ではない。

　文化的な危機が存在するという感覚は、つまり「我々の時代の診断」が必要であるという感覚は、長らく文化の専門家（芸術家、知識人、それに様々なタイプの文化仲介者）の活力源であったといえるだろう。実際、彼らの職業上の利害関心は文化の繋がりをほどいたり、結び直したりすることにある。このことは、文化の専門家が恣意的に、あるいは気まぐれに、文化の危機を発明しているということを意味しているのではない。彼らは明らかに世界で起きている出来事の知覚やイメージに対応しているのである。さらにいえば、彼らにとって直接的な世界、すなわち彼らがそのなかで仕事をしている知的かつ文化的な生産や消費の諸条件と、「外部にある」このより大きな世界との関係こそ、精査が必要なのである。戦後の時代で注目に値するのは、知的な実践内部での特殊なシフトである。それは知的財の供給を自分たちで独占できるよう厳しい管理を行ってきたエスタブリッシュメントたちが、アウトサイダーの諸集団にも一定の機会を与えるような、脱独占化の局面に屈することによって生じたものである。

これは私の以前の著作、『消費文化とポストモダニズム』(Featherstone, 1991a) で主張したことのひとつであるが、ポストモダニズムを単に時代の推移や資本主義の新しい段階として理解してはならない。むしろ、新しい範疇の文化財に関わる文化の専門家と仲介者の活動と、増加するオーディエンス (戦後のベビーブーム世代) に焦点をあてることで、経済と文化の媒介に注意を払わなければならない。そこで示唆したことだが、文化の勝利とそれに付随した社会なるものの終焉を称賛する一部のポストモダン理論に反して、我々は社会生活において、人間集団同士を結びつける権力バランスと相互依存を完全に払拭した発展段階に、そんなに簡単に移行し終えたわけではない。同時に、「社会なるもの」とか「社会」というような概念が、それらがかつて約束していた理論的な利益をもはや提供できないということも認めなければならない。この本の後の諸章で見るように、グローバリゼーションのプロセスは、国民国家社会の統一性や統合といわれてきたものの土台を掘り崩す手助けをしてきた。しかしながら、我々はそうしたストーリーを前提にものを考えてきたことに気づく必要がある。なぜなら「社会」という観念は長い間、ひとつの現実であるのと同じくらいに、社会生活とはどのようなものであるべきかが投影されたイメージでもあったのだから。それは決して飼い慣らされず、秩序づけられず、統合されない数多くの社会プロセスの体裁を整えてきた。そのようなプロセスのひとつは、社会生活のイメージの構築における旅行や移動の役割の変化であるが、それは最後の章で扱う主題である。

この本の主な狙いは、社会的なものから文化を引き離してきたといわれるいくつかのプロセスを調べてみることであり、またこの特有のイメージ自体がいかに形成されたか、その様式をいくつか調べてみることである。その結果、すでに文化は社会生活のなかでより重要な役割を獲得していて、今日すべては文化的である（たとえばBaudrillard, 1993）と論じるものもある。実際、文化は今や社会的なものを越え、経済生活、社会階級、ジェンダー、エスニシティ、そして宗教による文化の伝統的な決定論から解放されるようになった。文化の脱中心化に我々が言及することは、対抗的な主張として受け取られる恐れもある。つまり、実際には文化は脱中心化されておらず、むしろ再中心化されたのだという具合に。確かに、もし我々がアカデミックな活動内部において文化の研究により多くの重要性が認められるようになったことを考慮に入れるならば、このことはまさにその通りであるかも知れない。文化は、長らく社会科学の領域の周縁に置かれていたのに、今や中心に移行した。一例を挙げてみると、私の著作『消費文化とポストモダニズム』（Featherstone, 1991a）は九〇年代の初期に *British Journal of Industrial Relations* で書評された。文化と理論に関する著作が労使関係の学術雑誌によって書評されることは、七〇年代には可能性を想像することも難しかっただろう。八〇年代の初期に *Theory, Culture & Society* やその他の場所で俎上に載せられていた理論的かつ文化的な論点の多くに取り組む新しい学術雑誌が、今日ではビジネス、マネージメント、組織研究の領域に数多く現れてきている。このことは学術的な活動内部のより大きな傾向の一部であるということができるだろう。そこでは、学際的で超領域的な研究がいっそう強く是認されることによって、学科領域間の分割が弱体化しているように見受けられる。そのためこの視点からいえば、より一般的な文化の脱中心化と断片化は、学術的な活動内部での文化の再中心化をともなっている。

そこでこの本の目的のひとつは、学術的な世界とより広い意味での文化のプロデューサーの領域について、その内外のプロセスを調べることにある。それが我々の文化感覚を統合したものとして、あるいは断片化したものとして形作るからである。ある意味で我々はみな文化のプロデューサーであるが、それは我々が以下のような実践に参与しているという意味においてそうなのである。つまり我々は、社会生活を生き抜くうえで我々に与えられ、我々が必要としている文化のレパートリーを再生産するだけではなく、人間の生活を構成する各世代のとぎれることない連鎖へとそれを伝えるときに、ある程度はそれを修正し、形作ることができるのだ。さらに、我々が文化生産と消費にどの程度参加できるかは、歴史的状況や、また社会によって明らかに異なっている。また社会や社会体のほとんどが文化の生産と普及に従事する専門家集団（僧侶、芸術家、知識人、教育者、教師、学者、文化仲介者などなど）をもっているが、社会のなかのこれらの集団間でも参加の程度は異なっている。文化を生み出し動員する力を通して彼らがもつこの潜在能力は、もちろん足かせをはめられるものではないが、しかしそれ自身、経済や軍事の専門家といった通常彼らより強力な他の集団との間の相互依存や権力バランスに依拠している。そのため、文化の価値や意味づけ、その潜在的な統合性、あるいはそれが危機に脅かされていることについて我々が抱いている意識全般は、我々が暮らす社会生活の条件に依存しているだけではなく、文化生産の専門家の条件にも依存している可能性がある。ある種の状況の下では、文化の専門家のうちのある種の集団の権力のポテンシャルが高まって、ある特定の文化形態が自律性と威信を大いに獲得するかもしれない。これは第2章の主題であるが、そこでは文化領域の編成と自律化につながるプロセスが探究されている。相対的に自律化した文化領域は、十八世紀以来、公共圏（Habermas, 1989）とともに発展してきたものであるが、それは芸術家や知識人の威信の上昇にともなって成立したものである。その結果、中産階級のいくつかの集団にとっては芸術が人生それ自体よりも重要なものと見なされ、芸術家であることが英雄的な生き方となった。

この主題は第3章と第4章で取り上げていることだが、そこで扱われているのは、その秩序立った英雄的な生活が文化領域の自律化につながった諸過程の一部として形作られてきた様子である。マックス・ウェーバーが注目した、ピューリタンの秩序立った生活によって生み出された統一の感覚はよく知られているが、これを近代において再現することは不可能であるという彼の仮説も同様に知られている。ウェーバーにとって、芸術的、知的、あるいは性的な生活は必然的に不完全なものであって、モダニティにおいて個人の運命となった基礎的な一貫性を欠いている。しかしそのトピックは、自らの人生を英雄的なストイシズムの一例として示そうと努めたウェーバーの人生の評価を考えれば、興味をそそるひねりが加えられることになる。その英雄的なストイシズムは、生活の合理化と、近代世界の両立不可能な諸価値が衝突した結果の混乱によって生み出された無意味さに対する、おそらく唯一実行可能な「気高い」対応である。生活を秩序立てようと努めるなら、我々は英雄的な自己形成の男性的な形態に必要とされる、犠牲と孤独を代償としなければならない。このテーマは次章で取り上げるが、日常生活や、社交の世界、扶養や女性といったものは、男性の英雄的な理想に反するものとして対比される。しかしながら、十九世紀後半に芸術家と知識人の生活に、そんなにも強い影響力をもったこの理想は、それ以来、文化領域の改編と消費文化の勃興にともなって弱体化されていった。このことは単に悲劇的な喪失をもたらすものとしてだけ受け取られるべきではなく、新たな形態のアイデンティティの発展が、以前には排除されていたアウトサイダー集団のなかで生じることを可能にしたものでもあった。

その結果、二十世紀における文化領域の形成と自律化のプロセスは改編されざるを得なくなったと想定される。二十世紀後半のポストモダニズムと結びついたその要素のひとつは、我々が「芸術の終焉」、すなわち英雄的な人物としてひとつの特徴的な生活様式を切り開くことに関心をもつような芸術家の終焉を、目撃していることであった。特に大量生産と、商品の記号やイメージの増殖を通しての消費文化の拡大は、独立した文化領域の終焉を導いたものとみなすことができる。

イェーツの「再来」を用いて、再びこのプロセスを描写することができる。その詩は学校や大学で高級文化の専門家の聖典《カノン》の一部として教えられるのが通例であったが、最近はマスの聴衆のために大衆化され、パッケージ化されてきた。その詩はジョニ・ミッチェルによって最近のCDに吹きこまれた歌の歌詞としても用いられた。W・B・イェーツなら、その詩のこうした大衆化と、より広範な聴衆に届く可能性を是認したかも知れない。しかし、高級文化と大衆文化の二項対立がもはや適切ではなくなっているために、その問題は複雑なものになってしまっている。ジョニ・ミッチェルは中間層の聴衆のために曲を書いていて、それはポピュラー文化や大衆文化に属すると簡単にはいえない――だからといってそれは高級文化に属するともいえない。そういうわけで、これは「クロスオーバー」の一例であって、そこでは以前なら封印されていた文化形態が、かつては厳密な管理下におかれていた境界を容易に溢れ出ていて、普通ではない組み合わせや折衷主義を生み出している。

境界を越え出る文化を分類する難しさという問題は、第5、第6、第7章での中心的な論点である。消費文化内部での文化的な商品やイメージのフローの増大は、文化を読み解くことを困難にし、文化的な記号やイメージと、そのアイテムを使用または消費する個人の社会的帰属との間に固定した意味づけと関係性を与えることを困難にしたと主張できるだろう。第2章で議論されるように、文化領域の自律化については、強固に境界づけられた社会についての人類学的な研究から引き出された仮説が存在しており、それによれば、文化的な分類システムの論理は社会集団間の区別、差異、分割と幾分似たものとなり、そしてそれらの集団では、地位をめぐる争いのなかで相対的に固定された目印として、無意識に文化が使用されている。しかし、消費文化における近代主義的で市場的な刺激によって生み出された新しい商品やイメージや情報のフローをコントロールすることの難しさは、記号の誤読の問題につながると主張できる。行為のための単一の自明なレシピを我々に提供することに文化が失敗しているために、日常実践のなかで我々が出会うそうした問題は、困難や失敗や混乱をもたらしている。時代を超えて人々に慣習的に教え込まれ、やり慣れた社会的ルーティーンのなかに沈殿させられてしまったせいでかつては不可視のものだった文化が、今や問題として表面化している。何をすべきか、特定の人間集団に対してどう対応すべきか、そしてどのような趣味判断をすべきかにまつわる自明で暗黙の知識は、今はかつてより問題含みのものとなってしまった。消費文化のなかでは、新聞、雑誌、テレビやラジオはすべて、新たな状況やリスクや機会に対して対処する方法についてアドバイスを提供しているが、しかしそれは混乱を緩和するよりむしろ増大させているだけである。

こうしたことは本質的にポストモダンの問題だとみなす者もいるかもしれないが、ジンメル (Simmel, 1968) はこれを、近代を性格づける特徴であるとみなした。彼が世紀の変わり目に述べたことを我々は意識するべきである。あるいは我々はそれを「近代の条件」と呼ぶべきかもしれない。その条件とは、物質文化の過剰生産に対処して、それを意味あるように消化する上での困難である。ほとんど一世紀後に、我々がポストモダニズムと呼んでいるものは、このプロセスをさらに堅固にし、強化したものと関連づけて考えることができる。第6、第7、第8章で議論するように、そのグローバルな次元は、我々がこのプロセスを理解しようとする試みにおいて決定的に重要な役割を果たしている。商品、貨幣、イメージ、情報、そしてテクノロジーのフローが強まったということを、その文化形態と問題含みの複雑さが西洋の中心から世界の他の地域に輸出されたせいでポストモダンがグローバル化されていると見るだけでは十分ではない。こうした考え方は、西欧の経験にもとづいた社会変動の整然とした筋道を自明視してしまっている。そうした西欧の経験は、伝統、モダニティ、ポストモダニティを仮定しているにすぎない支配的概念を媒介としており、大部分は経済の変化に後押しされたものである。

グローバリゼーションが近代的なものとポストモダンなものをともに生み出したそのやり方を検証することもまた重要であるが、それは、世界のますます多くの地域が相互依存と権力バランスが競合的形勢《フィギュレーション》のなかに引き込まれていくにしたがって、国民国家、ブロック、そして他の集合体の間の権力闘争が次第にグローバル化されていくという意味において、重要なのである。最終章で議論されているように、モダニティにとって重要な空間的かつ関係的な次元というものがあるのだが、それをひとつの特定の時間や場所に由来するものだと考え、他のすべては必然的に同じルートを通るよう運命づけられていると考えてしまうと、そうした次元は失われてしまう。こうして、モダニティへの差異化された反応の端緒を、一連の異なった文化枠組みの生産を通して見ることが、今や可能になった。そのことに西洋のなかにいる我々も次第に気づかされるようになったのは、非西洋の国民国家の権力のポテンシャルの強まり（それも特に東アジアにおける強まり）によるものである。そこで、グローバル・モダニティーズ（global modernit*ies*）について語るときには、その複数形を強調することが賢明であろう。

グローバル・モダニティーズと文化の複雑性

グローバリゼーションのプロセスは文化のふたつのイメージを同時に示唆している。第一のイメージは個別文化が限界まで外部へ拡張すること、つまり地球全体への拡張を含意している。異質な諸文化は支配的な文化に同一化され、統合され、ついにはその支配的文化が世界全体を覆うようになる。二番目のイメージは文化の圧縮を指し示している。以前は分断されていた物事が、今や接触をもち、並置されている。諸文化は組織的な原則なしに互いに山となって積み重なっている。首尾一貫した信念体系、方針決定の手段、実践的な知識を取り上げて組織立てるには、文化の数は膨大すぎる。第一のイメージはグローバルな空間の克服と統一化のプロセスを示唆している。世界は単一の飼い慣らされた空間となっていて、そこでは誰もが共通文化に同化されてしまっている。そのバージョンのひとつが、歴史発展の終着点としての世俗化された世界教会の夢（Tenbruck, 1990）であり、それはグローバル文化を拡張された国民国家の文化として思い描いている。我々を世界国家にいざない統合された文化を提供するという歴史理論の展開に対する信仰に固執する者は、今日ではまれであろう。文化の統合、同質化、統一化のプロセスが作動しているとはいっても、その一方で、それらが互いに競合していないわけでは決してないのは明らかである。

グローバル文化の第一の意味は、コミュニケーションの手段が改良されたために異なる文化が出会い、衝突することを通して可能になった形式、空間、あるいは領域であると考えるのが、妥当かもしれない。この指摘は文化のグローバリゼーションの第二の側面と直接つながっており、同時により大規模な文化の変動や複雑性を示唆している。しかし、接触、並置、衝突の増加を通して、文化の相対化のスパイラルが一度始まってしまうと、社会科学や人文学で長らく保持されてきた文化の定式に対して数多くの疑問が表面化してきてしまう。我々は、どの集団が文化をより複雑なものとして描写するのか、そしてそれはなぜなのかといった複雑性の認識の問題を考慮する必要がある。この複雑性の主張は、より単純で統合された文化という我々の過去のイメージに対して何を示唆しているのだろうか。そのようなイメージは、どのようにすれば可能になり、保持できるのだろうか。この指摘は、社会生活における文化の役割を再概念化するための、一連の新たな文化概念を発展させる必要性と、どれだけ距離のあるものだろうか。

歴史プロセスのなかに論理の働きを見出そうとしがちな者にとって、グローバリゼーションは、部族集団から始まって、国民国家社会（nation-state societies）、超国家的ブロック、そしてついには世界国家社会へと至る社会統合のプロセスを含意するものとみなすことができるだろう。多くの人が、暴力や課税の地球的独占化に依拠する世界的国家社会（a world state-society）の出現を見るところまで議論を進めるのをためらってしまう一方で、我々はすでに「グローバル社会」（Giddens, 1994: 96–7）への言及を見出すことができる。その言葉が示唆するのは、グローバルな統合の様々な様式と組織化の形態がかなり進行しているということだ。創発しつつあるグローバル社会というものは、社会についての社会学の慣習的な観念とは明らかに似ても似つかない。後者はあくまで国民国家に依拠するものであって、影響力のあるデュルケム学派の伝統に見られるように、規範的な統合と、共通する文化価値とを強調するものである。

もし創発しつつあるグローバル社会というものが存在するのであれば、それを後押しするものはテクノロジーの発達と経済からもたらされるように思われる（ただしこれについては社会的な枠組みと文化的な枠組みの両方との関係において考えることが重要だし、またエンパワーメントの形式として潜在的にこれらの発展を促進する特定集団の諸活動と国民国家のような他の集合的エージェントの諸活動を考えることも重要である)。交通手段(自動車、鉄道、飛行機)の発達のような技術的な発達は、社会の内的なレベルだけではなく、社会間ないし地球的なレベルにおいても、時空のより大きな広がりを結びつけることを次第に可能にした。同じことは、マスメディア(ラジオ、地上波テレビ、衛星テレビ)や新しいコミュニケーション・テクノロジー(電話、ファックス、創発しつつあるコンピュータ・ネットワーク、すなわち「インターネット」)の発達についてもいえる。一般に独白的で、一方通行のコミュニケーションとして設計されてきた前者の装置セットとは違って、後者の種類の装置は対話的で相互作用的な可能性をもっていて、我々がより活発な情報の相互交換によってより広範なネットワークをコントロールするよう努めているがために、世界のはるか彼方にいる他人が我々を追跡し、締切を守れと要求してくることを可能にする。同様に兵器の発達も、時間と空間の広範なエリアを越えた紛争のなかに人々を巻き込む、さらに劇的な手段を提供している。

同じような調子でグローバルな統合は、産業生産、商品、市場行動、貿易、そして消費にまで、世界中で共通の形式が一般化されるに至るほど、経済活動の拡張を通して促進されていると理解することが可能である。近代世界システムの拡張はこのようにして理解することができる。近代世界システムは、特定の国民国家や国民国家内部の集団が市場や生産システムを拡大しようと求めてきた様子を示している(Wallerstein, 1974, 1980)。グローバルな消費について類似の事例を取り上げると、ある形態の小売業、技術、店舗設置、マーケティング方式が、世界中で急速に盛んになったことが明らかである。

ひとつの注目に値する事例は、マクドナルドのようなファーストフード・フランチャイズの恐ろしいほどの成功である。ジョージ・リッツア(Ritzer, 1993)は、みずから「マクドナルド化」と呼んだこのプロセスを分析した。すなわちそれは、「ファストフード・レストランの原則が、世界の他の地域と同様に、アメリカ社会でも次第に多くのセクターを支配するようになっていくプロセス」である。リッツアの主張によれば、我々は社会と世界のマクドナルド化を目撃しているところであって、そのようなものは食品だけではなく、車のメンテナンス、教育、子供の世話、スーパーマーケット、ビデオレンタル店、映画、テーマパーク、そしてセックスにも見出せるという。それは革新的な標準化につながる日常生活の大規模な官僚制化の一部であって、我々はそのことを将来きっと理解するであろうが、ポストモダンの定義には容易に統合されるものではない。

　ところでマクドナルド化には、リッツアが追究しなかったさらなる側面も存在している。それは単に生産品と配送の標準化を通して経済的な（時間／貨幣の形式における）「効率」を獲得することを含んでいるだけではなく、文化的なメッセージも表現している。ハンバーガーは単に物質的な実体として身体的に消費されるだけではなく、特定の生活様式のイメージや偶像として文化的にも消費されるのである。マクドナルドが洗練された写象主義《イマジズム》的な広告を行っていなくても、そのハンバーガーは明白にアメリカ的なものであって、アメリカ的な生活様式を表象している。それは優越したグローバルな中心からの生産品であって、それ自身が中心そのものを長きにわたり代理表象してきた。周縁地域に住む者にとって、それは力あるものと同一化する心理学的な利益を得る可能性を提供している。マルボロマン、コカ・コーラ、ハリウッド、セサミストリート、ロックミュージック、そしてアメフトのバッジと並んで、マクドナルドのハンバーガーはアメリカ的な生活様式の一連の偶像のひとつである。それらは、若さ、フィットネス、美しさ、贅沢、ロマンス、自由といった、消費文化にとって中心的である、置き換え可能なテーマと結びつけられてきた。アメリカンドリームは豊かな生活の夢と編み合わされている。これらのイメージや人工物が世界中に輸出された結果、アメリカの大衆消費文化に伝統が道を譲るような、文化のグローバルな同質化にまで至ったとみなされる場合すらある。文化帝国主義のこのモデル（Mattelart, 1979; Schiller, 1976）においては、世界で最も強力な国民国家に後押しされた合衆国の企業が保持する経済力の重みは、国内市場への参入ポイントを地球全体にばらまくのに十分なほどである。実際、文化が経済に従っているのである。

このことは、はるか遠方の野生の世界へ冒険に行きながら、すでにそこがアメリカ文化の道具立てによって支配されていることを発見するはめになる旅行作家によってしばしば報告されている。それゆえ、「さほど遠くもない東からのリポート」と副題の付けられたピコ・アイヤーの「ビデオ・ナイツ・イン・カトマンズ」では、「実際どこであれ、喜びや利益の夢は『メイド・イン・アメリカ』の判を押されている」ことを彼がいかに見出したかが述べられている（Iyer, 1989: 23–4）。その本の裏表紙の宣伝広告には、「バリにおける〔アメリカン・ネイティヴの〕モホーク族の髪形。新中国の広州では、とあるビュッフェで提供される料理に『イエス、サー・チーズ・マイ・ベイビー』と『アイク・アンド・ツナ・ターナー』」と書かれていた。ここでもまた注目に値する事実は、グローバルな大衆・消費文化は英語であることだ。

しかし、文化は水のように流れ、それが出会う差異を容易に解消できると信じるとしても、合衆国がそこからすべてが周縁へと向かう流れの中心であるという仮説には問題がある。このことは七〇年代まででなら比較的真実であったかもしれないが、今日までそれを支持するのは難しい。合衆国は依然としてグローバルに伝達される文化と情報産業を支配し続けているが、多極化の感覚が成長しており、競合する複数の中心が現れ始めている。間違いなく、日本と東アジアはグローバルな重要性を増しており、ことに最近はイメージや情報よりは消費財や金融のフローに関してこれが顕著である。日本の国家アイデンティティの称揚、つまり「日本人論」は戦後において沈黙し、内向きになっていたが、しかしこれがいつも事の真相であるわけではないだろう。日本の消費財は日本人の生活様式を背景に売ろうと努められてきたのではなかった。実際次のように主張することができるだろう。もし世界の日本化という言葉が何らかの意味をもつとすれば、それは土着、つまりグローカリズムという観念を中心として構築された市場戦略に関するものである、と。その言葉はグローバルな戦略を言い表すものであって、その戦略とは、標準的な生産品やイメージを押しつけようとするものではなく、その代わりに、ローカルな市場の要求に合わせて仕立てられるものである。これは、ローカリズムのレトリックに取り入ろうとしていた世界の他の地域の多国籍企業にとってもポピュラーな戦略となった。

　アメリカ化や日本化の、あるいは西洋化と東洋化のグローバルなプロセスに加えて、世界のブラジル化、すなわちゾーン化と文化的折衷主義《シンクレティズム》の二重のプロセスを語ることもまた可能である。何人かのコメンテーターが、新富裕層と新貧窮層の新たな並置をもたらす「二重都市」(Mollenkopf and Castells, 1991)の出現を指摘している。ロサンゼルスの発展の分析において、マイク・デービス(Davis, 1992: 20)は高度に隔離されゾーン化された都市のあり方に注意を促した。この都市には、要塞化された中核と、そのすぐ近くにある中産階級や上層階級の大型アパートがあるが、そこは下層や底辺層をなす階級のエスニックなゲットーと犯罪や無秩序のゾーンとの接触から分離され、保護されている。デービスの主張によれば、「情報化都市」(Castells, 1994)であるにもかかわらず、ロサンゼルスはウィリアム・ギブスンのSF小説に描かれた都市のスプロールにより近いものとなっている。それがたどった軌跡は、ポストモダンな東京—横浜よりはむしろサンパウロに似始めている。ブラジル化のこの形式は、要塞化されたゾーンが生じ、分割された、危険な都市のモデル（ファヴェラ〔*favela* バラック集落のこと――訳者〕に住む人々による、排他的なビーチ文化への侵入に関する議論についてはBanck, 1994を参照せよ）にもとづいており、ブラジルの歌手カルメン・ミランダやサンバ／ビーチ文化のイメージに対する興味深いオルターナティブを提供している（カルメン・ミランダをめぐるグローバリゼーションに関する議論についてはEnloe, 1989を見よ）。

人々が民族的《エスニック》アイデンティティに容易に出入りできることは、多くの論者によって論評されている（Abu-Lughod, 1991）。アイデンティティを固定したものとみなした上でインサイダー／アウトサイダーの強固な分割をなくしていく同化のモデル、あるいはメルティング・ポットのモデルとは対比的に、今日では人々が複数のアイデンティティをもちながら幸せに暮らしていることがより広範に認められている。それゆえ、移住民として世界を移動し、文化シフトの合間にとらえられた人々には、それを評価する立場と用語法の両方が存在する。ここで我々は、移民労働者として仕事を探すために日本へ行く、サンパウロに住む第三世代の日系ブラジル人――いわゆる"Nickeys"――のような集団について考えてみよう。「マージナルマン」とか「ハーフ」というようなカテゴリーを通してそのような集団を理解しようとすることはもはや適切ではない。むしろ彼らの状況は「ダブル」という言葉の使用によってプラスの刺激を受けている。

これが示唆していることは、グローバリゼーションの激化につながるプロセスの重要な部分が、世界をめぐる人々の移動という観点から理解されるべきであるということである。次第により多くの人々が文化の合間に、あるいは境界線上に生きるようになってきていて、ヨーロッパやその他の国民国家が、以前は強固で排他的なナショナル・アイデンティティの意識を構築しようと努めていたが、最近は「その他の地域」がポスト冷戦の時代に西側へ回帰したために、それらが多文化的な社会であるという事実に対応しないといけなくなってきている。

この文脈において我々は、ポストコロニアル理論から教訓を引き出す努力をしなければならない。ポストコロニアル理論は、アイデンティティに関するポストモダン批評に見られるものと、多くの仮説を共有している。ポストモダニズムの観点からすると、モダニティは統一性と普遍性の理念を思想と世界に押しつける試みを含意するものとみなされてきた。実際その使命は、無秩序に秩序を押しつけ、フロンティアを手なずけることであった。しかしながら、グローバルな力のバランスが西洋から移行しつつあることや、より多くの声が西洋に投げ返されるようになってきていることにともなって、モダニティは普遍化されるものではないという意識が強くなってきている。これはモダニティが、西洋のプロジェクトであると同時に、世界に対する西洋の価値観の投影とみなされているためである。実際、モダニティによって、ヨーロッパ人は彼らの文明、歴史、知識を、一般的な文明、歴史、知識として投影することができたのである。

中心という揺るぎない地点から理論を構築し、世界をマッピングできる、しかもその中心地点はふつう、象徴的にも現実的にもより高度でより進んだものとみなされる。こうした確信に代わって、ポストモダニズムとポストコロニアリズムは、理論を流動的なもの、あるいは境界の上のどこかにある偏心《エキセントリック》的な場所から構築されたものだとした。グローバルな境界から中心への人々の移動は、理論を境界へと移し替えること、すなわち、その権威の衰退をともなっていた。理論の主張には限界があり、ローカルなものにすぎないという性質がより広範に認められたために、人間一般を語る理論の可能性に減退が生じている。

同質的な国民文化、皆が認める伝統、あるいは「有機的な」エスニック・コミュニティに依拠した比較分析は可能であるという観念そのものが挑戦を受けており、再評価されつつあるのだ。以下のホミ・バーバ（Bhabha, 1994: 5）の主張を参照されたい。

想像の共同体が実はよりトランスナショナルで翻訳的な雑種性をともなっていることは認めざるを得ない。現代のスリランカの演劇では、タミールとシンハリ間の死に至る紛争を表現するのに、南アフリカやラテンアメリカにおける国家の野蛮が寓話的に参照されている。オーストラリアの文学と映画におけるイギリス—ケルト的な規準は、アボリジニの政治的な要請の観点から書き直されている。リチャード・リーブ、ベッシー・ヘッド、ナディン・ゴーディマ、ジョン・クッツェーらの南アフリカの小説はアパルトヘイトによって引き裂かれた社会の実態報告であると同時に、国際的な知的共同体に、世界の別の場所に存在する不平等で不均等な世界とつなげて考えるように強いるものである。サルマン・ラシュディは、『真夜中の子供たち』と『恥』において独立後のインドとパキスタンの歴史を寓話的に描いているが、結局それは我々に『悪魔の詩』において最も真理に近い目は移民の二重化された視覚かもしれないと思わせる。トニ・モリソンの『愛されし者』は奴隷制の過去と、その占有と自己所有にまつわる残忍な儀礼を蘇らせるものであるが、それはある女性の歴史の現代的な寓話をそこに投影するためであって、同時に、男性の公共圏の誕生についての、そして女性のそれについての、情緒的かつ歴史的な記憶の語りをそこに投影するためである。

意識的な伝統の交雑と境界の横断は、今や西洋において非常に目立つものとなったその他の地域が、常に西洋の一部であったことを浮き彫りにしている。このことは、西洋の中心から投影されてきた、明晰で首尾一貫した単一のモダニティのイメージを破壊する。バーバ（Bhabha, 1994: 6）が述べているように、ポストコロニアリティは、モダニティの半ば内側かつ半ば外側にいる、境界に閉じこめられたものの雑種的で折衷的なパースペクティブを示している。これはバーバにとってポストコロニアルの対抗的モダニティを示唆するものであるが、それは南の諸国だけでなく北においても、また田園地方だけでなく世界都市においても、目に付くものとなっている。

この立場はポール・ギルロイ（Gilroy, 1993: 36）の黒人文化と音楽についての記述とも共鳴するものであって、それは「倫理と美学、文化と政治の近代西洋的な分離」を拒絶することにおいて、モダニティに特徴的な対抗文化となるのである。ギルロイからすれば、モダニティの議論はめったに奴隷制やアフリカのディアスポラに言及することがないし、またそれに付け加えるなら、コロニアリズムは、ギデンズやハーバーマスのような高名な理論家が概ね社会内的に発想したモダニティについての社会学的な説明には含まれていない。問題は、モダニティが、大西洋を渡ってアフリカ奴隷を輸送したような退廃を通じて野蛮と結びついていることだけではない。コロンブスのような人物が、モダニティの鍵を握る人物としてのルターやコペルニクスという標準的な組み合わせに並べられることはないとか、あるいはラス・カサス（Las Casas, 1992）のラテンアメリカでの虐殺についての記述が、それを縮小したものであるアウシュビッツと並んで語られることがないということだけが問題なのでもない。奴隷制の記述がどういうわけか黒人の歴史に限定されて、全体としての西洋の知の歴史に関わるものではないとされていることだけが問題なのでもない。さらには、奴隷制が、基本的に資本主義や近代の合理性とは相容れない、前近代の残滓とされるプランテーション経済の一部であるとしばしば社会学的にみなされていることだけが問題なのでもない。

　これらすべての要素はカテゴリーを再考するための基礎となるべきものである。さらに言えば、これが最大の問題であるのだが、黒人は近代における西洋文化の発展の内と外の両方に存在するという事実がある。ギルロイ（Gilroy, 1993: 54）が主張するところでは、奴隷制はモダニティの前提であり、普遍性、意味の固定性、主体の一貫性といったアイデアをともなう啓蒙のプロジェクトの基本的なエスノセントリズムをあばくものである。ここでの問題とは、そのプロジェクトの妥当性を否定する生を生きている社会のメンバーを啓蒙が生み出してきたことであって、彼らの社会内での存在、つまり人格や市民とみなされるべき資格が長らく否定されてきたことである。しかし、黒人たちはアメリカ人であると同時に黒人であり、ヨーロッパ人であると同時に黒人であり、文化と一連の集合的記憶に参与してはいるが、そうした文化や集合的記憶は、彼らが住む国民国家の文化に統合されたり、限定されることはない。彼らの文化はアフリカ的であると同時に西洋的であって、一種の「二重の意識」を通して生きられる彼らのアイデンティティは、西洋の内と外の両方での、つまりモダニティの内と外の両方での経験から、形成されたものである。

　明らかにここで要請されているのは、そのような排除を説明できる文化概念である。そうした排除は、モダニティ編成の核心にあったものであるが、ポストコロニアルの理論が次第に浮かび上がらせてくることであろう。必要なのは、グローバリゼーションが近年の局面において複雑性を増大させていることに気づくだけでなく、グローバリゼーションの以前の局面と、それとモダニティの関係をも見て取ることのできる文化概念だと気づくことなのだ。ここで探究が必要と考えられるのは、ヨーロッパに特有の文化の観念がモダニティの内部でいかにして生み出されたかである。モダニティの内部では、文化は単一かつ統合されたものとして現れ、コロニアリズムとともに、すなわち実際にこのような統一感を可能にしてきたモダニティの暗黒面とともに発展してきたその他の世界との、空間的な関係は見過ごされてきた。

社会学は長年その主題として社会と取り組んできたが、第8章で主張されるように、それは、国民国家の形成プロセスの一部である統合に諸国民が夢中になっていた十九世紀後半という特定の時点で発展した観念であった。また同様に指摘できることとして、統合の社会内的なメカニズムに焦点を当てられるようになったのは、とりわけ国民国家がより競争の激しい形勢《フィギュレーション》に次第に引き込まれていった時期と関連していると認められる。こうした形勢によってナショナル・アイデンティティの強い自己主張が求められていたのである。今日では国民国家の境界を飛び越え、あるいはすり抜けるグローバルな相互依存と葛藤のレベルが高まったことによって、この人為的な分業の遺産を正当化することは困難になっている。

ポストモダニズムとポストコロニアリズムが強調するのは、文化の複雑性の問題、そして以前は別々に保たれ社会関係と堅く結びついていた諸文化が、以前と比べて数多く生み出され、混合され、折衷されることを通して、社会生活において文化が次第に重要性を増してきていることである。ポストモダニズムとポストコロニアルの理論のラディカルな含意は、社会という理念そのものを疑問に付したことであって、普遍主義と進歩への信念をもった西洋の啓蒙の伝統に関するメタ物語の統一性を疑問に付したことである。これが示唆するのは、それ自身の投影や鏡像イメージであることをやめた世界における西洋の空間的な相対化である（『オリエンタリズム』におけるサイードを参照）。サイード（Said, 1978）の著作のようなものは次のような事実から生み出されてきた。すなわち、(a)より多くの人々が境界を越え、自明視されていたステレオタイプを疑問に付すような多元的な参入を行うようになった。(b)グローバルな力のバランスが西洋から離れるようなシフトがあったために、今や「他者」の声に耳を傾けざるを得ず、彼らが発展のより初期の段階にあると仮定することはできなくなってしまった。

西洋の自己イメージと受動的な他者の自己イメージが論争されることはますます増えていて、それゆえポストモダニズムに結びついた諸力のひとつがポストコロニアリズムであったことは驚くべきことではない（スピヴァック、トリン・T・ミンハ、バーバ、ギルロイ、ホール等々）。グローバリゼーションのプロセスの結果として変化しつつあるグローバルな環境は、この状況に対する西洋固有のリアクションをポストモダニズムというかたちで引き起こした。それは一般には内的な観点から理解されており、世界の他の地域に対する西洋の空間的な関係として表現されていないにもかかわらず、それ自身の伝統をはるかにさかのぼる時点に至るまで疑問に付すよう働いてきたものである。

グローバルなプロセスを、単一の中心が周縁を支配するという関係で理解することはもはや不可能である。むしろいくつもの競合する中心が存在しているのであって、それらは国民国家やブロック間のグローバルな権力バランスのシフトを引き起こし、新たな組み合わせにおける相互依存を創出している。このことは参加者間の平等な条件を示唆しているのではなく、コミュニケーションの手段へのアクセスと話を聞いてもらえる権利へのアクセスを要求するゲームに参加を許されたプレーヤーがより多くなるプロセスを示唆しているのである。各種のコミュニケーションの拡大とその速さが意味しているのは、政府にとってそのフロンティアを横切る大量の情報やイメージのフローを監視し、コントロールすることがより困難になったということである。

我々の文化のイメージはより複雑なものになっている。このことは、我々が長年社会科学のなかで操作してきた文化のイメージについて、いくつもの重大な疑問をもたらすことになる。このイメージは、文化を、統合的で、統一的で、安定的で、静態的な何かとみなす、過度に単純化された見方をもたらしてきたかもしれない。その見方によれば、文化とは、秩序立った社会のなかで社会生活の歯車に油を注す仕事を果たすような、比較的よく躾けられた何かである。もしこのイメージが、国民国家の改編プロセスをともなったグローバリゼーションの最近の局面を捉えるには今や不適切だとみなされているのであれば、それはどのようにして生じ、それほどの影響力をもつようになったのだろうか。もしそれが国家の形成と並行する国民文化の構築と結びついていたのなら、それがむしろ常に理念に関するものであり、現実というよりは目的であったのは、なぜだろうか。様々なレベルの複雑性や差異を抑圧する何かは、近代社会にもともと内在するものなのだろうか。

単一のグローバル文化の創発より、むしろグローバリゼーションのプロセスの方が、ある種の舞台を提供する傾向が強まっている。その舞台とは、グローバルな差異が、遠くにあるエキゾチックなものの標本が直接家庭に持ち込まれるような「文化の世界的ショーケース」を開くだけではなく、文化のより不調和な衝突のためのフィールドをも提供するような舞台である。文化の統合プロセスがグローバルなレベルで生じている一方で、状況は次第に多元主義的で、あるいは多神論的で、多くの神々が競合している世界となってきていて、それはウェーバー（Weber, 1948b）が「職業としての学問」のエッセイのなかで議論した筋に沿ったものである。このようなことはすでにグローバルなバブルとして言及されている。これが意味するのは、「その他の地域が次第に西洋に向けて語り返し始めている」ということであって、西洋の力の相対的な衰退にともなって、西洋は次第に話を聞くよう強いられてきているということである。西洋のネーションにとって、世界のその他の地域に対して「文明化する使命」を受け入れさせるほどの優越性を維持することはもはや、以前ほど簡単なことではない。しかし、それがあってこそ他の国々は、象徴のヒエラルヒーにおいて低位を占め、彼らより優れたものに従って順に階段を上るよう教えを受けるものとして記述されたのである。我々がこれから見るように、「ポストモダニズム」という用語は、この文化の断片化と象徴のヒエラルヒー崩壊のプロセスを指すものとして理解できる。私はこう論じたいのだが、それは西洋の象徴権力と文化資本の価値に関するシフトが起きていると気づくことから、多くの原動力を得ている。むしろ、歴史の新しい段階に進むことと「ポストモダニティ」を理解することは、それ自身が西洋の経験から構築された伝統とモダニティの発展モデルという前提に依拠するものであるので、適切ではない。それゆえ、このことが重要な意義のひとつであり、「ポストモダニズム」が文化の脱中心化と文化の複合性の導入を指摘しているのである。

グローバリゼーションのプロセスは、それゆえ、文化的な単一性を生み出すことを意味しないようである。むしろそれは我々に新たなレベルの多様性に気づかせてくれる。もしグローバル文化というものが存在するならば、それは共通文化として理解しないほうが望ましく、むしろ差異と権力闘争と文化的な威信競争が演じられるフィールドとして理解すべきであろう。それは基底形式にも似た何かであって、デュルケムの言う契約の非契約的な側面の筋書きに沿って、あるいは社会的葛藤を下支えする自明の共有基盤についてのジンメルの分析の筋書きに沿って、差異の承認と表出を可能にするものである。このことのゆえにグローバリゼーションは、文化の莫大な量、その多様性、そしてその多面性を我々に気づかせる。折衷主義や雑種化は例外というよりルールである。それらは我々が長年社会科学のなかで操作してきた文化の特殊なイメージの起源とその維持に我々が疑問を投げかけるようにするものであって、本書はこれからそこへ向かうわけである。

第2章　文化領域の自律化

文化の合理化と分化に関するマックス・ウェーバーの理論はよく知られている。ウェーバーにとってモダニティの発展とは、資本主義経済と近代国家の長期にわたる分化プロセスにのみ関連するのではなく、それぞれが独立した科学的、美的、道徳的な価値の領域の出現をともなう、文化の合理化を含意している。より萌芽的で、全体論的で、宗教的な文化の中核からの文化領域の分化に関するウェーバーの議論（Weber, 1948c）は、高度に抽象的なレベルで行われていた。ウェーバーは、文化領域のそれぞれの側面が独自の論理によっていかに冷徹に推し進められていくか、諸価値が生活スタイルや振る舞いにいかに関係するかにも一瞥を与えており、また知識人たち、すなわち「教養人」や「文化の専門家」が経験する緊張関係にも目を配ってはいるが、彼の主要な目的はタイポロジーを描出することであった（Weber, 1948c : 323–4. ウェーバーの仕事のこの側面は次の章でより詳細に議論される）。ベル（Bell, 1976）とハーバーマス（Habermas, 1984a）の著作には文化領域についてのより充実した議論が見出せるとはいえ、もし我々が現代の西洋諸社会における特有の文化接合を理解したいと思うのなら、前述のソースに頼らなければならない。実際、特殊な歴史的シークエンスや位置関係に焦点をあてることによって、文化領域の発展の条件を探究する必要がある。第一に、我々は象徴生産における専門家の自律性と権力のポテンシャルの成長との関連で、相対的に自律した文化の出現を理解しなければならない。それゆえ我々は文化の運び手とその矛盾したプレッシャーに焦点をあてる必要がある。その矛盾したプレッシャーは、中産階級内部に増えつつある分派の相互依存関係と権力闘争が、(a)文化的な飛び地《エンクレーヴ》の独占化と分離、(b)より広範な公衆への文化の脱独占化と拡散という、二重のプロセスに向かって変化することによって生み出されたものである。第二に、我々はそれぞれの文化の専門家に関して別個の制度と生活スタイルが発展したことに焦点をあてなければならない。また価値の複合体と多様な生の秩序における振る舞いとの関係を検証する必要があるが、それは芸術や学術（「高級文化」）として理解される文化領域に関してだけではなく、それと対蹠的な対抗文化（ボヘミアン、芸術的前衛、その他の文化運動）の創出に関してもそうなのだ。第三に、我々は文化領域の発展と関連する並行的な発展の動態を理解しなければならない。そしてその並行するものとは、「文化産業」を通じた文化生産の一般的な拡大と、大衆文化あるいは消費文化と呼ばれてきたものを生み出すための文化財、あるいはその他の象徴財のためのより広範な市場の創出である。ふたつの傾向はともに近代社会において次第に文化が重要になってくるのに貢献してきたが、それは日常の文化、すなわち記憶、伝統、神話といったものの自明視された蓄積を浸食し、手なずけていく恐れのある傾向なのである。

　このことが示唆するのは、文化の専門家がしばしば市場とアンビバレントな関係にとらわれてしまうことである。市場は文化領域の自律性を維持し促進するために、分離と距離化の戦略をとるようになるかもしれない。また同時にそれは、他の集団（とりわけ経済の専門家）との相互依存と権力闘争において、彼らが取引の場《マーケットプレイス》を利用して、彼らの一般的な社会権力を補強するためにより広範な観衆に接近し、その専門的な文化財の威信と公共的な価値を増大させようという気にさせるかもしれない。文化領域の自律化を援助する諸条件は、専門家が文化生産を独占し、規制し、コントロールすることをより容易にするであろう。それは経済生産より上位に文化生産を位置づけ、芸術や知的探究を日常生活や大衆の無教養な趣味や大衆文化より上位に位置づけようとするものである。反対に、文化領域の自律化を脅かす諸条件、すなわち「聖なる」知識人や芸術的な象徴のヒエラルヒーの信用をなくす脱独占化のプロセスは、文化の専門家以外の集団がオルターナティブな趣味を支持し、以前は排除されていた民衆の伝統と大衆的な文化財を包摂できるほど拡張されたレパートリーを正当化しようとするのを可能にする。あるいはそのために、特定の文化の専門家が別の経済の強力な専門家集団と新たな同盟を結ぶようにけしかけるのである。特定の文化の専門家の運気が上昇あるいは下降するのはなぜかを理解しようと試みなければ、そして経済の専門家のような別の権力を保持する集団と彼らの間の関係の変容を把握しようとしなければ、「芸術の終焉」とか「前衛の終焉」とか「知識人の終焉」とか「文化の終焉」などといった現在の主張を嘆いたり称賛したりするものを理解することは難しいだろう（Featherstone, 1991a）。

この章ではこれらの論題を表現してきた様々なアプローチに目を通してみたい。そのためには文化生産という拡大された領野の発展に関する三つの主要な概念を順に検証していくことになるが、それにともなって文化領域の発展と大衆消費文化との相互関係の分析を行う。第一に検証するのは文化生産というパースペクティブであるが、そこでは、文化領域を飲み込み、価値を下落させる脅威として現れた大衆文化は、資本主義的な商品生産プロセスの論理的な帰結とみなされている。第二に検証するのは消費様式アプローチであって、これは人類学的なパースペクティブに依拠するものである。それが主張するのは、あらゆる社会における象徴財の消費には類似性が存在するとか、大量生産文化を否定的に評価するのは避けなければならないといったことである。むしろ、文化財と趣味の分類は（たとえそれらが日常的な消費者の耐久消費財、生活スタイルの実践、あるいは高級文化の追求であっても）、同じ社会空間の内部で関連しあって働くものとして理解されなければならない。この社会発生論的な（sociogenetic）パースペクティブは、財や活動の象徴的な側面が、社会関係に境界を引くのに実践面においていかに用いられているかに焦点をあてている。第三に、我々は文化消費に関する心理発生論的な（psychogenetic）パースペクティブを探究するが、それは新たな財や経験への好みと欲望の発生を検証するものである。そのようなパースペクティブは、中産階級に焦点をあてていて、理念的利害関心というウェーバーの観念に依拠するものである。またそれは、相互依存し競合する様々な人々の集団においてハビトゥス、傾性、方向づけの手段が創出される長期のプロセスを論題にするものである。最終的に我々は文化領域の議論に立ち戻って、文化領域の編成と改編を支え、また一連の文化の専門家が特定の大衆文化の評価を創出するのを支える上での、いくつかの条件を示唆する。そのような論題がいかに表明されるべきかを見定めようとするこの試みは、文化の発展プロセスをよりよく理解し、文化領域、市場文化、大衆文化、消費文化、日常文化、そして根深く染みついた文化的な伝統やコードといった、静態的に把握されてきた諸観念を乗り越えるのに役立つであろう。

商品化された消費の生産

消費の研究は長らく経済学の周辺領域とみなされてきた。そして、アダム・スミスが「消費はすべての生産の唯一最終の目的である」と主張したにもかかわらず（Minchinton, 1982: 219）、消費の分析は、生産と配分を重視してきたために、まるで無視されてきた。この無視は、消費には疑問の余地がないという仮説から来るものであろうが、そうした仮説は、満足を最大化するために合理的に財を購入する個人という概念に依拠している。合理的な選択が人々の慣習や習慣のような社会的圧力によって修正されうることは、控えめに認められているだけだった。十九世紀の終わりになって、顕示的消費やスノッブ効果、バンドワゴン効果といった有用性以外の効果にも幾分関心がもたれるようになったが、これらは特にヴェブレン（Veblen, 1953）の著作に見出されるものであった（Minchinton, 1982: 221も参照）。一般に、十九世紀後半の大量消費へのシフトに対する社会学的な関心は、人間行動の厳密に経済的な、あるいは市場的な説明に限界があることを示すだけに限定されていた。経済学へ社会学からの批判は、大量消費が社会的な規制の撤廃をもたらし、社会的紐帯を脅かすことへの関心とセットにされることが多かった。大量生産が強化され、大量消費となり、市場が生活のより多くの領域に拡大するようにシフトすることは、それゆえ文化にとって有害なものと一般にみなされた。その後、大量消費のために生み出された新たな文化は、特にネオマルクス主義の批判によってしばしば否定的なものとみなされた。彼らは広告、マスメディア、娯楽産業を商品生産の論理的な延長と目していたが、それによって市場は独占され、大衆への欺瞞と消費文化の価値低下を生み出すだろうと考えていた。彼らには、文化の生産の側から文化の消費に与える効果を演繹する傾向があり、またネオマルクス主義の枠組みのなかで、土台―上部構造モデルの様々な修正版を奉じる傾向があった。こうしたパースペクティブから、資本主義的な大量生産の論理とは、より拡張された大衆社会につながるものと見なすことが可能になった。

社会における生産諸力のもつ権力が消費をその権力がデザインしたものに適合させるということに関するもっとも明解な見解は、フランクフルト学派の文化産業論である。非労働活動一般は労働の場と同様に道具的理性と商品の論理の下に包摂されるようになる。そして芸術財と文化財は他の財の生産において使用されるのと同様に標準化と疑似個人主義の支配下におかれるようになる。これゆえにホルクハイマーとアドルノ（Horkheimer and Adorno, 1972: 137）は、「後期資本主義の下での娯楽は労働の延長である」と主張した。芸術は、以前は幸福の約束（promesse de bonheur）、すなわち現存する現実を超越する他者性への憧れをもたらすものであったが、今やそれはおおっぴらに商品化している。ホルクハイマーとアドルノが述べるところによれば、「目新しいのは、それが商品であるということではなく、今日それが商品であることがわざわざ認められていることである。芸術がそれ自身の自律性を放棄し、消費財のなかに誇りをもってその位置づけを見出していることが、目新しさの魅力を構成しているのである」（Horkheimer and Adorno, 1972: 157）。文化産業は製造業化された文化に将来の展望をもたらした。そこでは文化の識別眼と知識（知識階級の高級文化）は大衆文化に圧倒されて取って代わられ（名声を欲しがる者が鑑定家に取って代わった）、そこでの芸術受容は交換価値によって支配された。アドルノにとって、次第に強まっていく交換価値の支配はもともとの使用価値（芸術の場合でいえば、幸福の約束、すなわち対象にアプローチできた際の楽しみ、喜び、あるいは「目的なき目的性」）を抹消し、それを交換価値（その道具的な市場価値あるいは「通貨」）に置き換えてしまった。このことは商品が二次的あるいは人工的な結びつきを広範にもつことを可能にした。そして特に広告こそがこの可能性の恩恵を受けたのだ。

このパースペクティブからすると、広告は単に商品の消費を促進し、そして大衆欺瞞を助長するために伝統的な高級文化を使用し、改編し、置き換えただけではなく、商品の象徴的な側面にも注目を集めてきた。経済交換の勝利とは、単に伝統文化や高級文化の浸食を含意するだけではなく、それらに取って代わるために、新しい「人工的な」文化が、商品生産の論理によって「下」から生み出されることを含意している。これゆえに、多くの論者が、消費文化の創出において広告が果たした中心的な役割に焦点を当ててきたのである（Ewen, 1976; Ewen and Ewen, 1982; Leiss *et al.*, 1986）。

日常生活の商品化に関する消費文化の解釈の別の例は、フレドリック・ジェイムソンの著作にも見出すことができる。商品生産の伸長にともなう新しい人工的な文化の濫費を指摘する資本の論理のアプローチに従って、ジェイムソン（Jameson, 1979: 139）は「文化は消費社会自体のまさに構成要素であることを強調した。「これほど記号とメッセージが飽和した社会はかつて存在しなかった。……消費資本主義におけるイメージの遍在は、リアルなものの優先権が覆され、すべてが文化によって媒介されているということを意味している〕」。このパースペクティブは彼の影響力のある論文「ポストモダニズム、あるいは後期資本主義における文化の論理」の中核をなすものであるが、そこで彼はポストモダンの文化の輪郭を描いている（Jameson, 1984a: 87）。

伝統的な大衆文化あるいは高級文化の最後の痕跡が抹消される前兆を示す、文化の濫費と無秩序に関する同様の強調は、ジェイムソンが依拠したジャン・ボードリヤールの著作にも見出せる。ボードリヤール（Baudrillard, 1970）がルカーチやルフェーブルの商品化の理論に依拠して主張するところによれば、消費は記号の積極的な操作をともない、消費されているのは物ではなく物のシステム、つまりコードを編成する記号のシステムなのである。ボードリヤールは商品分析の文化的な含意を発展させるために記号学に依拠して、後期資本主義社会においては商品記号を生み出すために記号と商品が融合されていると主張した。ボードリヤールにとっての政治経済的な論理は、それゆえ記号論的革命をともなうものであって、それは単に使用価値が交換価値に取って代わられるのではなく、結局のところ両者ともが記号価値によって取って代わられる事態を含意していた。このことはシニフィアンの自律化につながり、それは操作しうるものとなって、（たとえば広告を通して）物との安定した関係から自由に浮遊し、それ自身の意味の連鎖を確立するようになる。

ボードリヤールの後の著作（Baudrillard, 1983a, 1983b）においては、経済学、階級、生産様式への言及は消え去っている。実際、『象徴交換と死』のある部分においてボードリヤールはブルデューに論争を挑んでおり、規範性あるいは階級による社会分析は、我々には今や不要となったシステムの段階に属しているため、失敗を運命づけられていると主張している。システムの新しい段階はポストモダンのシミュレーション的な世界であって、そこではテレビ、すなわち優れてシミュレーション的な機械が果てしなく世界を再複製している。オリジナルなものなど存在しないコピー、つまりシミュラークルの生産と再生産へのこうした切り替えは、現実と想像の間の区別を消し去ってしまった。ボードリヤール（Baudrillard, 1993: 148）によれば、我々は今や「現実の『美的な』幻覚のなかに」生きている。商品生産システム拡大の究極の目標はシニフィアン文化の勝利であって、社会なるものの死である。すなわち、社会学的な分類や説明を逃れる「ポスト社会」の情勢《コンフィギュレーション》、さらには、再複製の果てしない循環、意味の内破につながる記号やイメージやシミュレーションの過剰生産がその目的なのである。我々は今や、ポストモダン的で、統合失調的で、深みを欠いた文化のなかで、現実をイメージへ改編していくといわれる領域と次第に親しむようになっている。人間のレベルに残されているのはサイレント・マジョリティと呼ばれる大衆だけであって、彼らは「ブラックホール」として行動し（Baudrillard, 1983b: 9）、メディアが過剰生産するエネルギーや情報を吸収して、魅惑的な永遠の記号の戯れをシニカルに眺めている。ボードリヤールの大衆の概念は、大衆向けメディアを通しての大衆操作が中心的な役割を演じる大衆文化理論からはほど遠いところに、我々を連れ出した。彼にあっては、商品発展の論理は文化の勝利、文化的無秩序の新たなポストモダン的局面へと進んだ。そしてそこでは、高級、民俗、民衆《ポピュラー》、階級といった文化のレベルの区別は失われ、記号の過剰生産をシミュレートし、それと戯れる、不定形の大衆《マス》に道を譲ったのだった。

今日、高級文化／大衆文化をめぐる議論は、アカデミックな生活のなかでさして情熱を呼び起こさない。一九七〇年代半ば以来、高級文化と大衆文化の区別への攻撃は、すみやかに進められてきた。そのうちイギリスの文脈で最も影響力のあったのは、バーミンガム現代文化研究センター（Hall *et al.*, 1980を参照）とオープンユニバーシティ（Bennett *et al.*, 1977; Bennett *et al.*, 1981参照）の仕事であった。そこでは、大衆は操られていると決めつけるような、フランクフルト学派が行った個性と疑似個性の間の高級文化擁護的な区別に見られる、いわゆるエリート主義をめぐる広範な批判が見られる（Bennett *et al.*, 1977; Swingewood, 1977）。その他の批判が向かったのは、消費と快楽を楽しむ大衆の権利に抗して創造的生産の観念に好意を寄せる議論のなかにあるのは時代遅れのピューリタニズムとお上品ぶった態度だという点であった（Leiss, 1983; *New Formations*, 1983）。真の必要と偽の必要の区別に根拠がないことは、マルクーゼ（Marcuse, 1964）、ドゥボール（Debord, 1970）、ユーエン（Ewen, 1976）の消費社会とその文化を批判した仕事のなかに見出すことができる（Sahlins, 1976; Leiss, 1983; Springborg, 1981を参照）。そして、大衆文化の平等主義的で民主的な潮流の否定、下ではなく上への標準化のプロセスの否定について、最も強固に主張したのはシルズ（Shils, 1960）だった（Swingewood, 1977; Kellner, 1983も参照）。大衆文化批評の根底には、前近代的な安定性、首尾一貫性、共同体の神話にとらわれた知識人の側の、本質的にノスタルジックで、文化的ペシミズム（Kulturpessimismus）のパースペクティブが見出される（Stauth and Turner, 1988a）、あるいはボードリヤールの著作に見られるような前シミュレーション的な社会的世界へのノスタルジアが見出されるという批判も、また存在した。大衆文化理論の批判者はまた、複雑な社会分化も無視してきた（Wilensky, 1964）。つまりそれは大量生産商品がいかにカスタマイズされうるか、あるいは記号が批判的ないし対抗的に再交渉されることによって、いかにその意味づけが逆転されうるかを無視してきた（バーミンガム現代文化研究センターによる若者のサブカルチャーの研究、特にヘブディッジ［Hebdige, 1979］によるパンク研究を参照、またド・セルトー［de Certeau, 1981］も参照せよ）。これに加えるに、「大衆など存在しない、ただ他の人々がいるだけだ」というレイモンド・ウィリアムズ（Williams, 1961）の宣言がある。そのような批判は、消費の画一性が生産によって支配されているという見方を乗り越えることの重要性を指摘しており、多様な実践における財の現実の使用と受容を調査する必要性を強調している。そのような批判はまた、もはや下品で粗野なものとはみなされないポピュラーな実践の再評価をも含意している。むしろ、一般の人々の文化の統合性こそが擁護され、堅固な象徴のヒエラルヒー、排外的な公準、そして分類といったものをもった自律的な文化領域を構築する試みに対しては、全体に疑念が投げかけられている。

象徴財と社会秩序

文化の生産より消費に焦点を当てることは、大量生産の文化財や文化経験の様々な受容と使用に我々の注意を向けさせ、ポピュラー文化がいかにして大衆文化に浸食されずにきたかに注目させる。実際、もし我々が文化の編成に対して長期過程のアプローチを取るならば、文化対象は常に指定し直されていて、ポピュラーなものから高級なものを経て大衆的なものへ移動したり、あるいはその逆に移動するものであることは明らかである。この意味で、ポピュラー文化と民俗文化は無垢のままの文化の基本ラインを提供することはできない。なぜなら、それらもパッケージ化され商品化されてきた長い歴史をもっているからである。このため、焦点を文化生産のより抽象的な見方から、文化の専門家の個々の集団が果たす具体的な実践に移さなければならないし、様々な集団の果たす現実の消費実践に専門家がいかに関係しているかに移さねばならない。

　このプロセスについての洞察の多くは、財の象徴的側面と伝達するもの《コミュニケーター》としての財の役割とに焦点を当てる、消費についての人類学的調査を分析することから得られている。このパースペクティブからすると、財は集団間の境界を印づけ、人々の形勢《フィギュレーション》の間に差異あるいは共同性を生み出し、境界を分けるのに用いられるものである（Douglas and Isherwood, 1980; Sahlins, 1976; Leiss, 1983; Appadurai, 1986）。たとえばリース（Leiss, 1983）の議論によると、すべての文化において有用性とは象徴的である一方で、現代の西洋社会においても財は実際二重に象徴的である。つまり、生産と市場のプロセスで財に付加されるデザインと集合表象においてシンボリズムは意識的に採用され、象徴連合は多様化した生活スタイルのモデルを構築するために財を使用するなかで消費者によって使用されている。

　これに関してダグラスとイシャウッドの著作（Douglas and Isherwood, 1980）は、財がいかにして社会関係に線を引くのに利用されるのかを強調したことにおいて、特に重要である。彼らの議論によれば、我々の財の享受は物質的な消費とは部分的にしか関わっていない。それはまた財がもつマーカーとしての役割と決定的に結びついている。たとえば我々は（スポーツファンやワインの鑑定家のような）他者と、財の名を共有することを楽しんでいる。加えて人物の文化度の熟達とは表面上は「自然な」熟達を意味していて、情報の収集だけでなく（それでは独学の「記憶屋」である）、それをいかに適切に、どんな状況においてもわけもなく自然に使用し消費できるかを含んでいる。この意味において（芸術、小説、オペラ、哲学といった）高級文化財の消費は、他のより俗世的な文化財（衣服、食品、飲み物、レジャーの営み）がどのように取り扱われ、消費されるかということと必然的に関係しており、高級文化は必然的に日常の文化消費と同じ社会空間のなかに取り込まれている。ダグラスとイシャウッドの議論において、消費階級は財の三つのセットの消費との関係で定義されている。その三つのセットとは、必需品のセット（たとえば食品）、テクノロジーのセット（移動設備や主要設備）、情報のセット（情報財、教育、芸術、それに文化やレジャーの営み）である。社会構造の最下位では貧者は必需品のセットしか手に入れられず、その時間をもてあましている。しかし消費階級の最上位にいる者は、高度な収入レベルを要するだけでなく、情報財とサービスを判断する能力も要求される。これは、文化資本と象徴資本への生涯にわたる投資と消費活動の維持への投資の両方の意味で、時間への大量の投資なのである（この意味でリンダーの本［Linder, 1970］のタイトル『困惑する余暇階級』が浮かぶ。それ以外に、顕示的消費に関するヴェブレンの著作［Veblen, 1953］もある）。このため情報階級における財の獲得競争は、高い入会障壁と効果的な排除テクニックを生み出している。

アルヴァックスが指摘したように、情報、財、サービスを扱うための能力を獲得するのに投資される時間の位相や持続や密度は、これらの能力を日々実践し、保全し、維持するのに投資されるものと同様に、社会階級の有効な指標である。消費実践における我々の時間使用は我々の階級ハビトゥスに適合しており、それゆえそれは我々の階級的地位について正確な判断を与えている（プレテセールとテライユの著作［Preteceille and Terrail, 1985: 23］におけるアルヴァックスの議論を参照）。このことが我々に示唆しているのは、集団それぞれによって異なる情報獲得と文化資本への長期の投資に関する調査の重要性である。そのような調査はブルデューと彼の同僚によって詳細に実行されている（Bourdieu, 1984）。ブルデュー（Bourdieu *et al.*, 1965; Bourdieu and Darbel, 1966; Bourdieu and Passeron, 1971; Bourdieu, 1984）にとって、趣味、消費選好、生活スタイル実践の配置は特定の職業や階級内分派と結びついている。それは歴史上の個別の時点で働くあらゆる構造化された対立と精妙に段階づけられた区別によって、趣味と生活スタイルの世界に地図を描くことを可能にする。しかしながら資本主義社会のなかで新たな財を大量に生産した結果、ヒルシュ（Hirsch, 1976）が「位置づけ財」と呼んだもの、つまり社会的地位を定義する財を獲得するために絶え間なく格闘することになってしまう。新しい流行の財を常に供給すること、あるいは下位集団が既存のマーカーとなる財を手に入れていくことは、上位のものが元々の社会距離を再確立するために新たな（情報）財に投資せざるを得なくなる「いたちごっこ」効果を生み出す。

このため、新たな財の生産と商品が伝播する可能性とを制限する障壁が革新的に解消されていく傾向にある社会と、商品の販路を囲い込んでしまうために交換を限定し、コントロールし、方向づける反動的傾向をもつ社会の両方について語ることが可能になる。ある社会では、地位システムは商品の安定した世界で対等のものに限定して交換されることによって保護され、再生産される。また流行システムをもつ社会では、趣味は常に変化する商品の世界のなかに限定され、コントロールされているのと同時に、個人の選択が可能であるとか、アクセスは無制限であるといった幻想が存在している。贅沢規制法とは、たとえば前近代のヨーロッパのような、商品のフローの規制緩和に直面しながら安定した地位を表示する物をもつ社会にとっての、過渡的な消費規制装置である（Appadurai, 1986: 25）。現代社会では象徴財が過剰生産されるという、ジェイムソンやボードリヤールのような人々が注目した傾向が示唆しているのは、記号、イメージ、情報、流行、そしてスタイルの目のくらむようなフローとは、最終決定的な読解あるいは首尾一貫した読解がおそらく不可能な課題であるということだ（Featherstone, 1991a 参照）。

この文化的な無秩序とされているものは、しばしばメディアから事例をとってくる（たとえばボードリヤールがそうしたように）ものである。けれども、「テレビは世界である」とかいうような壮大な言明とは違って、我々はこの無秩序が、その成り立ちが異なる人々の日常実践にどのように影響を与えているかをまるで理解していない。対面的な出会いが具体的な個々人の間に継続される限りは、彼もしくは彼女の社会的地位に関しての手がかりをその人の物腰から読みとる試みがなされるだろうと主張できる。ファッショナブルな服装や財の様々なスタイルやブランドは、どれほど変造や偽造やコピーをされようとも、読解のための一連の手がかりとなる。しかし、ブルデュー（Bourdieu, 1984）が彼の象徴資本の概念で我々に注意を喚起したように、ある人の出自や人生の軌跡を暴露する傾性や格付け図式の記号は、体型、大きさ、重さ、立ち姿、歩き方、物腰、声の調子、話し方、くつろぎや落ち着きのなさといった身体感覚、等々においてはっきり示される。このため文化は身体化されており、何を着るかだけが問題なのではなく、どのように着るかも問題なのだ。マナーや趣味やエチケットに関するアドバイス本は――エラスムスからナンシー・ミットフォードの「上流」と「下流」に至るまで――傾性とマナーを自然化し、完全に慣れ親しんだものとする必要をその信奉者に印象づけている。それと同時に、新参者は、達成すべきことが負担となっており、自分たちの文化能力が不完全であること、それとなく示してしまうだろう。このため成金は、彼らこそしばしば顕示的消費の戦略を採用する者であるが、社会空間における彼らの位置を見切られていて、そこに割り当てられてしまっている。彼らの文化実践は、既存の上流階級や貴族、「文化財が豊かな」者、すなわち知識人や芸術家によって下品で悪趣味なものとして片づけられる危険に常にさらされている。

あるパースペクティブから見れば、芸術的な財や知的な財は囲い込まれた商品であり、社会空間のなかで流通しうる範囲は、それに付与された聖なる性質によって限定されている。この意味において、象徴生産の専門家は文化領域の自律性を増大させ、そのような商品の供給とアクセスを限定しようと努め、実際に高級文化の囲い込みを創り出し保全している。こうした努力は、市場を拒否し、その商品のいかなる経済的な使用も拒否して、成功した経済の専門家とは対極の生活スタイルを採用するようなかたちを取ることもあるだろう（無秩序対秩序、侵犯戦略の洗練、計画に沿った業績や仕事ぶりと対極にある生まれつきの才能や天才の崇拝、などなど）。しかしながらブルデュー（Bourdieu, 1979, 1984）が示しているように、非営利性に賭ける利害というものが存在しており、文化財について、それ独自の通貨形態や経済資本への転換率などをもった、隠され、誤認された経済の見取り図を描くことは可能である。市場状況における知識人にとっての問題とは、彼らがこのレベルの囲い込みを達成、維持して、芸術的な財や知的な財を独占的な商品のままに保てるよう、コントロールしなくてはならないことである。実際、多くの論者が指摘してきたように、このことは知識人と芸術家にとってのパラドックスである。彼らは市場に必然的に依存しながら、そこから距離を取り、独立を欲望している。象徴財が過剰生産される状況のなかでは、新たな文化仲介者（増加するデザイン、広告、マーケティング、商業芸術、グラフィック、ジャーナリスト、メディア、そしてファッション業の従事者）や戦後の西洋社会での高等教育の拡大から生まれた他の「アウトサイダー」的な知識人との競争が、強化されるかもしれない。この競争は既存の知識人が象徴のヒエラルヒーを維持することを不可能にするかもしれず、その結果としての文化的な階級消滅の局面は、より平等主義的で民主的な基盤として公言されているポピュラー文化に対する利害関心創造のための空間を開くものである。

このため我々は生産様式パースペクティブからの文化生産の考察を離れて、プレテセールとテライユ（Preteceille and Terrail, 1985: 36）がブルデューの著作を表現した記述に従えば、消費様式アプローチと呼びうるものに移行したのである。この観点からすれば、需要と文化消費は単に供給によって決定されるものではなく、社会の枠組みのなかで理解されなければならない。つまりそれは、社会発生論的に帰納すれば、「消費はプライベートで、原子的で、受動的というよりはむしろ、すぐれて社会的で、積極的で、関係的なものである」(Appadurai, 1986: 31) ということを強調するパースペクティブから理解されなければならない。

ロマン主義、欲望、中産階級の消費

消費様式パースペクティブは、財の社会的に構造化された取り扱いと使用について、現代の資本主義社会と他のタイプの社会との間の継続性を強調する。「心理発生論的な」パースペクティブは、消費の生産アプローチと同様に、新たな財の増殖を説明することに焦点をおいている。しかし他方が供給に強調点をおくのに対して、心理発生論的アプローチは新たな財の需要の問題に関心を集中している。これが意味しているのは、経済中心の分析から欲求の問題へのシフトである。これはすなわち新しいものを消費したがる性向、言い換えると財を通じた快楽、欠乏、自己表現や自己実現への渇望を発達させる複合的動機が誕生した謎を解こうとするものである。ウェーバーの『プロテスタンティズムの倫理』を想起する形でキャンベル (Campbell, 1987) が主張するところによれば、消費の拡大は、資本主義的生産の拡大と同様に、ある種の倫理を必要としており、そしてこの場合、はずみを与えているのはプロテスタンティズムではなく、イマジネーション、ファンタジー、神秘主義、創造性、感情的探究をともなうロマン主義である。(1) 彼は次のように書いている。「消費の本質的な活動とは、それゆえ生産物の現実の選別や購入や使用ではなく、生産物のイメージが借用される想像上の快楽探求のことであって、『現実の』消費はこの『精神的な』快楽主義の結果である」(Campbell, 1987: 89)。このパースペクティブからすれば、小説、絵画、芝居、レコード、映画、ラジオ、テレビ、ファッションから得られる快楽は広告業者の操作や「社会的地位の強迫観念」から引き出されるものではなく、白昼夢によって刺激された幻想的な享楽である。欲望やファンタジーや白昼夢を生き抜く傾性は、あるいはそれらを追求するのに多くの時間を費やせる能力は、おそらく様々の社会集団間で異なっている。キャンベルはその起源を十八世紀イングランドの中産階級における消費主義と関係づけている。高度のリテラシーを達成した集団は、理念と人格の理想をより真剣に受け止め、ウェーバーが指摘したように、行動に一貫性を求めがちであろう。しかしながら、中産階級におけるロマン主義的な倫理の発達だけに焦点をあてることで、どこまで我々は大量消費を理解することができるだろうか。十八世紀の中産階級の消費習慣を理解するためには、我々はこの集団の習慣をより下位や上位の階級のそれと関係づけなくてはならない。

我々はすでに、安定した地位システムを再生産するために商品交換を制限する社会と、完全な交換可能性があるように見え、常に変遷する商品と流行システムの世界をもつ社会の対比に言及した。このことは社会的に構造化された趣味との関係から考察できる。上流階級や貴族における消費は、安定した地位システムを再生産する傾向がより強く、またそれは境界の超過や侵犯の局面を含んでいる(カーニバルや祭りなど)。メンネル(Mennell, 1987)が指摘したように、宮廷社会の貴族は、「精妙な差異化、地位闘争、出費競争のシステムの罠にはまった消費技術の専門家となったが、彼らの社会全体がそうしたシステムに依拠していたために、そこから逃げ出すことはできなかった」。そこでのしきたり《ファッション》のコードは洗練されたというよりは制限されていて、廷臣たちはドレス、マナー、振る舞いの厳密なルールに従わなければならなかった（Elias, 1983: 232）。ルイ十四世時代のヴェルサイユ宮殿のような宮廷社会では、消費はエチケット、式典、趣味、ドレス、マナー、会話といったものを制限することとの関係で高度に構造化されていた。あらゆる些末なものが威信を求める闘争の道具と見なされていた。些細な暴露の手がかりを外観や仕草に読み取る能力や、他者の物腰や会話を解読するために費やす時間は、廷臣たちの存在そのものがいかに計算に依存しているかを示している。

宮廷社会における振る舞いのこうした厳密な制限は、感情の解放によって感情の抑圧と宮廷の合理性を埋め合わせようとする対抗運動を数多く生み出した。我々は一般にこれらの対照的な位置づけを、貴族（偽装好きで、狡猾で、うそつきの廷臣）と中産階級（高潔で、誠実で、正直な市民）の間の階級差に関係するものと見なし、それらを他者志向と内面志向との関係で定式化する傾向にある。エリアス（Elias, 1978: 19）は『文明化の過程』の最初の部分で、自然への愛、孤独、自分自身の心の昂揚に身を委ねることといったロマンティックな理念をともなう文化（Kultur）をドイツ中産階級がいかに尊重したかを示している。この点において空間的に分散し孤立した中産階級というアウトサイダーは、フランス語の文明化（civilisation）から引き出された理想をもつ既存の宮廷人と対比できるのである。ここからさらに、中産階級のインテリゲンチャと貴族の廷臣の間に、次のように対比を追加することができる。すなわち、感情の内省性と深さに対し、表面性と儀礼性、書物や教養への耽溺と人格的アイデンティティの発達に対し、形式的な会話や宮廷的なマナー、美徳に対し名誉、といった対比である（Vowinckel, 1987を参照）。

しかし、中産階級的な誠実さのロマンティックな強調と、貴族内のロマンティックな傾向の発達にも関連がある。エリアス（Elias, 1983: 214ff.）が「貴族的ロマン主義の社会発生論」で主張したところによれば、ブルジョア・ロマン主義について影響力をもつ先行者の一人であるルソーの成功は、幾分かは彼のアイデアが宮廷の合理性と宮廷生活における「感情」の抑圧へのリアクションと見なされていたおかげであった。自然の理想化と田園生活への鬱病的《メランコリック》なあこがれは、ルイ十四世の宮廷における十八世紀初期の貴族たちに見出すことができる。宮廷と田園の明確なコントラスト、宮廷生活の複雑さ、絶え間ない自己管理と欠くことのできない計算は、理想化された田舎生活へのノスタルジーをもたらした。そうしたノスタルジーは、オノレ・デュルフェによる『アストレ』のような小説において、羊飼いの男女がたくさん出てくるロマンティックなユートピアのなかに描かれている。エリアスはブルジョア・ロマン主義と貴族的ロマン主義の社会発生論には、明らかな断絶と類似的プロセスの両方があると認めている。エリアス（Elias, 1983: 262）は中産階級を「二正面の階級」と呼んだが、彼らはより大きな権力や権威や威信をもった上位集団からの社会的なプレッシャーにさらされるのと同時に、質が劣った下位集団からのプレッシャーにもさらされている。職業生活のコードとの関係から自己管理を求めるプレッシャーは、二正面状態の階級に所属することのプレッシャーと組み合わされており、感情のより直接的で自然発生的な表現という夢のイメージをふくらませる、規則と自己拘束のシステムに対して、矛盾《アンビヴァレンス》した感情を生み出すのを助長したであろう。

消費主義の創出においてロマンティックな倫理の果たす役割が意味するものは、今やより明確にしておくべきであろう。ロマン主義は、ファンタジーや白昼夢を通じてより直接的な感情表現を引き起こし、このあこがれを育てようとする新たな商品に対する欲望に翻訳される一連の理念として働くだけのものと仮定することはできない。むしろ、我々は貴族と中産階級のライバル関係と相互依存において生じたロマンティックな傾向の社会発生論を理解しなければならない。これらのプレッシャーは、拘束のない、表出的で自由な生活へのロマンティックなあこがれを育んだのかもしれないが、そうした生活は商品に投影されて、急速に拡大しつつあった公共圏のために提供された、ファッション、小説を読むこと、その他の娯楽にはっきりと現れていた。しかしながら、日常生活で実利のある事柄、つまり人は他人に好まれるようにしていなくてはならないという社会的要請もまた重要な力として働いた。社会的拘束は、中産階級の職業人たちに、エチケット、服装、物腰、そして秩序立った節度ある消費への注意深い配慮を要求した。宮廷階級とは違って、中産階級は「舞台袖」にいられる私的な生活を楽しんでいた。しかし私的領域の自由と独立性は容易に過大評価されてしまうものである。ある人の地位に付随した社会生活のスタイルを維持するプレッシャーは、家庭内の消費、芸術の趣味、食品、祭礼をコード化し、規制するようなプレッシャーを増加させる（Elias, 1983: 116を見よ）。

特に中産階級だけを眺めるとき、十八世紀の諸国民それぞれで状況が違っていたことを考慮する必要がある。イングランドの中産階級の状況はフランスやドイツのそれとは非常に異なっていた。イングランドは中間的な事例を提供しており、宮廷生活と田園生活の間に、さらに分化した貴族、ジェントリー、中産階級があり、その間にはより密接なつながりがあった（Elias and Dunning, 1987: 35; Mennell, 1985: 119）。十八世紀と十九世紀初期には、土地所有者のロンドン社交界は、勃興期の中産階級層に属する者にとっての準拠集団であり、彼らはその社交界の趣味やマナーやファッションをまねて対抗した（Mennell, 1985: 212）。ダビドフ（Davidoff, 1973: 13）は、十九世紀初頭の家事マニュアル、エチケット本、雑誌のなかでは、期待される生活スタイルを維持するための儀式的ディスプレイへの支出を増加させることがいかに不可欠なものになっていったかに注目している（Mennell, 1985: 209も見よ）。

証拠が示しているように、十八世紀イングランドの中産階級は下からの消費へのプレッシャーの増大に迫られていた。十八世紀の「消費革命」と呼ばれるものは、贅沢品、ファッション、家庭用品、ポピュラー小説、雑誌、新聞、娯楽といったものの消費の増大と、拡大された購買層への広告を通してそれらをマーケティングする手段を含んでいる（McKendrick *et al.*, 1982を参照）。下層階級は上流階級をまねて対抗したファッションを採用することでこの消費の拡大に引き込まれ、そしてファッションはイングランドにおいて他のヨーロッパ諸国より、社会階層を下方に向かって広範囲に拡散した（McKendrick, *et al.*, 1982: 34ff.）。

模倣対抗が可能になり、新たなファッションがそんなにも早く伝播したひとつの理由は、そうした模倣対抗やファッションが都市環境の内部で生じたからである。ロンドンは十八世紀にはヨーロッパ最大の都市であって、他のヨーロッパ諸国に著しい支配力を発揮していた。ファッションの変化、新たな財の店頭展示、そして顕示的消費ははっきりと目についたし、日常会話の話題であった。階級間の社会距離の短縮とインフォーマルな関係への移行は、ロンドンでの公共空間の新たな使用法にも現れ始めていた。そして、この公共空間がやがて公共圏と呼ばれるようになる。公共圏は、個人が拘束のない討論のために集うことのできる定期刊行物、雑誌、クラブ、コーヒーハウスといった社会制度からなるものであった（Habermas, 1974; Eagleton, 1984; Stallybrass and White, 1986: 80ff. 参照）。公共圏の創出は文化領域の発達と密接に結びついている。文芸批評の専門職と、新聞や雑誌のために書き、新たに拡大された読者のために小説を生み出す文化生産の独立した専門家は、十八世紀の中頃までに劇的に発達した（Williams, 1961; Hohendahl, 1982）。都市のコーヒーハウスは、人々が集まって、新聞や雑誌を読んだり、それらが声高に読まれるのを聞いたりする、またそれらについて討論するセンターとなった（Lowenthal, 1961: 56）。コーヒーハウスは自由な文化討論のための民主的な場所であった（Mannheim, 1956を参照）だけでなく、それは市民性の空間でもあり、ビアハウスの貧民、すなわち「グロテスクな身体」から自由な、清められた談話的環境であった（Stallybrass and White, 1986: 95）。コーヒーハウスは「怠惰」で祝祭的な消費を生産的なレジャーに置き換えた。それは礼にかなった、秩序立った場所であって、次第に否定的な目で見られるようになってきたポピュラー文化から身を引くことを必要とする場所であった。

それゆえ、十八世紀には、文化的交流の民主化と同時に、尊敬され礼にかなった文明的な秩序と振舞いをもちあわせない下層民の秩序との間に文化の分化が起こったが、これは長期のプロセスの一部であった。バーク（Burke, 1978: 24）の主張によれば、十六世紀には文化にふたつの伝統があった。すなわち学校や大学で学ばれる哲学や神学の古典的な伝統と、民謡、民話、信仰に関わるイメージ、聖史劇、チャップブック（呼び売り本）、祭り、祭礼に含まれているポピュラーな伝統である。しかし当時上層の者はポピュラーな伝統に直に参加していたのであって、十八世紀初頭においてさえ皆が一般民衆の文化から遊離していたわけではなかった。バーク（Burke, 1978: 286）の示唆によれば、一五〇〇年には教養層はその文化を共有しながらも一般民衆を軽蔑していた。しかし一八〇〇年までには彼らの子孫はポピュラー文化に自発的に参加することをやめてしまっていて、それをエキゾチックで興味深いものとして再発見しつつあった。下層の者の文化は魅惑の源泉であり続け、この伝統のシンボリズムは中産階級の高級文化内の構成要素として重要性を保持していた（Stallybrass and White, 1986: 107）。異種交配をともなったカーニバル的なもの、コードの混交、グロテスクな身体、そして侵犯は、教皇、ルソー、ワーズワースを含む十八世紀の著作家にとってあいかわらず魅惑のスペクタクルであった。この伝統のある部分は十九世紀半ばの芸術的なボヘミアンたちの間で発生したが、彼らによるブルジョア文化の故意の侵犯と、疑似境界的でグロテスクな身体のシンボリズムの発動は、カーニバル的なものと結びついた。その一方で別の部分はロマン主義へと発展した。〔プロイセン第二代の王である〕フリードリヒ大王が一七八〇年に彼の著書『ドイツ文学について（*De la littérature allmande*）』を書いたとき、彼は社会的な混交や侵犯に抗議し、「カナダの野蛮人にふさわしいような馬鹿げた茶番を聞くときに観衆すべてが狂喜乱舞する」ことに関して「シェークスピアの忌まわしい作品」における明らかなたしなみの欠如に抗議した（引用符部分は Elias, 1978: 14）。ブルジョア知識人と、フリードリヒ大王が彼の批評を差し向けた公衆にとって、北アメリカ（ヴォルテールの『自然児』）やタヒチ（ブーガンヴィルの『世界周航記』）の現実の野蛮人は「エキゾチックな他者性」としていや増す魅力をもっていた。

伝統的なポピュラー文化が消失しはじめていたのと同時に、ヨーロッパの知識人は民衆の文化を発見し、記録し、定式化しつつあった（Burke, 1978を参照）。ある部分でこれは、宮廷と貴族がもっていた「文明化された」古典文化に含まれる啓蒙されたお上品さへのリアクションであり（Lunn, 1986）、啓蒙の画一的な合理性と普遍主義へのリアクションであった。たとえばヘルダーは文化的多様性、それぞれの文化共同体の個別性に敏感であり、異なる文化が平等の基盤の上で考慮されることを望んだ。この流れは、フランスが自国文化について「文明化」とか「高級文化」を自称し、それを唯一の人類普遍のメタ文化と呼んだような社会中心主義的な自己同一化に対する批判において発展した（Dumont, 1986）。

結論的所見——文化領域の発展

文化領域の発展は、象徴生産における専門家の権力のポテンシャルの成長に関連する長期プロセスの一部とみなされなければならず、そしてこのプロセスはふたつの矛盾した帰結を生み出した。一方では自律性が拡大したが、それは生み出された知識の性質におけるものであり、また、アウトサイダーを排除する強力な儀礼的分類法が発達した、専門家によって囲い込まれた縄張りで生産と消費が独占されたなかでの拡大である。他方でまた、新たな観衆と市場のために生産された知識と文化財も著しく増大していた。そこでは既存のヒエラルヒー的分類が解体され、専門家の文化財は他の「象徴的な」商品と同じやり方で売られていた。これらのプロセスこそが、文化領域の自律性と他律性を示すものである。

ここでノルベルト・エリアスの観察（Elias, 1971: 15）を取り上げ、それぞれの領域の「自律化」の編成プロセスを吟味することは役に立つだろう。そしてそれは様々な社会集団間の変わり続ける権力バランスと機能的相互依存と関連づけて理解されるべきである。それゆえ、経済領域の発達を理解するには、経済的という用語を特定の社会層の上昇と関連づけ、さらに、この集団と別の集団によって生み出された関係の自律的な網の目の成長を理論化することと関連づける必要がある。エリアスは、人類の幸福と繁栄に奉仕するはずの社会における自然法則の効果を発見できるという信念の下に経験的データを統合した最初のグループとして、（アダム・スミスその他を直接の後継者とする）ケネーと重農主義者に焦点をあてた。重農主義者のアイデアは、エリアス（Elias, 1984: 22）によれば、社会宗教と科学的仮説の中間に位置するものである。彼らは著作家の大掛かりな哲学的概念と、行政官と貿易商人によって蓄積された実践的知識というふたつの伝統の流れを融合させることができた。それらはその頃まではかなり独立したものだったのである。

通商、貿易、産業において経済の専門家である中産階級集団の力が増大することで、探究の対象は構造的に変化し、より自律的な科学的アプローチのための基盤を形成した。それゆえ、市場のような社会現象の自律性の成長は、この現象に関する理論の自律性が漸進的に成長することに、また内在的で自律した法則をもった独立したそれ自身の領域を切り開く経済科学が形成されることに、表れていた。経済は自律的であり国家の干渉から自由であるべきという中産階級の企業家の要求は現実化していった（「市場文化」を生み出し、理論は現実に則していると人々を説得する試みの興味深い説明については、Reddy, 1984を参照）。このアイデアは発展して、経済は独立した領域であって、実際それは社会内での自律性であるということになった。エリアス（Elias, 1984: 29）の示唆するところによれば、この自律性の要求は少なくとも三つの流れをもっている。

その要求とは、経済の科学の主題をなす相関の連鎖の自律性を、他の相関、他の学問分野の主題との関係での自律性を肯定しようという要求であった。それはまた、この連鎖を主題とする科学の自律性の要求であり、他の学問分野との関係におけるその理論や方法論の自律性の要求であった。さらにそれは、他の社会集団、特に政府との関係において、これらの相関の運用における専門家である階級に属する人々の自律性を要求することでもあった。

それゆえ我々は、経済が独立した社会領域として措定されるようになり、経済学という相対的に自律した科学が発達することになったプロセスを理解しようと試みることが可能である。すでに我々は、文化領域についても自律の方向へシフトしていくいくつかの道筋に言及してきたし、もちろんこの趨勢はより綿密な論述に値するものである。しかしながら、領域と領域の間には達成された自律性のレベルにおいて重大な違いがあるだけではなく、経済の専門家やその他の集団と比べると象徴生産の専門家（芸術家、知識人、大学人）には権力のポテンシャルが不足している点において違いがあり、また生み出された象徴財や文化財の形式、内容、社会的有効性の質においても重大な違いがある。ベンディックス

(Bendix, 1970) が指摘するように、ウェーバーの推論に従うと、魔術的―神話的知識を独占する宗教の専門家は、普通の人々を方向づける手段として、世俗的な意味づけと実践的有用性をもつ信念を供給するものである。芸術家と知識人の知識は、その提唱者の信念にもかかわらず、同様の実践的利益をもたらさなかった。芸術家はその技術のおかげで、彼らを畏怖させる神秘をもっているが、しかしその技術は宗教的な意味での力を提供しはしないし、目的のはっきりしない難解な知識は文化エリートに大衆への疑念さえ抱せかねなかった (Bendix, 1970: 145)。しかしながら、そのような財の需要は、消費と学歴を基盤とした社会への移行にともなって、また文化財のための市場の拡大とそれに関連した高等教育の拡大にともなって、増大しているかもしれない。

高級文化の自律領域を確立しようとする努力は、文化一般の生産の内部で一連の緊張関係と相互依存を隠してしまうかもしれない。たとえばピエール・ブルデュー (Bourdieu, 1984, 1985) が示唆したように、文化生産における主要な組織原則は、(「限定された文化生産の場」と彼が呼ぶものを生み出す) 象徴的な配慮と (「大規模な文化生産の場」である) 経済的な配慮のどちらを優先させるかということである。すでに言及したように、芸術家と知識人は、市場や経済生活からの彼らの自律性を強調する傾向がある。しかしながらブルデューによれば、ここには相関的なダイナミクスが働いている。なぜなら市場の否認と経済資本の有意性は「非営利性に賭ける利害関心」、つまり彼らの文化財の威信と妥当性の高揚、経済資本に対する文化資本の高揚に賭ける利害関心に基づいているからである。この見取り図は、芸術的生産や知的生産の下位場《サブフィールド》そのものをその連続体の一部と見なしうるという事実によって、さらに複雑なものになっている。この連続体は四つの部分から成り立っている。①カリスマ的な創造と差異化の神話に従い、市場から高度に自律した前衛とボヘミアンが、相互に賞賛しあう小社会、②市場から相対的に自律し、自身の象徴のヒエラルヒーと公準を確立し維持する、アカデミーや博物館といった文化制度、③「上流社会」や上流階級での是認と成功を得て、その文化的な成功が経済的利益や市場での成功に密接に結びついた文化生産者、④大勢の観衆あるいは「大衆的な」成功を得て、その生産が市場の要求と密接に結びついた文化生産者（Bourdieu, 1983a: 329）。

下位場の相互関係と全体としての文化生産の観念に関しては、数多くの指摘ができる。

まずはじめに、様々な下位場の、市場からの相対的な他律性や自律性を強調するようなモデルは、全体としての文化領域の様々な部分について、関係的な決定論を強調する。それが示唆するのは、高級文化の評価やポピュラー文化の価値の引き下げは、文化的前衛と文化的諸制度が自律性と正当性を発展させ維持する程度に応じて異なるものだということである。それゆえ我々は、文化領域の様々な下位場の分化を説明するようなやり方で、象徴の専門家と経済の専門家の間の相互依存と移り変わる権力のバランスを検討する必要がある。

第二に、我々はこれらの集団のみに焦点をあてるべきではない。文化領域と大衆市場文化を生み出すプロセスは、様々な国家形成プロセスと国民的伝統のなかで起こったことである。たとえばマラヴァール（Maravall, 1986）は、十七世紀のスペインにおける大衆文化の発達は、まったく経済的な観点から理解すべきだという見解に反論した。むしろ彼はバロック文化の発達をスペイン国家が（それも特に君主や貴族のセクターが）直面した危機への保守的な文化的リアクションとして了解している。スペイン国家は成長する都市の大衆に向けた新たな見せ物文化を生み出すために文化生産を操作したのであった。

別の例は、文化の潜在的な自律性と直接関係している。高度の中央集権化と統合が達成されたフランスの国家形成プロセスの特異性は、フランス文化が普遍的な文明と人類のメタ文化を代表しているという見方を促進した。この見方は、文化的諸制度の発達を通じて文化への真剣な態度を促進しただけではなく、同時に誉れ高い専門主義や生活スタイルとしての文化の発達を奨励した。このことは、十八世紀の啓蒙の文化理念と、独立した著作家の生活スタイルに魅了されていた中産階級内の分派について特によく当てはまることだった（Darnton, 1983）。それはまた、一八三〇年代以降のパリにおける自律した芸術的、文学的ボヘミアンと前衛の発展に対して基盤を提供した（Seigel, 1986）。このため、「高級文化」についての様々な社会的評価、あるいはブルデューの「文化資本」という観念の通文化的な適用可能性を理解するためには、文化資本の理解可能な形式の受容と社会的有効性が、その社会の社会的統合や文化的統合の度合いとの関係によって様々であることに、我々は気づかなければならない。アメリカ合衆国では、特定の大都市の中心以外では、文化資本、すなわち高級文化の知識と、そのような知識をもっていることを示す習得された傾性や趣味は、フランスにおいてほど正当性や投資の潜在的な可能性を認められていない（Lamont and Lareau, 1988）。

第三に、ある種の文化領域の下位場が相対的な自律性を獲得するとはいえ、フランスの例が示しているように、下位場における文化実践は依然として日常文化や、その文化領域の外にあるより広い集団内でのハビトゥスや傾性の形成に影響を与えているであろう。様々な集団、教育プロセス、大衆文化メディアのなかで、「英雄としての芸術家」というような文化理念がどこに位置づけられるのか、芸術家や知識人の生活スタイルがどう尊敬を集めるのかを調査することは有益だろう（この方向の仮の試みのいくつかは続くふたつの章でなされている）。論者によっては、文化領域が日常文化にも著しく影響を与えていると信じるものもいる。ベル（Bell, 1976）が主張するところでは、侵犯戦略をともなう芸術のモダニズムは、消費文化に強く影響を与え、社会的な紐帯の基盤に脅威を与えてきた。マーティン（Martin,

1981）もまた、文化的モダニズムとイギリス文化の主流に対する対抗文化の影響について考察している。我々もまた、様々な集団の方向づけのための傾性、ハビトゥス、手段の形成に対する文化領域の役割について体系的な研究を行う必要がある。そのような研究は社会発生論的なパースペクティブと心理発生論的なパースペクティブの間のつながりを探究するのに寄与するだろう。というのも、文化的で教養ある人物の形成は、感情のコントロールと外的なコントロールの内面化を確実にする文明化のプロセスと並行した諸傾向をともなっているからである。加えるに我々は、文化領域の様々な下位場内で生み出された特定のタイプの文化財に対して、より多くの観衆や公衆を形成する長期のプロセスにも焦点をあてる必要がある。

文化領域についての我々の議論は、それゆえ、様々な下位場の相対的な自律性を調査するための、より分化された文化領域概念の必要性を示唆している。これによって、大いなる自律性を達成しようと努める領域（高級文化）と、文化財のなかで大衆市場のための生産とより直接的に結びついた領域（大衆消費文化）との関係を、よりよく理解できるようになるだろう。すでに強調したように、これらの領域間の関係は、固定されたものとか静態的なものではなく、プロセスとして理解するのが最善である。（すでに言及したように十九世紀のフランスで特に顕著だった）自律性に向かう奔流と、他律性へ向かう奔流（文化的な飛び地が、ポストモダニズムのような文化財のためのより広い経済市場に引き込まれるような文化的分類解体の局面）を内包する様々な局面を考慮することが重要である。我々は、文化領域の編成と改編につながるプロセスを理解するために、特定の社会の歴史における何らかの局面に焦点をあてる必要がある。こうした試みでは、文化の専門家の潜在的権力と彼らの文化財や理論の社会的評価を拡大したり縮小したりする、特定の集団間と階級分派の権力闘争と相互依存を検証しなくてはならない。

ここで、文化の専門家によって生み出された文化の性質、射程、目的の個別の理論的構想と、自律性や他律性に向かう特異な牽引力の間の関係を調べることが役立つだろう。この章の目的は、文化の生産にも文化の消費にもそれ自体としては焦点をあてないような、文化に対する長期過程のパースペクティブに賛同する議論をすることであった。むしろ我々は、それらの必然的な相互関係を検討しなければならないし、相互依存と権力闘争に巻き込まれた人々の個別の形勢《フィギュレーション》が勃興したり没落したりするとして、いずれか一方へのアプローチがもつ説明的価値を、排他的に強調するような理論化へ向かって揺れ動く様を、検討してみる必要がある。実際、我々は、象徴財の生産、流通、消費の大幅な量的拡大を可能にしてきた西洋諸社会内での文化生産の長期的プロセスに焦点をあてる必要があるのだ。

注

この章の初期のバージョンは、一九八八年七月にブレーメンで開かれたドイツ―アメリカ理論集団会議で呈示され、R・ムンクとN・スメルサー編『文化理論』〔Munch and Smelser (eds.) *Theory of Culture* (California University Press, 1992)〕として出版された。ピーター・ベイリー、ジョゼフ・ブライチャー、デヴィッド・チャニー、マイク・ヘップワース、スティーヴン・コールバーグ、スティーヴン・マンネルらが寄せてくれた、この初期のバージョンへのコメントに対し感謝している。

(1) ウェーバーの『プロテスタンティズムの倫理』テーゼについての二次文献が立証するように、価値と行為の関係は錯綜している（Marshall, 1982: 64ff. を参照）。『プロテスタンティズムの倫理』についてのベンディックス（Bendix, 1970: 146ff.）の議論は、密度の濃い信心深さと世俗化が対照される状態の下で、文化価値が大衆に伝達される別のやり方を明らかにするのに役立つ。キャンベルの研究が十分注意を払っていないのは、高級文化と日常経験の間ですき間がますます拡大していくことを想定できるような世俗化が進む状況の下での諸個人間の行為の連鎖であり、信念を促進、伝達、維持しようと試みる上で鍵となる、文化の専門家が果たす役割である。中産階級が信念を真面目に受け取りがちなことを我々はよく知っているとはいえ、現実の行動に及ぼす信念の効果については、さらに多くの実証が必要である。

「画家は自分の体を携えている」とバレリーは述べている（Merleau-Ponty, 1964a: 162からの引用）。社会学者にも同じことがいえる。それは、社会関係を解説しようとまなざしを注ぐ際、そのまなざしは社会学者自身の内に身体化され、条件づけられたまなざしであることから生じる問題と、彼が取り組んでいるという意味でそうであるだけではなく、彼の努力の結果を他者へ伝えるコミュニケーションにおいてもそうなのである。しかしながら理論化において身体への視角はいとも簡単に失われてしまう。読解や筆記という行為すべては、それに必要な孤独を維持するために、一連の複合的な社会関係や相互依存に左右される身体化された実践があるという事実を非常に簡単に隠蔽してしまう（Bourdieu, 1983b）。講義に臨むと次のことがはっきりとわかる。我々は教科書だけでなく、身体化されたパフォーマンス、言葉を話す抑揚、声の調子、仕草、ボディランゲージ、姿勢なども持参するのであり、それらがメッセージを明確にして、わかりやすさや説得力をもたせるのに役立つ補足的なリソースを提供している。

私は今でも、ジョン・レックスがダーラム大学の教授として任命された直後の最初の連続講義に出席した時のことを鮮明に思い出せる。彼はその講義をデュルケムの『宗教生活の原初形態』についての印象深い伝記的な話で始めた。それは彼が南アフリカの神的なものを研究する時に最初に読んだ本だったのだが、その本の衝撃があまり大きかったので、彼は自転車に飛び乗り、牧師の所にペダルをこいで行って辞職願いを手渡したという。このような言明は、物語られた出来事の劇的な性質によってだけでなく、それが語られたやり方によってインパクトをもたらす。コミュニケーションの様式やスタイルは、言明の本当らしさに光を当てるだけでなく、話者のキャラクターを示すものをもたらすように思われる。

そこには、講義が展示やショーの性質をもつという認識がある（Bourdieu, 1992）。このため知識人として、あるいは大学人として成功を収めた者は世界中で講演を求められる。[1] 我々が連れだって話者を見に行くのは、その場にいることによって明確にすぐに理解できるからというだけではなく、その人格を観察するためでもある。ここで我々が影響されているのは、その人格を見ること、その人生の断片をとらえることで、彼の著作に関してだけでなく彼のより基礎的な問題関心や人生の目的についても何らかの重要な視角を手に入れることが可能になるという仮説である。その話術やカリスマ性に関してなんとか手がかりを見つけようとしていること、つまり自己同一化や英雄視への密かな関心があることを、見つけだせるというだけでなく、この仮定は、人生と仕事、ある種のスタイル、モチーフ、あるいは基底構造とかいったものの間には、それらを透徹する一貫性があると、措定している。

この意味において、エリアス（Elias, 1987a）は、モーツァルトは傑出した音楽家ではあるが人格的には失敗したというヒルダースハイマーの主張に異議を唱えた。エリアスにとって、人生と仕事の形式は全体として統合されている。エリアスは、もちろん、この仮説をひとりで生みだしたわけではない。たとえばピーター・ゲイ（Gay, 1973: 439）は、「カッシーラーの『ジャン＝ジャック・ルソー問題』は、ひとりの人間全体を理解しようとしたものであり、彼を彼の著作と関連づけようと努めたものであって、つまりカッシーラーが日頃から試みていたように表層的な矛盾のうちにある統一を発見しようと努めたものである」と語っている。レイ・モンク（Monk, 1990）は、ルートヴィヒ・ウィトゲンシュタインに関する自著を論じるなかで、「彼の人生と著作を統一体として見た場合――何よりもそれこそが私が試みようとしたことだが――Ansträndingkeit〔品位、正直さ〕を願い求めることが中心に位置づけられているのは、良い人間となるためだけでなく良い哲学者となるためにもそれが前提条件になると彼が考えていたためである」と記している。しかしながら、ある人の人生と仕事を、論者によって外側から枠づけられたものとして、あるいは統一体というレンズを通して、主体によってその内側から構築されたものとして見るべきであるという仮説は、異論の余地がないわけでは決してない。デヴィッド・フリスビー（Frisby, 1981）はジンメルの仕事（oeuvre）がもつ断片的といわれる性質に焦点を当てたが、ジンメルのライフワークに統一性を探ろうと努めるべきだと主張したローランド・ロバートソン（Robertson, 1982: 97）だけが、それを自らの課題として引き受けた。しかし社会学のなかでは、おそらくマックス・ウェーバーの人生と仕事などは、その仕事を統一体の枠組みを通して概念化すべきかどうかという論争に関して、もっとも印象深い実例を提供するだろう。そのような論争は、非連続性、断片化、折衷主義、他者性などを強調する最近のポストモダンな理論化の潮流によって活気づいている。しかし、そんな理論を検証する前に、まずはマックス・ウェーバーの議論に戻ることが有益であろう。

パーソナリティと生の秩序

近年、ウェーバーの人生と仕事における「テーマの統一性」（Tenbruck, 1980）と「中心問題」（Hennis, 1988）については数多くの著作がものされている。マックス・ウェーバーを「ポストモダンの著作家」の原型とみなすこともできるようにした、ウェーバーに対する「分裂した評価」に反論するなかで、オルブロウ（Albrow, 1990: 3）は、ウェーバーの仕事は内的な論理と一貫性をもっていると主張した。ラルフ・ダーレンドルフ（Dahrendorf, 1987: 580）がウェーバー学者にとっての必須要件として認めた、「彼の仕事と時代を、ともにVerstehen〔了解〕の最良の伝統のなかに溶接すること」という課題を、オルブロウは賛意をもって引用している。これは、カール・ヤスパース（Jaspers, 1989: 145）の「マックス・ウェーバーの人生と思索は解きがたく絡み合っている」という仮説に特徴づけられるように、ウェーバー学の長い伝統のなかにもこだましている。ヤスパースのウェーバーに対する賞賛はもちろん手放しのものだったし、彼はウェーバーの人生とパーソナリティを彼の実存主義哲学のモデルとしていた。ヤスパースにとって、ウェーバーは著しい一貫性を示しており、それは行為に現れているだけでなく、技巧がないことにも現れていて、そのことは実際ウェーバーの身体に読み取られるようなものだったという(2)。

彼の相貌と仕草は独特のものだった。彼にはなんの気取りもてらいもなく、立場を選ぶときは、慣習に従ったり仮面をかぶったりするような保護もなしに、無造作に行った。彼は自分自身にはなんの重きもおいていなかった。彼の飾り気のなさは誤解を受けるようなことすらありえず、無防備も同然であった。彼は、人間としかいいようのない人間が現象した存在であり、そうした人物が何が経験的であるのか、何が経験的となるのかを考えたのであった（Jaspers, 1989: 154）。

悪知恵や技巧やスタイル化がないことは、ヤスパースにとって、ウェーバーがその生をまっとうした形式の統一性を証明するものであった。我々が責任倫理（Verantwortungsethik）と呼びうるその形式は、心情倫理（Gesinnungsethik）に仮借なく肩入れすることで生きられるものである。あるパーソナリティを手に入れようとして、無数の新しい感覚や価値へのコミットメントを追求することはできない。むしろ生に自身の刻印を押したり、ある種の目的に応じてそれを形式化したり従属させる必要がある。(3) これが意味するのはコミットメント、首尾一貫性、義務感といったものであって、忍耐と強さ、つまり「情熱と展望」の両方を駆使して「硬い板をじわじわとうがつ強さ」(Weber, 1948a: 128) である。同時に、義務感とは単調で慎重なものとして理解すべきではない。それは、彼が統御する目的の遂行においては、決まり事のすべてを超克する、霊に憑かれた《デモニック》ような知的情熱によって活気づけられていた。ウェーバーによれば、もし我々おのおのが「その人生をあやつっている守護霊《デーモン》を見つけて従う」(Weber, 1948b: 156) なら、我々は皆その天職や人間関係において時代の要求に答えることができるだろうという。この種のコミットメントや首尾一貫性は、カリスマをねつ造する試みと混同されてはならない。マナッセ (Manasse, 1957: 384) の評するところによれば、「霊に憑かれた《デモニック》ような人物は、彼自身の個人主義に自分たちの個人主義を捧げて従おうと望む他者を、引きつけずに追い払う。偶像崇拝者の群にスローガンを配る代わりに、彼はすべての決まり切った公準に疑いをかける」(4)。究極の価値への非合理的なコミットメントが、取り憑かれたような何らかの情緒的衝動によって人を衝き動かして人生に宿命性を与えるために、感情的な充填を行う一方で、与えられた目的を実現する手段は、課題に対する体系的な献身による欲望と感情の抑圧をはらんでいる。

こうした緊張関係のために、ウェーバーの人生は英雄的倫理、英雄的禁欲主義、英雄的抵抗といった概念を通して理解されるようになった。このことはヤスパースの行ったような解釈に勢いをつけるが、その主張とは、ウェーバーの人生が、近代という時代についてインスピレーションを与えるモデルとなりうる、ニュータイプのパーソナリティを形成したというものだった。(5)「英雄的倫理」や「本物の理想主義」にしたがうために究極の価値を中心に人生を組織した個人のみが、ウェーバーの言う高貴なパーソナリティを確立したとみなしてもらえる者なのである（Portis, 1973: 118）。ウェーバーは、ジンメルと同様、究極の価値の選択は賭け事を意味する。すなわち、それは近代を性格づける矛盾した価値の多元性と価値領域の分化のただなかでは具現化されえないコミットメントを意味すると、考えていた。しかしながら、それが全体性の顕現や究極目的の倫理といったものすべてにこうした不確実性や疑惑を投げかけるとはいえ、自らの理念を容赦なく追究するのは、文化的な存在としての我々の責任であることになる。ポーティス（Portis, 1973: 116）は、それを次のように評している。

自ら理念を実現しようと献身する個人は、アイデンティティを確立することを直接のゴールとしている人よりもパーソナルなアイデンティティについて確固とした感覚をもち、自己評価もより高い。彼は実際、「単なるその外見以上のものである」ために、より中身のある存在である。

このため、ウェーバーによれば、我々は自己規定の欲求と責任感を発達させるよう他者に勧めることができるかもしれないが、その一方で、自分自身の標準を他者に押しつけようとする欲望を慎んで、天職としての学問に従う者にとって、トルストイが提起した「我々は何ができるのか？　我々はどのようにして我々の人生をアレンジできるだろうか？」（Weber, 1948b: 152-3）という究極的な問いに答えはないことも、受け入れるべきなのである。

しかしながら、こうした責任倫理へのコミットメントそれ自身が究極の目的となるということには一理ある。特に、もしそのコミットメントを表明する英雄的で活気にあふれた言葉を考慮に入れるならば、つまり「職業としての学問」を最初に聞いた聴衆をそんなにも魅惑し、その後に続く世代の読者をも魅惑し続ける言葉を考慮に入れるならば、そうなるだろう。このため、ラスマンとヴェロディ（Lassman and Velody, 1989: 172）は、「我々が提供するものは、近代という時代のための『叙事詩的』な理論の可能性を『叙事詩的』に否認する構築である」と主張したのである。彼らが指摘したように、ウェーバーがこうして基礎づけに反対する立場をとったことは、彼がポスト近代をめぐる議論のなかで再発見される事態を引き起こした。実際、ウェーバーの近代世界の説明は、「大きな物語」の脱正当化を指摘したリオタール（Lyotard, 1984）その他の者の説明と似ていなくもない。その一方でウェーバーがリオタールと異なっているのは、彼にとって学問は天職であって、「学問を信仰の一形式にするような真実への内的欲求」（Turner, C., 1990: 114）に基づいた真実への意志を示すものである点である。

先に言及したように、価値が多元主義的で不確実な文脈において、あるパーソナリティを手に入れるためには、その人の信念への確かなコミットメントが必要である。それは「ここに自分は立脚し、それ以外のことはできない」という賭けをともなっており、そのコミットメントや断固たる態度そのものによって、他の立場のもつ価値を欠いているという倫理判断をこうむる可能性を暗示している。チャールズ・ターナー（Turner, C., 1990: 115）は次のように述べている。「この（反語的な）『全体化のパースペクティブ』から遠ざかるウェーバー的な動きは、倫理的な『全体性』を一連のポストモダン的で部分的な立場で代替することを拒否している」。ここで、議論をポストモダニズムへと導いてしまうふたつの点を指摘することができる。まず最初に、ポスト近代の理論のなかで美学が中心となっていることと、ウェーバーが美学を理論化の様式《モード》や生活様式《ウェイ・オブ・ライフ》と呼んだ際に、懐疑を抱いていたことから考えると、倫理と美学の関係が探求されなくてはならない。そして第二に、これに関連して、我々はウェーバーが定式化した「英雄的倫理」と「平均的倫理」の関係を議論する必要がある。そのことは男性性と女性性という観点からも定式化できるだろう（Bologh, 1990: 102）。この章では第一の問いに焦点を当てるつもりである。第二の問いは、同様に注目に値するけれど、将来の機会にゆだねることにする。

倫理と美学

『儒教と道教』の最終章で、ウェーバー（Weber, 1951）は儒教をピューリタニズムと対比した。ピューリタンが世界を倫理的に形作られるべき素材と見ていたのに対して、儒教は世界へ適応することを要求していた。後者には行動を体系的な統一へと秩序づける試みは存在しなかった。儒教的な理想は「教養ある人」が礼節を示すことである。すなわち、教養ある人は「あらゆる社会状況に調和的に順応して動じることがなく」（Weber, 1951: 156）、「用心深い自己管理、自己観察、慎み」、さらには「美学的な冷静さ」を示した。それらが原因で、あらゆる義務が「象徴的儀礼のなかに凍りついてしまった」(6)（Weber, 1951: 234）。それゆえ、教養ある人の人生は「有用なものと特殊なものの複合体」にすぎず、「体系的な統一」を構築しなかった。ウェーバーは以下のように論じている。

そのような生き方は、「統一されたパーソナリティ」に向かう内向きの野心を人がもつ可能性も、我々がパーソナリティの理念に結びつけて考えるような葛藤の可能性ももたらさない。人生は一連の循環にとどまっていた。それは超越論的なゴールに向けて方法論的に位置づけられた全体となることはない（Weber, 1951: 235）。

ウェーバーにとって、こうした全体性あるいは体系的統一がもっとも成功裏に創造されたのは、ピューリタンにおいてであった。彼らは伝統からではなく倫理的要請から大義に献身したからである。しかしながら、ヘニス（Hennis, 1988: 93）が主張するように、その天職への献身と「パーソナリティの最奥の倫理的中核」の間の精神的な結びつきは、西洋においては資本主義の確立にともなって崩壊し、後にはピューリタン的なものの代わりとなる問題含みの「人間類型」だけが残った。近代世界において、倫理的全体性の喪失を修復するのが困難であることは明らかである。その一方で、生活態度の全体性を支えるための包括的な倫理を、文化領域の分化によって分離した美的、性愛的、知的な生の秩序それぞれに接ぎ木するという課題に需要があることも明らかである。これが責任倫理によって達成される見込みは、独立した金利生活者（rentiers）を支える社会条件を必要とするため困難である。ヤスパースが定式化した二十世紀のいわゆる実存主義的な代用品についても、同じことがいえる。これは明らかにマックス・ウェーバーの人生と仕事の英雄的倫理に依拠したものである。その他の知的で神秘主義的な救済の試みに則った解決策は「誰にでも受け入れられるものではなく」、そのためある種の貴族支配をともなっている（Weber, 1948c: 357）。しかしながら、なぜ美的、性愛的、知的といった領域が、ピューリタン的倫理や天職にまつわる、その二十世紀的廉価版である責任倫理に取って代わる、実行可能な代替案にならなかったのだろうか。美学倫理、あるいは性愛倫理さえもが、統一されたパーソナリティを生み出せる実行可能な生の秩序として語られなかったのは、なぜだろうか。

もっとも単純な答えとしては、プロテスタントやカント主義者のバックグラウンドからくる、美学や性愛に対するウェーバーの側の偏見を想定することができる。実際、「人生のもっとも偉大で非合理的な力、すなわち性愛」（Weber, 1948c: 343）に夢中になったり没頭したりすることは、それが何であれ同胞愛の倫理や終生の大義への責任あるコミットメントから注意をそらしてしまうだろう。そして美学は単なる趣味やスタイルの問題に還元されてしまうかもしれない。おまけに、ウェーバーにとってこれらの世俗内的で反理性的な生の力は、彼の時代には、甘んじてそれぞれの領域内に閉じ込められているだけでなく、近代生活の「鉄の檻」的なルーティーン化、合理化、意味のなさに抵抗することで、その解決策、つまり救済の代理形態となりうる有効な生き方として奉じられてもいる（Scaff, 1989: 104）。

ウェーバーが彼の人生の最後の十年に、性愛領域や美的領域に対する態度を和らげたことは明らかであり、『中間考察』の漸進的な改訂版のそれぞれにおいて、これらの経験の様式への彼の共鳴はだんだん強く表明されるようになっている（Green, 1976: 171）。このことは、性愛、精神分析、ロマン主義、ボヘミアニズム、そしてオットー・グロスとその追随者が表明した「生の哲学」が混ざり合った特殊な混合物と、ウェーバーが出会ったことからもたらされた。ウェーバーがグロスの信念に対して非常に批判的であったことは本当であり、雑誌 *Archiv* に投稿されたグロスの論文や、彼の「精神病的倫理」という高慢なレッテルの使用に対するウェーバーのあまり共感的ではない反応にも、それは明らかである（Bologh, 1990: 102）。しかしながら、決してこれが話のすべてではない。一時はグロスと非常に親しかったエルゼ・ヤッフェに対するウェーバーの愛情と、続いて起こった彼女との情熱的な恋愛事件は、間違いなく、性愛の地位とそれに付随する美学に対する彼の見方を変化させた(7)。ウェーバーがグロスとその追随者に接触する機会が増えたことや、彼らがアスコナに作った「オルターナティヴな生活スタイル」の共同体を一九一三年から一九一四年の間にウェーバーが訪問したことからも、ウェーバーはより微妙な感じで性愛に賞賛を与えるようになった。マリアンネ・ウェーバーによると、このことは「英雄的倫理」と「平均的倫理」の間でウェーバーが発展させてきた対比に、より分化した見方をもたらした。今や理想主義的な「英雄的倫理」は、性愛―感情的生活スタイルへの追随者も容認されるような、新たな洞察によって完成された。

倫理的なものには段階が存在する。もし具体的な事例では道徳的にもっとも高い段階が到達不可能であっても、二番目、三番目の段階には達成しようと努めるべきである。それは理論から引き出すことができず、ただ具体的な状況から引き出されるものである（Weber, Marianne, 1975: 388、改訳と引用は Schwentker, 1987: 490）。

性生活は、ウェーバー（Weber, 1948c: 346–7）にとって、人間を動物性につなぐ唯一の糸となるものであり、そしてその「自己を惜しみなく与えること」によって、特に「天職として専門家タイプの人間」に対しては「合理化からの世俗内的な救済」を提供する。「あらゆる聖なるもの、善なるものへの無関心」によって、性愛が個人を超えた倫理的価値と日常生活のルーティーン双方からの逃げ道を象徴しているかたわらで、その価値はまさに「この敵愾心と無関心だけに由来する」といえるだろう（Weber, 1949: 17; Green, 1976: 171を参照）。ここから非合理的な情熱が価値となることが可能となったのである。(8)

美的領域に関して、ウェーバー（Weber, 1948c: 342）は我々に、近代人は道徳的判断を趣味の判断にすり替えがちであると語っている。そして「行動の道徳的評価から美的評価へのこのシフトは、知識人の時代に共通する特徴である」とも言う。しかしながらウェーバーは、このことが個人――倫理的一貫性や責任の余地を残しながら、その生を秩序づけ、そのパーソナリティを批判的なやり方で発展させようと努める個人――に立ちはだかる時にもたらされる問題の見取り図を描こうと努めた一方で、ジンメルとも意見を多く共有している。スカッフ（Scaff, 1989: 127）が我々に語るところによれば、ウェーバーにとって「ジンメルは何より、ウェーバーの著作の鍵となる数節で顕著に姿を現している近代的なKulturmensch、すなわち文化人であり、美的モダニズムの生の秩序のなかに完全に吸収された本質的に新しい人間としての自己、無限の可能性の世界に実現された非歴史的な自己であった」。ジンメルにとって、人間とは「陶冶（cultivation）」のプロセスを通じて自然の世界から離脱した存在であり、パーソナリティの発達を通したその生の形成は、主体―客体の二元論に解決の見通しを提供した（Scaff, 1989: 196）。ジンメルが述べることによれば、我々は「あれこれの個人的な知識や技術を発達させることによって」統一された人格へと陶冶されるわけではない。「我々が陶冶されるのは、ただ個人的な知識や技術が精神的統一に資する時のみである。そうした精神的統一は、それらに依拠はするが符合することはない」。彼は付け加えてこう言う。

すべての人間の発達は、確定可能な諸項目によって検証されるものだが、様々に異なる方向へ、まったく異なる長さで広がる発達線の束として現れる。しかし、人間が陶冶されるのは、個別の熟達がそれぞれに進むことによるのではなく、それらが人格の全方向的な統一を発達させるのに役立つ場合にかぎられる。言い換えると文化は、閉じられた統一から、開かれた多元性を通じて、開かれた統一へと続く道である（Simmel, 1968: 29）。

それゆえジンメル（Simmel, 1971c: 230, 232）にとって、「文化は人間の完成」であって、「我々の内的な全体性の発達」である。悲劇的なことに、この発達を実現するために（主観的文化）、人間は外在的に作られた対象（客観的文化）に依存する。そしてこの客観的文化とは、概念的な統一、つまり作品のなかでだけ生きていて、ある人物の人生のなかでは複製できない理念構造をもちうるものである。このため、ワインガートナー（Weingartner, 1962: 168）が注記しているように、ジンメルにとって「統一され統合された全体として理解された個人のパーソナリティ」とは、ジンメル自身（Simmel, 1986: 14）の言葉でいえば、

常に不完全にしか達成されない発展目標である。しかしながら、あらゆる偉大な哲学は、いかなる心的現実においても達成できない、このような形式の統一の先取りである。世界のイメージは、パーソナリティの理想という完結性をそなえている。

文化の偉大な作品（芸術、宗教、などなど）はそれ自身の基準で測られるものなので、精神の全体性の発展にとって必要な他の要素との調和的な同化に抵抗する。客観的文化と、そこで物事がより自律的になる主観的文化の間の必然的な裂け目は、主観的文化の貧困化と断片化を導き、そしてそれこそが近代生活において特に目立つものとなる（Simmel, 1971c: 232, 234）。

ウェーバー（Weber, 1948c: 356）もこのことを『中間考察』論文において把握していた。そこで彼が言うところでは、「自己の完成を目指して葛藤する『陶冶された』人間」は、「『人生に疲れる』ようにはなるかもしれないが、サイクルを完成するという意味において『人生に飽きる』ことにはなりえない」。これは文化人の完成可能性が原則的には全方向的に進行するためであって、このため諸個人、つまり「文化価値の建設者」あるいは受領者が、その人生コースにおいて扱える文化の総計が「取るに足らな

いものになるにつれて、文化価値や自己完成の目的はより分化し多元化したものとなる」。我々が文化の「全体」を吸収したり、「本質的な」選択を可能にする基準を定められるという野心を抱いたりすることは不可能である。彼はそれに続けて、こうも言う。

> 個人の「文化」とは、彼が蓄積した「文化価値」の量から明確に成り立つわけではない。それは文化価値の明瞭な選択から成り立っている。しかしこの選択が、まさに彼の死という「偶発的な」時点においても、彼にとって意味のあるものとなる結末に到達できるかどうかについては、何の保証もない。

この一節は、「総合と全体性への渇望」が残っている一方で、単一の意味の幻想が失われてしまった近代文化の問題に関するジンメルの診断と、強く共鳴している[9] (Scaff, 1990: 289)。

しかしながらジンメルは、近代文化の矛盾に対するいくつもの反応を論じてきた (Scaff, 1989: 199ff を参照)。第一に、彼は様々な組織、相互作用、社交性の形式について言及している。それらは生に意味のある秩序を与えようと試みる。しかし、政党や社会運動に参加するような試みでは、分化した近代世界においては、確からしさの感覚や文化的統一で、あらゆるものを覆ってしまうことはできない。第二に、芸術を通じての救済、あるいはその人生を芸術作品として生きようと努める美学的な反応がある。芸術は、世界が境界づけられながらも全体として見える統一、つまり世界が永遠の相のもとに (*sub specie aeternitatis*) 見えるような神秘的な統一を、独特のやりかたで一瞬のうちに感知させることができる。第三に、知的に距離をおくことによる「冷静な反省」がある。この場合、葛藤と問題をすべて解決するのは不可能であり、「現在は耐え忍ぶにはあまりにも矛盾に満ちている」という悲劇の受容がある。そして我々は、「足下の未定型な生活という奈落をのぞき込み」ながらも、「たぶんこの未定型さそのものが現代生活にとって適切な形式である」ことを悲劇的にも認めなければならない（Simmel, 1968: 25; Scaff, 1989: 201）。それゆえ、葛藤と競争にあふれた世界に直面して不確かさを感じると、生そのものを唯一保証を与えてくれるものとして認めるようになる（Whinster, 1987: 276）。つまりそれは「それ自身が形式であるところの形式の欠如という逆説的なアイデア」（Scaff, 1990: 293）の受容につながる。二番目と三番目の見方はなんらかの融合を思いつくことが可能かもしれない。たとえばそれは、生を逃れて客観的文化のもつ別の全体性のなかに逃げ込むのではなく、無定型な生という感覚それ自体をある形式において捉えようとした特定の芸術家の作品の場合である。ロダンに関する彼の最後のエッセイのなかで、ジンメルは次のように結論づける。芸術の目標は単に「生の混乱や動揺」からの救済であるべきではなく、「生の内容そのものの最も完全なスタイル化とよりいっそうの洗練」を経て、対極の方向へ向かう運動を意味するだろう。このためロダンは「現実の領域において我々がまさに経験することから我々を救い出す。なぜなら彼は、我々が生について味わう最も深い感覚を芸術の領域においてもう一度経験することを可能にするからである」（Simmel, 1983: 153; Scaff, 1989: 103）。

ロダンのプロジェクトについてのジンメルの描写もまた、次の目的に用いることができる。すなわち、近代的生活の経験を構成するつかの間の印象、断片化、無定型さを正当に評価することのできる表現形式を、ロダンもまた発展させようと努めたわけだが、そうしたロダンのやり方や、この経験自体を速やかに編成したり改編したりする様々な方法を指し示すためにジンメルの描写は利用できる。この意味において、モダニティの文化的次元の理解に対するジンメルの貢献は、とりわけ近代文化の核心である大都市についての貢献は、彼が「最初のモダニティの社会学者」として認められたのに応じて、強調されてきた（Frisby, 1985a, 1985b）。ジンメルは、ボードレールが引き合いに出した意味において、モダニティにおける日常世界での経験を探究しようと努めた。ボードレールは、モデルニテの経験の本質を、新奇なものの終わりなき行進のただなかでいかに生きるべきかという問題として記述した。ここでの焦点は、大都市での新たな生活経験、新しいファッションや新しいスタイルの不断の行進、生に飽きた態度や遊び混じりの社交様式における過剰な刺激や神経衰弱に抗する防御の誕生にあった。強調点は、生の圧倒的なフロー、新たな形式の創造にあった。そうした新たな形式のいくつかは、その一時的でつかの間の性質から来る生と形式の間の緊張を賛美して長引かせた。それはつまりマフェゾリ（Maffesoli, 1988）が「形式主義」と呼んだものであって、一時的な共感（Einfühlung）が遊び半分に発展することを可能にし、近代都市において個性化と集団性の新たな形式を提供する社交の様式であった。編成と改編のプロセスに言及すること、つまり経験やセンセーションに没頭したり、それらから距離をとったりして揺れ動くことに言及することは、ただ文化の重要性の増大に注目させるだけでなく、より一般的なプロセスである日常生活の美学化に注目させることである。ここでの強調点は、美学化されたモノの生産が著しく増加したことだけにあるのではない。もちろんそれらのモノが大衆消費文化の発達の一部として、都会のシーンの性質を変えているわけである。けれどもそればかりではなく、美学的な感受性を高めるこの新たな消費文化内で、知覚、生活、行動の様式が変化していると指摘することにも重点が置かれている（Featherstone, 1991a を参照）。これらの傾向のいくつかにはポストモダニズムというレッテルを貼ることもできるが、そのことによって、それは真に新しく、二十世紀後半に特徴的なものなのかどうか、あるいはジンメルが世紀の変わり目のモダニティにおいて把握しようと努めた経験の様式と継続性を持つものなのかどうかという疑問が湧き起こる。加えて我々はパーソナリティの発達と、統一され秩序づけられたライフコースの発達との関連を、探究する必要がある。そうした諸傾向は、現代の世界内で、秩序づけられた生の代替様式として「美学的倫理」がうまくいくことを示しているのだろうか。あるいはこれは我々が言及してきたパーソナリティの形成要素のさらなる希薄化と消失を示すものだろうか。

ジンメルの著作すべてに美学が中心的な位置を占めることは、しばしば注目されてきた。たとえばゴルトシャイト（Goldscheid, 1904: 411-12; Frisby, 1981: 86からの引用）は次のように書いている。

> ジンメルの著作すべての背後に、倫理的なものではなく美学的な理念が存在している。そしてこの美学的な理念こそが彼の生の解釈全体を決定しており、それゆえ彼の学問活動全体を決定している。すべての民主主義から彼が身を引いたのは、彼が高貴［Vornehmheit］というカテゴリーで示している……感覚のためである。……彼にとって、この区別は常に美学として表現されるものであって、倫理的な区別としてではない。

フリスビー（Frisby, 1981: 85）が我々に語るところでは、ジンメルは、クルト・ラムプレヒトが「美学的倫理」と呼んだ、現実に関する倫理的スタンスの代わりに美学を用いた。問題なのは、この方向づけの様式が、時代を超越したカテゴリーという意味で社会的世界を理解するための参照枠組みとして正当なのかどうかではなく、ジンメルに固有の知覚様式が、日常経験の性質を再構築しつつあった一連の変化によって形成されたものであり、同時にそれへの反応であるのかどうかである。もしそうだとしたら、ジンメルの選択は決して気まぐれとして払いのけられるものではない。むしろそれは十分に吟味される必要がある。とりわけその理由は、我々が「ポストモダニズム」と呼ぶものが、これらの発展と連続するものとして理解される場合もあるし、あるいはそれらとは切断された新奇で区別可能なものを表していると理解される場合もあるからである。そしてそれは、新たな歴史の文脈において、このように誤解された連続性や「可能性の条件」を調査する必要性を示唆している。

ポストモダニズム

「ポストモダン」「ポストモダニズム」「ポストモダニティ」「ポスト近代化」という用語に関しては、また近代という言葉に結びついた一連の用語とそれらとの関係については、多くの混乱やもっともな懐疑論がある（これらの用語についての議論は Featherstone, 1991a を参照）。その用語の歴史が示唆するところでは、ポストモダニズムは、最初は一九六〇年代のニューヨークを中心にしたモダニズムを超える芸術運動を示すのに使われた。その後、ポストモダンな芸術家の芸術作品や実践と、ポスト構造主義や脱構築主義との間に類似性を見出した哲学者や文学批評家がそれを流用した。ヨーロッパ（特にフランス）と北アメリカの間の急速な情報伝達は、他の批評家、知識人、社会科学者たちを引き込むのに役立ち、結果として画期的なシフトへ向かう概念の拡張に結びついた。そうした概念であるポストモダニティは、我々の探究の出発点にある何かとして理解されるものであり、モダニティの腐敗や解体を指し示している。その概念はひょっとして社会科学にとっての有用性をまるで保っていないかもしれないし（少なくとも強調が「科学」という用語に置かれているのであれば）、それ自身が、アカデミックな生活における独占化のプロセスの産物でありながら、主題間の垣根とその主題毎の既成の枠組を打ち壊しつつある――

こうした傾向はそれ自体、科学の保守性に対して敵対的である。しかしながら、この用語が役に立つとすれば、我々の注意を文化変容に向けさせる時である。

　ポストモダニズムに関連する主要な特徴は手短に要約することができる。第一に、それは全体性やシステムや統一に重点を置く大きな物語の普遍主義的な野心から離れて、ローカルな知識、断片化、折衷主義、「他者性」「差異」に重点を置くものへ向かう運動である。第二に、それは趣味と価値に関する権威づけられた《カノニカル》判断を内包する象徴のヒエラルヒーの解体であって、高級文化とポピュラー文化の区別のポピュリスト的な崩壊に向かうものである。第三に、それは日常生活の美学化に向かう傾向であって、芸術と生の境界を崩壊させる芸術内部の努力（ポップアート、ダダ、シュールリアリズム、などなど）と、際限なく自己複製する幻覚的なイメージのベールが外見とリアリティの区別を排除するような、シミュレーション的な消費文化に向かう運動との両方から勢いを得たものである。第四に、それは主体の脱中心化であって、そこでのアイデンティティ感覚や生活史的《バイオグラフィカル》連続性は、断片化や、イメージ、センセーション、「精神多重症的な強度（multi-phrenic intensities）」との表面的な戯れに道を譲った。

　ここで特に興味深いのは、第三と第四の特徴である。例として、ポストモダニズムで一番影響力のある著作者のひとり、フレドリック・ジェイムソンを取り上げたい。「精神多重症的な強度」という用語は彼のものであり、消費社会の戦後文化に生じたポストモダンな諸傾向の効果として彼が言及するものを指し示すのに用いられている（Jameson, 1984a, 1984b; Featherstone, 1991a も参照せよ）。それは、過去、現在、未来が連続しているという感覚のすべてを浸蝕し、生は意味のあるプロジェクトであるという目的論的信念のすべてを浸蝕する、断片化された記号やイメージの砲撃によってアイデンティティの個人的な感覚が崩壊することを指している。生は意味のあるプロジェクトであるという観念とは反対に、ここで我々がもつ見方は、個人の方向づけの第一様式が美学的なものであるというものである。それはまるで、統合失調的な彼ないし彼女がシニフィアンを連鎖させることができず、その代わりに、より広範な目的論的関心すべての排除に向かう熱狂的な没頭や、無媒介性を提供する切れぎれの経験ないしイメージに、特に関心を向けなければならないのと同様である。ジェイムソンの見方はボードリヤールの著作に影響を受けていて、ボードリヤールのニヒリスティックな結論には反対しながらも、ポストモダンの諸傾向を後期資本主義の文化論理として概念化するマルクス主義の枠組みを保持しようと努めてきた。ボードリヤール（Baudrillard, 1983a, 1993）によれば、我々は「テレビが世界である」ような、浮遊する記号とイメージの深みのない文化を生きており、美学的に陶酔しながらも道徳的判断を頼りにすることができないまま、せいぜい記号の際限のないフローを注視することぐらいしかできない。これらの諸傾向が存在するという証拠は、日常生活と意味作用の様式のなかに見出せると主張した者もいる。つまり、若者文化の記号の戯れや、新しいポストモダンな都市空間を移動する「遊歩者《フラヌール》」のスタイルやファッション、現代のポピュラー音楽を生み出した芸術とロックの特有の融合のなかに、その証拠が見出されるというのだ（Hebdige, 1988; Chambers, 1987; Frith and Horne, 1987; Harvey, 1989）。

パーソナリティや性格形成の理論、それにこの章の前半でウェーバーやジンメルの著作と人生に関して我々が議論してきたような、統一され秩序づけられた生のプロジェクトの理論に対するその含意は、明白であろう。美学的倫理の新しいバージョンは、そう遠くない将来に、ウェーバーやジンメルの考察には見出されていた統一された生の秩序を支持するセンスといったものを、欠くようになると思われる。しかしながら、依然としてやっかいな問題が残っている。ポストモダンを真に新しいものだとする定式化は、どこまで妥当するのだろうか。たとえば、トランスモダンとして再把握すべきだと示唆するような明白な歴史的先例は存在しないのだろうか。そのような脱中心化されたアイデンティティはどこまで実現可能なのだろうか。またそれを、実際に無秩序な生としてではなく、差異の戯れをより広範に可能にするような、より柔軟な生成構造のなかであっても、依然としてなんらかの意味で目的論や生の秩序を保持している生として把握することは、可能なのだろうか。

これらの問題に対して、ローティの著作における議論によってアプローチすることは有益と思われる。ローティは、我々の多様な社会的役割の背後には基礎をなす首尾一貫した人間の本質など存在しないと主張することで、脱中心化した自己のポストモダンな強調に従っている。自己は統合され首尾一貫した何かというよりはむしろ葛藤する「疑似―自己」の束として、あるいは経験のランダムで偶発的な組み合わせとして、了解されるべきである（Rorty, 1986; Shusterman, 1988: 341–2）。ひとたび古い本質主義的な自己が発見不可能なものとして処分されてしまうと、新しい経験や自己の拡大への渇望といったものが生に対する倫理的正当化となりうる。つまり美学が良き生のための倫理基準となる。シャスターマンにとって、ローティの立場は世紀末唯美主義の焼き直しの典型である。ブルームズベリーグループに影響力のあったG・E・ムーアは、美しいもの、人、経験の探究、あるいは鑑賞をめぐって構築された美学的な生を論じた。

ワイルドとペイターは同じ倫理を共有しており、ペイターは「加速され、多元化された意識」や、新奇なものに激しく興奮することによって我々の経験を豊かにしたいという渇望を擁護することで、ローティの言う「フロイト―ファウスト的な」美学的な生を先取りしていた（Shusterman, 1988: 354）。ワイルドの美学的な生の擁護は次のような意味をもっている。つまり、①美学的な消費のなかの快楽の生、②生が美学的に心地よい全体を形作る必要性、そして、③場合によっては、そのような統一は恒常的な変化のなかに見出しうるという仮説、である（Shusterman, 1988: 354）。しかし、疑似―自己の束のいかなる首尾一貫した構造化も否定するローティとは対照的に、ワイルドの場合には、生を芸術作品へ転換すべしという命令がある。これは、「そのアイデアは美学的消費の生活というよりはむしろ、有機的な統一体としてのその構造とデザインとによって、それ自体が美学的に鑑賞するに値する製品であるような生活である」（Shusterman, 1988: 347）。このためワイルドは、文化に対して破壊的で批判的な態度を維持し、「すべてを表現している」ことを理由に芸術家を真に革命的な人物と見なしていた一方で、偉大な芸術家を「生がコピーしようとしている」類型を発明する者と見なしていた（Rieff, 1990: 276–7）。明らかにここにはシュテファン・ゲオルゲの人生との類似性が存在している。彼の唯美主義と生と芸術の境界の曖昧化とは、ウェーバーが関心をもっていた近代の世俗倫理のひとつであった。加えて、それは古代ギリシア人が善と美を不本意ながら分離したことの反復でもある。この文脈で考えると、倫理と美学は西洋の伝統においてそんなにも長く分離されてきたにもかかわらず、最近ポストモダニズムの理論家たちが両者の関係修復に没頭している起源のひとつとして、ミシェル・フーコーの後期の著作があげられることは、明らかである。

フーコーの議論によれば、モダニティとともに現れた、つかの間の、はかないものとしての新たな時間感覚に関するボードレールの記述が強調しているのは、モダンであることが単に「現在性」、つまり過ぎ去る瞬間の流転のなかに自分を見失うことではないという主張である。それはまた、自らを編成と洗練の対象とみなすことに潜む、禁欲的な態度でもある。ダンディズムは自己を発明する技、生を芸術作品にする技を含んでいる（Foucault, 1986: 40–2）。人生の目的はある種の自己のファッション化によって自らのキャラクターにスタイルを与えることであるというこの仮説のなかには、非常にニーチェ的な要素が存在するように見えるかもしれない。ここではまた、キャラクター編成の目標が、変幻自在で、分散し、境界侵犯的な自己のモダニズム的な陶治と調和させることであるという問題も生じている。これについては、少し後に触れたい。その最後の著作においてフーコーは、次のような古代ギリシア人の倫理を検証した。その倫理とは、美しい生のなかに、つまり自己の気高さという美学的な理想のなかに、自身の存在をうち立てるタイプの人間になりたいと、我々は熱望しなければならないというものである。これは、宗教上のものであろうと法律上のものであろうと、倫理コードへの順応を意味するものではない。むしろフーコーは、個人がどのようにして自らを倫理的な主体として構成するのかという分析に焦点を移したいと願っていた。こうした倫理のとらえ方は、「汝の存在に可能なかぎり最高に美しい形態を与える」義務を通して自己を従属させることのなかにある、禁欲主義と目的論の双方を強調する (Foucault, 1986: 353)。この生活のスタイル化と存在の美学化は、欲望の不断の解釈学を意味するのではなく、快楽の使用における形式的な原則に関して、節度があり、計算された生き方の秩序化 (Foucault, 1987: 89–90) を意味しており、あるいはダンディズムのように、誰にでも開かれているわけではない差異化の目標を追求するための、構造化され、統一された生の達成という概念を意味している[10]。

ギリシア的な存在の美学にしろ、十九世紀のダンディズムにしろ、どちらも誰にでも開かれているわけではない排他的な倫理であったとすれば、同様の美学的倫理はポストモダン理論の領域の外でも受け入れられ、また画期的なシフトのしるしとして、つまりポストモダニティへ向かう運動として理解されるべきだと、どこまで想定してよいだろうか。フーコー (Foucault, 1987: 362) に関していうと、彼はギリシア的な倫理を「自己を信じるカリフォルニア流カルト」から区別するのに熱心であって、実際、それらを「真っ向から対立した」ものと見なしている。だとすれば新意識運動も、消費文化も、美学的倫理にとっての基盤を提供するようには思われない。しかしながら、消費文化や若者のムーブメントには、それほど大がかりでないとはいえ、生活のスタイル化を強調する傾向が明らかに存在している。そして、暫定的な回答に到達できるとすれば、自己啓発本、マナー本、生き方のマニュアル本、そして新聞、雑誌、テレビにおけるその同類の分析を通してのみであろう——それはノルベルト・エリアス(Elias, 1978, 1982)が案出した方法論に従おうとする現代的な努力である。さらに、美学的倫理を生み出そうとするこのポストモダンの試みが、いかに統一されたものか、一生にわたるものでありうるかという問題も残っている。

たとえばマフェゾリ(Maffesoli, 1988, 1991, 1995)は、特に大都市《メトロポリス》において見出すことができるものとして、集合的連帯の新たな形態が出現したことを強調している。これらの一時的で情緒的な集団性は、マフェゾリが「新しい部族主義」と呼んだものであるが、多神教的な「異質な諸価値が群をなすような多元性」が浸透した複雑な社会において発生する。それが注意を向けさせるのは、とかく合理主義的に考えようとする社会学者が無視しがちな現代世界の特徴である。その特徴は強固な感情的紐帯の持続性にあって、それを通して人々は、流動的な境界をもつ布置関係のなかに共存しながら、論理を超えた共同体が生み出す、多彩な魅力やセンセーション、感受性や活力を経験する。そこではまた、一緒にいるというありありとした実感や、他者にわかってもらえる記号にみんなで感情的に強く愛着をもつことによって生み出された共通の感情も経験できる。一九六〇年代以降のロック・フェスティバル運動全体と、一九八〇年代の「世界を養え(Feed the World)」や「バンド・エイド」スタイルのコンサートは、その好例である。これら「新しい部族」たちの、一時的でつかの間で移り気な性質を強調することで、バウマン(Bauman, 1990: 434)は、彼らは「美的共同体」というカント的概念にうまく適合していると主張した。

そのような共同体は満場一致への見込みを提供している。つまりそれは、その都度の壊れやすい合意が常に履行されたり撤回されたりしているような、趣味の統一による一時的な共和国である。そのような一時的共同体は、その集団の熱中や興奮が生み出す感情の高まりや聖なるものの感覚といった、新デュルケム学派が考えそうなことを利用しているように見えるかもしれない。マフェゾリの主張によれば、これは明らかに美学的倫理の集合感覚である。そこでは、大衆が今や積極的に評価されるようになっている。かつてなら大衆は、ギリシア人やダンディズムの信奉者の「貴族的」個人主義の様式によって個人が自らを差異化するために必要とされる努力を、たいそう否定的に評価していたのであるが。諸個人はアポロ的な差異を求めているのではなく、ディオニュソス的な集団にのめり込んでいる。マフェゾリ(Maffesoli, 1991: 16) 特有の美学的倫理の定義は、フーコーのそれとは違って、「義務もサンクションもない」ものであった。つまり、「ともにあることや集合体のメンバーであること以上の義務は何もない」のである。パーソナリティ、キャラクター、個別化、アイデンティティについての考察から集団の同一化へ向かう動きは、フーコー、ウェーバー、ジンメルによって定式化されたような美学的な生の秩序の理論にとって中心的な、責務、義務、禁欲、統一性、目的論といった観念を置き去りにした。

こうした動きは、一部の大学人、芸術家、知識人の態度が大衆の積極的な評価に向かう、より一般的なシフトに関しても、また「より低い」社会階梯にある集団が「接触すること」や姿を現して存在することの容認に関しても、認めることができる。そうした集団との接近やその作法や生のスタイルは、かつては大きな脅威となって弱体化をまねくものとされていた――それはニーチェからエリオットやアドルノに至る大衆文化理論において支配的なモチーフである、「群《むれ》」に吸収される恐怖を意味していた。グローバルなレベルでは、かつては(たとえばそれが西洋の様式で文明化されている程度において)厳密にヒエラルヒー的で進化論的な序列のなかに形式的に位置づけることができた他の文化や伝統との相互作用が増え、そのイメージや情報が目につくようになったことも意味している。西洋以外の文化や伝統は、今や劣等者としてではなく、他者である権利をもつものとして受け入れられている（Featherstone, 1990を参照）。

折衷主義や多神論、差異や他者性への寛容――これらはポストモダン理論で強調される特徴であるが、たとえば批判理論に見出されるような、普遍的な判断を維持しようと努める、政治学と美学の特有の結合をほり崩す――を受け入れることは、それ自体理論レベルで擁護されてもいるが同時に、社会間のレベルと社会内的なレベルのどちらにおいても文化の専門家の相対的な状況に変化があったことへの反応でもある。ポストモダニズムは前衛の終焉（Burger, 1984; Crane, 1987）と知識人の終焉（Jacoby, 1987）の双方と関連してきた。このことは主にそれらのプロジェクトの強い結びつきという点から理解されているが、そこには芸術や知識人的な知識は人類にとって価値があるのだという明示的ないし暗示的な判断をともなっていた。まさにこの意味において、知識人は啓蒙を自称する立法者としての役割を離れて、翻訳者としてのより控えめな役割を受容するに至ったのだが、このポストモダンなシフトを見出したのは、バウマン（Bauman, 1988b）であった。ある種の世俗内的救済の期待をもたらす、もっともらしくて首尾一貫した、合理的な世界観を作り出す能力に関して知識人が自負心を喪失したことが意味するのは、我々は単に宗教の世俗化を語るだけではなく、学問、芸術、知識人的な知識の世俗化についても語るべきだということである。芸術家や知識人を英雄や天才としてとらえる観念にはっきり現れているような、芸術家や知識人のカリスマ的な権威は衰退してきたが、それにともなって、たとえばボヘミアンのような、そうした観念を下支えするのを助けてきた、専門家の対抗文化的な共同体や生活スタイルも衰退してきた。

ポストモダニズムは、すべての芸術の反復的な性質、すなわちすでに見たことがあるという性質を強調している。というのも、（日常生活や消費文化にすでに存在するものを単に芸術家がシミュレートしているにすぎないはずだから）芸術はせいぜい複製品にすぎなくなってしまうからである。この点においてポストモダニズムは、何であれ、主観的文化の悲劇的衰退という観点からこれらの変化を理解するいかなる試みとも、距離を置いていることが明らかである。我々はそのような主観的文化の衰退を、ジンメル、あるいはその代替となるウェーバー的な英雄的禁欲主義の概念に見出すのである。また、このことは創造性の否認、すなわち人間が多様な方法でその文化を常に更新する能力の否認にも帰着する。そうした否認は、特にウェーバー、ジンメル、ディルタイの著作に見出されるように、ドイツの文化科学の伝統にとってまさに中心的なものとなっている。活動的な文化人（Kulturmensch）の生を生きる可能性の代わりに唯一残ったのは、すでにできあがった文化の断片と美学的に戯れることの魅力であった。我々は既存の文化の断片を、ヘルマン・ヘッセのガラス玉遊戯のプレーヤーに似たやり方で、受動的に魅力を感じながら眺めている。しかしながら、この断片化が絶対的だという主張を額面通りに受け取るのには注意が必要である。脱構築と、それと関連するポストモダニズムは、異質性や多声性や間テキスト性――あるテキストに内在する両立不可能な主張の多様性――を擁護して、ド・マンの言う芸術作品の「有機的な統一」や「解釈プロセスの全体性への志向」に敵意を表明した。しかし他方で、統一を丸ごとなしにしてしまうことは不可能である（Culler, 1983: 199–200を参照）。むしろ、脱構築とポストモダニズムは、折衷主義的な統一や一様性《ユニシティ》といったより複雑な観念を支持して、統一性を問題化しているのである。枠組みすべてを消し去ることは文化から生へ移動することであって、この無定形への降伏は、文化の専門家にとっては、その著作と人生のどちらにおいても、実行可能な選択肢ではない。

結論的所見

以上のことから我々は、現代世界において統一されたパーソナリティを発達させることが可能かどうかという問題に関して、様々な立場をとりうる。類型学の観点から多様な立場を要約する前に、マックス・ウェーバーの見方を手短に概括するのが役に立つだろう。ゴールドマン（Goldman, 1988: 165）は、ウェーバーの著作を通して散見される、パーソナリティの創造にとって基本的な四条件と見られるものについて、有用な要約を提供してくれている。

第一に、超越論風の究極の目標や価値の創造や存在があり、それは信者と世界の間に生み出される緊張を通して、世界に介入する。第二に、「外の」人物を見るような社会的なものではなく、「内面」を見つめるような超越論的な行為の「目撃者」が存在しなければならない。第三に、死からの、あるいは世界の無意味さからの救済や贖罪の可能性と、それが確実であるという感覚の獲得がなければならない。そして第四に、その罪の重圧や絶望から人を解放するための儀礼的、魔術的、外面的な手段はない。これら四つの条件が一緒になって意味の感覚をつなぎ止めているが、そうした感覚は、宗教なき時代の生が、それらがなければ失ってしまっていたはずの可能性を、その後もたらすものかもしれない。

ウェーバーが英雄的倫理に関する彼の議論のなかで引き合いに出すグラデーションに従えば、パーソナリティを十全に発達させる可能性の条件を要約する際に採用された前述の特徴のセットを使って、パーソナリティ形成での類似のグラデーションを理解することが可能になるかもしれない。ピューリタンと旧約聖書の預言者は、明らかにこの連続体の両端に来る。次に、ギリシア人の存在の美学を位置づけることができる。近代世界における芸術家、文化の専門家、知識人、学者は、その次に来るだろうが、彼らがどのような英雄的禁欲主義でその生を秩序づけるよう試みているとしても、ウェーバーにとって、近代文化は宗教的神義論によって示された解決策に取って代わる実行可能な案を提供できないことは心に留めておかなければならない。ウェーバーにとって、これら世俗の倫理は、単に欲望を刺激し、可能なものの感覚を膨らませるだけであって、有意味に秩序づけられた生を求める精神的必要を満たしてくれるような、秩序づけられたコスモロジーを提供しない (Whimster, 1987: 289)。ここで指摘できるのは、近代世界における多様な生の秩序の分立を維持するためにウェーバーが示した口実は、留意されないまま見過ごされたことである。また我々は、彼が『職業としての政治』で言及した、領域同士の衝突という部分的な徴候だけでなく、脱分化が増強されるという経験もしてきた。この脱分化という変化には、芸術の終焉、前衛の終焉、知識人の終焉といったラベルをつけたがる者もいるし、ポストモダニズムの符丁の下に位置づけようとする者もいる。実際、文化領域の改編は、文化の専門家と一般人の距離を維持する権威と威信を崩壊させる。最近、アウトサイダー集団に対する文化エスタブリッシュメントの権力の独占がますます急速に解体する局面に入りつつあるというのに、将来この流れを逆転させるような新たなグローバルな条件が現れるかもしれないと信じる理由は、どこにもない。

しかしながら、もし我々がポストモダニズムという用語に結びつくいくつかの文化傾向を考慮するなら、その連続体にそってさらに先に進む必要があるのは明らかだろう。それとともに、ある種の美学的倫理において統一され、秩序づけられた生の可能性が開けてくる。もっともこの倫理は、たとえばローティやマフェゾリによっては、あまり首尾一貫していない統一性あるいは一様性の形式に折衷されてしまうような、経験や感覚のより緩やかなまとまりに道を譲るものと理解されている。ヘニス（Hennis, 1988）が指摘するように、役割交換や仮面装着の興奮をもたらす者には、秩序立った生を提供することはできない。ウェーバーもまた、中国の上級官僚的な用心深さと、世俗の快楽の計算された遂行と、プラグマティックで官僚主義的な妥協の混合という、東洋の功利主義の事例に痛烈な皮肉を浴びせながらも、儒教倫理において見出せるものと類似の傾向が西洋においても創発しえた可能性を疑っていた（Liebersohn, 1988を参照）。このグラデーションに沿ってさらに先に進むなら、ポストモダンな文化へ向かうシフトに結びつけられることもある、いくつかの鮮明で断片的な経験の強度、没頭性、直接性に我々は出会うだろう。ジェイムソンの「精神多重症的《マルチフレニック》」強度とは、形式が生になり果てるという完全な崩壊を示している。しかしこの見通しが押しつけられる（そして統合失調をそれ以外のものとして把握することは難しい）人々にとって、つまり抑制のきいたやり方で生の流れに飛びこむ人々、すなわち芸術家、知識人、批評家、そして彼らに共感する文化仲介者や観衆にとって、そうした形式の崩壊という見通しがいかにぞっとするものであろうと、異なる回帰の仕方という安心できる可能性、すなわち今度は生から形式へと回帰する道もまた、存在している。確立された形式の解体や、既存のもののコラージュ化と再秩序化、あるいは生への没頭がいかに魅力的で逸脱的であるように思えても、このプロセスは新たな対象化の動きを引き起こす。これらの動きは芸術や知的な生の新たな形式であるだけではなく、このプロセスを解釈するための形式の積み重なりでもある。そしてそのなかには、手ほどきを受けていない者が新たな経験や形式主義（formisme）の諸様式をいかに理解するかを学べるよう手助けするための教授法も存在する。実際、抑制をまったく失ってしまう恐れなしに、彼らの感情を発散する方法や、新奇で、潜在的には脅威となりうる多様なイメージやセンセーションと戯れる方法もまた、考慮されなければならない。この文化の編成と改編のプロセスは歩調を緩めることなく進められている。

この意味において、ダニエル・ベル（Bell, 1980）によって表明された、モダニズムとポストモダニズムの逸脱的で反規範的な性質に対する恐怖は、さほど強調される必要がないし、彼のピューリタンに対するノスタルジーもそんなに注目される必要はない。なぜなら、近代の芸術家兼知識人がいかに我々の知性や感性を拡張するように見えても、必然的に彼は、かなり複雑で多元的に読解可能な形式ではあるにせよ、最終的に形式を生のなかに回復することを目指すようなやり方で、生と戯れ、それを形作るからである――けれどもそれは、より柔軟で、あまり高尚すぎない形式、つまり生の側にあり、形式それ自体に抵抗する形式なのである。十九世紀から二十世紀への転換期の公衆と観衆は、芸術家や性愛的な生の秩序の追随者の逸脱が脅威を与え、平静を乱し、トラブルを起こす場面を目撃したのかもしれないが、今日では、より複雑なセンセーションやより多様な形式に調子を合わせることのできる観衆が数多く存在しており、彼らは美的な距離化と、一時的な没頭がもたらす陶酔的な直接性との間をすばやく切り替えることができる。これを道徳の終焉のシグナルとしてノスタルジックに解釈しないほうがよい。むしろ、おそらくそれは道徳と美学の間の、係わり合いと超然の間の、より複合的枠組みでの統一や折衷的なブレンド、あるいは分化を示している。そしてそれは、新たな文化の文脈において、程度も様々な双方向の敬意、自制、寛容をともなっている。その背景にはおそらく、古い共同的なものの一部（国家の国民としての自己編成プロセスと、それと対立する芸術家や知識人の対抗文化運動がともに目指す目標としての「共通文化」が衰えたり、あるいは他の諸伝統や価値複合とそれらが居心地悪く並置されたりしているという状況がある。けれども、そうした諸伝統や価値複合は、グローバルな圧縮といういっそう広範で複合的な文化形式のなかでは、不審の目を向けたり、無視したりするのが難しい。

グローバルな文化秩序を論じるのと同じ文章のなかで、特に今日の専門分化した世界における、パーソナリティ形成について語ることは、大雑把で、かつ保証のない行動なのかもしれない。しかし、ウェーバーやジンメル、それに彼らの努力の射程を継承しようとしてきたエリアスやレックスのような人々に結びつけられる社会学の伝統は、自らの領分にこだわって、社会学を狭義に解釈された社会の研究——つまり、経済、国民国家、国際的ないし国境横断的関係、文化価値、パーソナリティ形成が除外されてしまった後のちっぽけな残骸として一般に見なされている社会の研究——だと考えて縄張りを守る者にとっては、まるで縁のないものである。このより広範に理解された学科横断的な社会学こそが、我々の時代の重大問題について答える試みに最も適したものと思われる。そうした問題は、パースペクティブと距離を置く態度を同時に必要とする。我々の心のすぐそばにあるものを理解するためには、はるか遠くまでを射程に収める能力を必要とするのである。

注

本章のオリジナルな原稿はジョン・レックスを記念するエッセイ集（*Knowledge and Passion: Essays in Sociology and Social Theory in Honour of John Rex*, ed. H. Martins, I. B. Tauris, 1993）のために書かれたものである。ジョン・レックスは、彼が一九六五年にダーラム大学で講座長に任命された時に、私の最初の社会学の教師となった。ちなみに当時は、大学のコースないし学部に実現可能な名称として、その学科の名前（ラテン語とギリシア語の雑種的混合である Sociology）を受け入れることに積極的ではなかった。そこからわかるように、横柄な近視眼や、イギリスの大学生活にしばしば見出される社会学の「非学科性」に対する軽蔑や敵意さえもが依然として顕著であった。レックスの学部は、それゆえ、社会理論と社会制度（その名は私の学士号にいまだに刻み込まれている）と呼ばれた。言うまでもなく、彼は数年後にはなんとか名称を変更させ、その名を社会学とした。

（1）ゲオルグ・ジンメルの講義は公的なイベントにさえなったほどで、講義に多様な観衆を引き付けることができた彼の能力はよく知られている。彼の話しぶりは非凡なものであったが、ある同時代人は次のように記している。

ひとは、いかにして思索過程がその人間全体に憑依するか、いかにして演壇上のやつれた人物が、言葉だけでなく、身振りや動きや振る舞いに表現される知的プロセスの媒体、情熱の媒体になるのかを観察できた。ジンメルが聴衆にアイデアの中核を伝えようと望む際、彼はそれをただ定式化しただけではなく、いわば、その手を閉じたり開いたりして、拾い上げていた。彼の体全体は差し上げられた手の下で回転し、振動していた……。彼のスピーチの激しさは思索のたぐいまれなる緊張を示していた。彼は抽象的に語ったが、しかしこの抽象的思考は生きた関心から芽吹いたものであり、そのためそれは聴衆において生命を宿した（Fecher, 1948: 52-6 の Coser, 1977: 211による引用）。

しかし、実際のジンメルの講義は、彼が複数の機会に同じ講義を実質何の変更もなく行ったという意味で、ひとつのショーでもあったし、また、観衆にアイデアをひねり出そうと格闘しているかのような印象を与えた彼の能力は、彼が印象操作の熟達者であったことを示している（Staude, 1990を参照）。

（2）ウェーバーの同時代人たちによるそのような記述を別にすれば、我々は写真に具現化されているウェーバーしか見ることができない。ダーラム大学のジョン・レックスの書斎には、マックス・ウェーバーのフレーム付きの写真がマントルピースの上に目立つように飾られていたことは記録に値する。それは、ガースとミルズの『マックス・ウェーバー――その人と業績』（Gerth and Mills, 1948）の口絵になった、ウェーバーの断固として堂々とした肖像であった。

（3）このことは、ウェーバーがパーソナリティを得ようと励んでいたことを意味すると受け取られるべきではない。それどころか、彼の『職業としての学問』（Weber, 1948b: 137）における「パーソナリティ」や「パーソナルな経験」の偶像化に対する攻撃を参照しなければならない。彼はパーソナリティのカルト的な崇拝や、経験や感情的な充足をロマンティックに探し求めることを軽蔑していた。そのことは、シュテファン・ゲオルゲのような若者のカルト的な偶像に対する彼の態度に示されていた。専門家としての課題に内的な献身を示した人物のみが、純粋なパーソナリティになることができた（Albrow, 1990: 44）。

（4）ゲーテに由来するウェーバーの霊的なものの意味づけを議論するには、一個人の自由な行為を経て生を秩序化し統一することに関する、ウェーバーが傾倒するプロテスタント的でカント派的な源資料とあわせて、オルブロウ（Albrow, 1990）を参照せよ。

（5）ヤスパースのみがウェーバーの崇拝者だったのではない。後に西ドイツの大統領になったテオドール・ホイスは、ウェーバーの死亡記事を次のように始めている。

> 若者が彼に出会うことは、悪魔的なパーソナリティを経験することを意味していた。彼は人々に影響力を持っており、破壊的な怒り、客観的な明晰性、魅力的な優雅さといった力をもっていた。彼の発言すべてが示唆的で、「カリスマ」を付与され、生まれつきのリーダーシップの優雅さを備えていた（Green, 1976: 278）。

（6）ウェーバー（Weber, 1951: 131–2）が我々に教えるところでは、「紳士の理想」は「全方位的な自己の完成を達成し、弟子達の魂を満たす文字通りの伝統である、精神的な美しさの古典的な正典という意味で、『芸術作品』となった人」である。こうしたことは古典教育を通して蓄積されたが、それは公認された吟味の対象であり、そのため「正典的で美しい達成」は「サロン」文化において誇示された。

（7）この関係性の主な説明については、グリーン（Green, 1976）を見よ。それはマリアンネ・ウェーバーによるマックスの伝記に対するロート（Roth, 1988: xiii）の新たなイントロダクションと、ウィムスター（Whimster, 1989: 463）の書評論文でも言及されている。マックス・ウェーバーからエルスへのラブレターはいまだ公刊されておらず、その実際の内容について激しい論争が存在している。マリアンネ・ウェーバー（Weber, Marianne, 1989）『生涯像』のドイツ版においてロートは、マリアンネがその事件を知っていて、そのため、その状況に関して妻に対して完全に正直であるべき義務をマックスが果たさない時はなかったと主張して、さらに論争を引き起こしている（Liebersohn, 1988-9: 126を参照）。その発見がカール・ヤスパースにとって、とてつもない一撃として経験されたことは付け加える価値があるだろう。なぜならウェーバーは、彼の妻から恋愛事件を隠すような行為からはほど遠い、首尾一貫性、誠実さ、責任感の手本として彼が褒め称えた人物だったからである（Whimster, 1989; Henrich, 1987を参照）。

（8）「倫理的中立性」のエッセイ（一九一七年）が書かれるよりずいぶん前、一九〇八年にウェーバーは、エルス・ヤッフェによって次のように質問されたと報告されている。「でもあなたはすべての価値はエロティシズムのなかに具現されるっておっしゃらなかったかしら」。彼女はそれに自ら答えて言った。「でもその通りね。それは美しさだわ！」（Green, 1976: 171）

（9）たとえば、『貨幣の哲学』（Simmel, 1978）やエッセイ「文化の悲劇の概念について」（Simmel, 1968）における彼の議論を見よ。そこで彼は、物質文化の「どん欲な蓄積」は「パーソナルな生活形式とはまったく両立しない」と我々に語っている。彼は次のように付け加える。

> 自己の器は、生の力や長さによってだけではなく、その形式のある種の統一性や相対的な緻密さによっても限定される。個人は、彼の自己展開が受け入れられないものをやり過ごせるかもしれないが、しかしそれは常に簡単に行われるわけではない。無限に成長する物質化された魂の供給は、彼がその固有の内容に習熟できないとはいえ、主体の前に需要を措定し、彼のなかに欲望を生み出し、個人的な力量不足と無力さの感覚で彼を打ちのめし、彼が手を引くことのできない誰かとの全体的な関係に彼を投げ込む。それゆえ、近代人にとって典型的な問題含みの状況が到来することになる。すなわち彼の存在感覚は、彼にとって意味がないわけではないが、最終的な分析においても意味があるとはいえないような、無数の文化要素に取り囲まれている。彼はそのすべてを吸収できないし、単純に拒絶もできない。結局のところ、それは潜在的に彼の文化発展の圏内に属し

ているために、全体としては彼を意気消沈させる（Simmel, 1968: 44）。

（10）フーコー（Foucault, 1987: 341）は次のように書いている。

それは全住民のうちのほんの少数の人々のためにとっておかれたもので、皆にひとつの行動パターンを授けるような問題ではなかった。それは少数のエリートにとってのパーソナルな選択であった。この選択をなす理由は、美しい生を生きる意志であって、美しい実存の記憶を他者に残す意志であった。この種の倫理が全住民を標準化する試みであったといえるとは、私は思わない。

第4章　英雄的な生活と日常生活

近代の英雄は英雄ではない。ただ英雄を演じているだけである。
(Benjamin, 1973: 97)

おそらく、まさにプチブルこそが、芸術のモデルとして新たなヒロイズムの、すなわち大規模で集団的なヒロイズムの夜明けを予感している。(Musil, *The Man without Qualities*, quoted in de Certeau, 1984: 1)

私は英雄が大嫌いだ。彼らは世界に雑音をまき散らし過ぎる。
(Voltaire, quoted in Gouldner, 1975: 420)

英雄的な生活について語ることは、少し時代遅れに聞こえる危険を冒すことである。知識人の生活や大学人の生活は、反英雄的エートスを熱心に奨励してきた対抗文化の伝統を長らく下支えしてきた。折に触れて、たとえば一九六〇年代にも、この伝統への注目は高まった。こうした反律法主義精神が最も最近になって現れたのが、ポストモダニズムであるが、芸術、知識、その他の文化に関わる仕事が一貫性のある生活スタイルと見なされるほどに地位を高めるには、まだ時間が足りず、啓発的で教育的なものとして一般に対し発言力をもつこともない。天才や、生を秩序立てる意味としての召命とか使命の観念と結びついた、英雄としての芸術家という構想は後退してしまい、日常的な大衆文化や消費文化におけるポピュラーなものや大したことのないものを、あまり高尚化せずに評価するようになった。ポストモダニズムはまた、ローカルな文化やポピュラーな文化の積極的な評価、つまり近代の普遍主義と称するものによって排除されたマイナーな伝統や「他者性」の積極的な評価と結びついてきた。これが示唆しているのは、より複合的なレベルの統一への感受性、すなわち、折衷主義、異質性、日常生活でのありふれた、自明視されている、「見えてはいるが気づかれていない」側面への感受性が強まっていることである。むろん、日常生活の社会学をポストモダニズムの影響に縮減することはできない。むしろ我々はポストモダニズムを、一九六〇年代から強力な弾みがついていた、文化領域を変容させる傾向をさらに拡大したものとみなすべきである。新しい社会運動やフェミニズムやエコロジーが勃興したり、レジャーの重要性が増してきたり、自己表現や自己実現が追求されたことは、それらが公的生活の諸制度を変容させる潜在能力を示しただけではなく、置き去りにされた生の輪郭を浮かび上がらせてきた。日常生活は、再生産、維持《メンテナンス》、ありふれた決まり事《ルーティーン》、女性の領域、受容力、社交性に焦点を当てることで、道具的合理性、変形、犠牲を強調する生産の世界がもつ支配的な正当性を問題にする勢いを得てきた。

　日常生活が普通、我々の毎日の生活構造を支持し維持するような、平凡で当たり前で常識的な決まり事と結びついているとすれば、他方、英雄的な生活は反対の性質のものと結びついている。ここで我々が考えているのは、並はずれた偉業、妙技、勇気、忍耐、卓越に達する素質といったものである。日常生活の自明性が、実用的な知識や決まり事——その異質性と体系性の欠如とはほとんど理論化されていない——に従って活動しなければならない必然性を意味しているとするなら、他方、英雄的な生はその濃密な事実性をなぎ倒すものである。それは運命ないし意志によって作られた秩序ある生を示唆しており、そのなかで日常は、飼い慣らされるべき何か、抵抗ないし否定すべき何か、より高級な目的の追求に従属するべき何かと見なされている。

日常生活

ほとんどの社会学的な概念よりも「日常生活」は定義が群を抜いて難しいことが証明されている。このことは、日常生活が、我々の概念化や定義や物語のすべてがそこから現れてくる究極の根拠を提供する生活世界であることが理由だと思われる。同時に、こうしたことを忘れてしまった専門的知識を構成するパースペクティブからすると、それは、秩序立った思考に適合しない腹立たしい破片や断片のすべてがそこに投げ捨てられる残余カテゴリーのように見える。実際、論者たちがしばしば指摘したがるように、この領域に思い切って立ち向かうことは、明らかに整然性を欠いた側面、とりわけ合理的なカテゴリー化に対する抵抗を中心的な特徴とする生の側面を探究することになる (Geertz, 1983; Heller, 1984; Sharrock and Anderson, 1986; Bovone, 1989; Maffesoli, 1989を参照)。この生来の曖昧さと調和《コンセンサス》の欠如を心に留めながら、我々は日常生活にもっともしばしば結びつけられる特徴を素描できる。第一に、毎日起こること、すなわち、決まり事となり、反復的で、当たり前の経験、信念、実践が強調されている。要するに、平凡で普通の世界であり、偉大な出来事や異常事と無関係だということの強調である。第二に、日常は、再生産と維持の領域として、すなわち別の世界を支える基本活動が、主に女性によって、遂行される制度化以前のゾーンとみなされている。第三に、現在が強調される。現在は、目下の経験や活動の直接性へと反省なしに没頭する感覚をもたらす。第四に、制度化された領域の外にある、あるいはその隙間にある自然発生的なありふれた活動をともにしているという、非個人的で身体化された実感に焦点が当てられている。つまり、浅薄で、冗談まじりの社交を共にすることで他者と共有する官能性が強調されている。第五に、異質性を含んだ知識や、多くの言葉による無秩序なおしゃべりが強調されている。つまり、そこでは話し言葉や「声の魔法の世界」に対して、書き言葉の線形性を超えた価値づけがなされている。

こうした側面は、プラトンによる臆見《ドクサ》（日常の決まり事を根拠とする一般意見）と知識《エピステーメー》（より永続的な真実を提供することを狙った学問的知識）との対比に関するアグネス・ヘラーの議論に言及することで展開できる。その意味が対立する思考様式によって定義されているという点で、日常的思考について関係論的な見方へと、それは我々を導くだろう。日常的思考が異質性を含み、折衷的であるのに対して、科学的、哲学的、その他の形式化された思考様式はより体系的で、反省的で、脱擬人化されている(Heller, 1984: 49ff.)。後者のより形式化された思考様式は、体系性を希求するものとみなすことができる。そうした思考様式は、その根拠たる至上の象徴メディアへの依存から、体系性によって、次第に自らを切り離していくことになる。

アルフレート・シュッツ（Schutz, 1962）は、一連の「多元的現実」や「限定的な意味領域」からは区別されうる「至高の現実」として、日常の常識的世界を語っている。夢、ファンタジー、白昼夢、遊び、フィクション、劇場の「世界」は、より形式化された科学、哲学、芸術の世界と同様に存在している。それぞれが異なる「自然な態度」、時間感覚、レリバンスの構造を要求していて、それを遵守しない個人には問題が生じる。この点で、ファンタジーと日常生活を混同することでセルバンテスのドンキホーテが出会った困難に関するシュッツの記述（Schutz, 1964）を思い起こすことができるだろう。もちろん、むしろそのような混同が推奨される、社会的に公認された機会も存在する。祭りやカーニバルのような場面では、ファンタジーの世界が日常生活のただなかで生き残っている。そのような境界的瞬間は通常は厳重に線引きされている。しかしながら日常生活の折衷的で異種混交的な性質とは、二重にコード化されたもの、遊びに満ちたもの、欲望、ファンタジーの知覚が日常生活の隙間に潜んでいて、そこへの侵入を迫っていることを意味すると論じてもよかろう。

シュッツやガーフィンケルとエスノメソドロジストが我々に想起させてくれたように、これらの多様な世界と交渉し、それらの間を移行するためには、自明視された実用的スキルが数多く必要となる。付け加えると、限定的な意味領域はバラエティに富み、高度に複雑であるため、それを扱うことができるような柔軟な生成構造を動員する能力は、歴史的に不変であると理解することができない。実際、限定的な意味領域の性質と数は、そしてその日常生活からの相対的な分離とそこへの相対的な埋め込みは、歴史的に多様でありうる。このため、日常生活に厳密な定義は与えられないし、むしろ我々はそれをプロセスとして理解するよう努めなければならないといえよう。ニーチェが思い起こさせてくれたように、歴史をもつものを境界づけることはできないのである。

理論家の多くは、日常生活の分化と植民地化の進展につながった歴史プロセスを理解しようと努めてきた。たとえば、フランクフルト学派（Held, 1980）とルフェーブル（Lefebvre, 1971）は、日常生活の商品化と道具的合理化に焦点を当てた。ハーバーマス（Habermas, 1981）は、システムと生活世界の間の区別を入念に理論化してきた。そこでは、政治―行政システムと経済システムによって使用される道具的合理性をもつ行為は、日常の生活世界のもつコミュニケーションの解放的潜在力を侵略し、浸蝕しているように見られている。ヘラー（Heller, 1984）は、ルカーチに倣って、日常生活の異質性がどのようにして均質化のプロセスに従属していったかに注目してきた。そのおかげで、分化の初期プロセスについて語ることが可能になった。その初期プロセスにおいて、元々は日常生活のなかに埋め込まれていた科学、芸術、哲学、その他の形態の理論的知識が、次第に分離され、専門的発達に組み入れられ、そして次には、この知識が日常生活を合理化し、植民地化し、均質化するためにフィードバックされる段階が続くようになる。

危険なのは、このプロセスが、自家発電的な契機をもつとか、そのプロセスを人間の介入を超えた歴史の論理にしてしまう普遍化の力をもつものとして当然視することである。歴史の論理について語るよりは、むしろそのプロセスを次のような観点から把握するほうが有効である。すなわち、多様な力の源泉を動員しようとする特定の歴史状況に共に拘束された人々の形勢《フィギュレーション》間の葛藤や、相互依存の推移から見る観点である。(1) エリアス (Elias, 1987a) は、以前には集団全体によって担われていた専門家の機能が分離されていく際の分化プロセスを議論している。こうして、暴力管理の専門家 (戦士) や知識の専門家 (僧侶) が生まれ、そしてついには経済や政治の専門家が生まれることとなった。それにまた、科学的、哲学的、芸術的なメディアの発達を実現した相対的に自律した文化領域の編成に参加する文化の専門家のような、その他の専門家集団の創発を跡づけることも可能である。加えるに、近代社会においては、日常生活のための方向づけ《オリエンテーション》の多様な手段や実践的知識を提供する、援助専門職やマスメディアの仕事に従事する専門家が、ひと通り存在している。このことは、自動的で順序立ったプロセスとして理解されるべきではない。ある社会の国家形成における固有条件は、そして、その社会をある形勢《フィギュレーション》に取り込むような他の国民国家との関係は、実際の分化の類型や程度を決定し、そのことによって何らかの専門家集団が勢力図上の位置を上昇させたり、維持したりするのであろう。ある条件の下では、僧侶が社会のなかで支配的な位置づけを獲得するかもしれないし、別の環境では戦士が支配的になるかもしれない。彼らの支配の性質、範囲、持続期間は、明らかに日常生活へ影響力をもつことになる。

西洋のモダニティの勃興とともに、科学者、芸術家、知識人、大学人といった文化の専門家は相対的な力を獲得してきたのであって、日常生活の短所と考えられるものの改編、馴致、文明化、それに矯正や治療を様々な方法で唱道しようと努めてきた。しかし、文化の別の専門家は、ポピュラー文化や伝統の保全を賞賛することを通して、日常生活に固有の特質を促進し、擁護しようと努めてきた。彼らにとって日常生活とは、編成や陶冶の機が熟した生の素材や「他者性」といったものではない。むしろ彼らは分化プロセスの逆転を擁護し、日常の知識や実践に、他に匹敵する妥当性を、そしていくつかの事例ではより上位の叡知をさらに認めることを、擁護しているように見受けられる。このため、ある種の条件の下では、ポピュラー文化は賞賛され、平凡な人間のありふれた生活、「特性のない男」の生活は英雄化される。脱分化、再雑種化、日常への再没頭のプロセスといったものは、ロマン主義やポストモダニズムのような対抗文化運動において、特に耳目を集めた。そのことは、英雄としての科学者、芸術家、知識人といった文化の専門家たちの英雄イメージの批判においても明らかである。この批判は日常のありふれた実践を強調するためのものだが、その場合、日常実践は非凡ないし高尚な洞察、あるいは客観化とも呼びうるものを生み出すのと同等の能力があるとみなされている(2)。

この意味で、日常生活が肯定的に評価されるか、否定的に評価されるかは、その対立概念がどう評価されるかと関連するものと思われる。ハーバーマス(Habermas, 1981)によれば、システムは生活世界にとって危険なものであって、日常生活がそのコミュニケーション的な潜在力を実現できない限り、システムの侵入はコントロールされなければならない。ルフェーブル(Lefebvre, 1971)もまた、「消費がコントロールされた官僚社会」においては、現代の日常生活の商品化を克服して、日常生活の祝祭的な側面を解放する必要があると強調している。日常生活の特質に対する肯定的な評価はマフェゾリ（Maffesoli, 1989）の著作において頂点に達するが、そこで彼は、合理化プロセスに抵抗する日常生活の可能性に注目している。彼によれば日常生活は、社交性や今現在への関心と、不真面目で想像的でデュオニソス的な生活形態を保持し、育てるが、こうした生活形態は、集団への没入感、自己の個人的な存在を放棄する感覚（Einfühlung〔共感〕）をもたらすものでもある。同じように、ド・セルトー（de Certeau, 1984）は日常生活の普通の実践を肯定し、折衷主義の諸様式、すなわち、公式の支配文化や技術的な合理性に対抗し、それを侵犯し、転覆する、日常生活の「非論理的論理」を活用する可能性を支持している。(3) 同様にグールドナー（Gouldner, 1975: 421）は、日常生活がもつ批判の可能性と、それが対立概念としていかに機能するかに注目を集めようと努めた。

私が繰り返し示唆してきたように、ＥＤＬ〔日常生活〕は対立概念である。それはある種の生活への批判、すなわち、特異で、英雄的で、達成的で、パフォーマンス中心の存在への批判に表現を与えている。ＥＤＬは、英雄的な生活と対比されることで、また英雄的な生活の危機を理由に、現実的なものとして成り立っている。

すでに示唆したように、日常生活を対比的に定義する対立概念には一定の幅が存在している。しかし今や我々は、そのなかでもっとも主要と考えられるもの、つまり英雄的な生活と、文化領域のなかでそれがいかに別の生活様式に変容させられ、変貌するかに目を向けよう。

英雄的な生活

日常生活が、ありきたりで、自明視された、普通のものによって成り立っているとしたら、英雄的な生活とは、傑出した生活のためにそうした秩序を拒否することを意味する。その生活は、日常の決まり事《ルーティーン》へ回帰できるかどうかを危うくするだけでなく、生活そのものを故意のリスクにさらすものである。英雄的な生活が強調するのは、ありきたりではない目標に向けて葛藤し達成する勇気、あるいは善や栄光や名声の追求であって、それは富や資産や肉欲の愛を目指す、より劣った日常的な追求とは対照的なものである。日常世界とは、英雄がそこから離れていくべき世界であって、彼はケアや扶養《メンテナンス》の領域（女性、子ども、年寄り）を後にして、その課題が成功裏に達成された暁には、喝采を浴びてそこに帰還することだけを目指す。そのため基本的な対比として、英雄的な生活が危険や暴力やリスク追求の領域である一方、日常生活は女性や再生産やケアの領域であると示される。英雄的な生活において、英雄は勇気を示すことで自らの力量を証明しようとする。戦士は英雄の最たるものであるが、暴力の専門家として彼らが経験したのは、闘いの強烈な興奮であり、また、確実に生き残るためには、感情的な力をうまくコントロールして道具的理性の狡知に従わせる必要があるということであった(4)。その偉業を成し遂げるには、ふたつのものが必要であった。すなわち、ひとつは、大いなる加護を与えてくれる自分以外の諸力によって、その人特有の冒険の旅や人生が左右されるという幸運、すなわち宿命の意識と、もうひとつは、用心深さや奸知や強迫によって、人が大きな危険や不運を克服できるという内的な確信、ようするに自らの運命を切り開くことができるという内的な確信である。

多くの点で、英雄的な生活は、冒険あるいは冒険シリーズのような性質を備えている。ゲオルク・ジンメル（Simmel, 1971a）が、冒険に関するエッセイのなかで述べたことによれば、冒険とは、道義的に軽視される日常の存在がいつものように続いている状態から外に飛び出すことである。冒険者は、現在を強烈に意識し将来を軽視するような、異なる時間感覚をもっている。ジンメルは、我々が語ってきたような、運命に自己を委ねることと運命を切り開くこととの混合をうまく捉えている。冒険において我々は、「我々を喜ばせると同時に、我々を破壊することもできる世界の力と偶発事」に自己を委ねている（Simmel, 1971a: 193）。同時に我々は、世界のなかで自己決定的に行動する能力のために、仕事の世界で培った注意深い計算と積み重ねを放棄することになる。このため冒険者は、機を捉えるのに敏な「征服者の振る舞いをもっている」とともに、「通常はその定義からして計算可能と考えるものだけを取り扱うやり方で、計算不可能な生活の要素を取り扱う」のである（Simmel, 1971a: 193）。さらに、冒険者は統一性の感覚を生み出せる者であって、積極性と受動性、偶然と必然の総合を生み出せるのである。冒険者はシステムを欠いた自分の生活のなかから、システムを樹立できる。この生活を形作る能力こそ、冒険者と芸術家の間の類似性を示し、また同時に芸術家にとっての冒険の魅力を示すものである。これについてジンメルは次のように述べている（Simmel, 1971a: 189）。

芸術作品の本質とは、結局、知覚された経験の際限なく連続するシークエンスの一部を切り取ることであり、前後いずれの側ともつながりを一切断ち切って、その内的な核によって定義され、束ねられたかのような自己充足的な形態を与えるのである。それは、存在の際限のなさに編み込まれたものだとはいえ、それでも全体として、つまり統合されたユニットとして感じられる存在の一部分である。そしてそれは、芸術作品と冒険に共通する形態である。

場合によっては、人生全体が冒険として知覚されることもあるが、これが起きるためには、「その全体性の上により高度な統一が、つまり、いわば人生以上のもの《スーパーライフ》が認められなければならない」（Simmel, 1971a: 192）。生活を秩序づけ、統一するこの能力、すなわち、人生に宿命の意識を与え、より高度な目的によって生活を内側から形作る能力は、英雄的な生の中心にある。特に、知識人や芸術家といった、ジンメルの言うところの精神の冒険者にとって中心的である、と主張してよかろう。端緒、中盤、結末をもつ物語のように、自発的に冒険を生きる道は、人生を芸術作品に見立てる道を示している[5]。

振り返ってみると、冒険とは特に人を引き込みやすい夢のような性質をもっているように見えるかもしれない。そこでは偶発的な要素と触発された行為が、強固な首尾一貫性の感覚をもたらすように編みあわされている。冒険に物語的な構造を遡及的に押し付けるこの能力を、物語の「下に」潜む元々の人生がそれ自体無定形であったことを暗示するものとみなすべきではない。むしろ、統一性のなかで人生を自発的に生きようと意図的に努める能力、すなわち偶然的な要素をコントロールして、自らの栄光であれ、神の意志であれ、国民あるいは人民の生き残りであれ、より高度な目的に奉仕しそうな構造にまとめる能力を、強調することが重要である。マッキンタイア（MacIntyre, 1981: 191ff.）は、個人生活を一連の孤立したエピソードの実演として示したサルトルの実存主義、ゴフマンやダーレンドルフの社会学理論を批判した時に、この点を強調した。たとえばサルトルの『嘔吐』における登場人物アントニー・ロカンタンが、人の人生を物語の形で示すことは常にそれをウソにすることであると主張していることを、我々は知っている（MacIntyre, 1981: 199）。このアプローチは、『意味と無意味』のイントロダクションでのメルロ＝ポンティ（Merleau-Ponty, 1964b）の言明にも明らかである。それによると、我々は人生のそれぞれの段階で同じ体のなかに「偶発的に」住むことになってしまった人物を事実上分離しているが、その多様で異なる自己は生活史的な統一性を与える「誤った」物語を通して遡及的にひとつに編み込まれてしまう。実際、一連の分離された状況で役割を演じる者へと向かうこの「自己の液状化」はまた、ポストモダン理論における自己の脱中心化や、ゆるやかに連結された疑似自己の束としての人格の呈示を強調することと呼応している（前の章での議論を参照）。

マッキンタイア（MacIntyre, 1981: 197）にとって、これは的外れである。というのも、人間の行為とは定められた物語だからである。つまり物語は、小説家や脚本家によって物語的な秩序をもたない出来事に押し付けられるわけではない。彼はバーバラ・ハーディを引用しているが、彼女は次のように述べている。「我々は物語のなかで夢を見る。物語のなかで白昼夢を見る。物語によって、我々は思い出し、予想し、望み、絶望し、信じ、疑い、計画し、修正し、批判し、構築し、噂し、学び、憎み、そして愛するのである」。しかしながら、個人の生活をひとつの全体として構造化し、統一するために、より大きな物語がどの程度まで採用され、支持されるのかは、かなり多様でありうる。事実彼は、人生を単に気まぐれに漂わせるだけというよりはむしろ、いくつかのより高度な目的に従おうと努めることで、己の人生に形式を与えようと努めている。

この段階において、英雄、英雄的な生活、英雄社会の間の区別を明確にすることが有益かもしれない。もちろん、英雄社会のメンバーでなかろうと、英雄的な生活に献身してなかろうと、誰にとっても英雄となり、英雄的行為をなすことは可能である。このためポピュラーなメディアにおいては、ありきたりの英雄が常に称賛されている。こうした英雄となる個人は、極端な身体的危険のある状況に追い込まれて、他人を助けるためにその生命をリスクにさらしたり、あるいは犠牲にするような並はずれた勇気を示す。まさにこの偶然的要素が――すなわち、運命が幸せな人生の日常的秩序に割り込み、粉砕して、誰であれ個人をそのコントロールを超えた状況に追い込んでしまいかねない状況が――対応を迫ってくるのである。その対応に人々は魅了され、「われわれはその試練にどうすれば対応できるだろうか」と自問せざるを得なくなる。これはまた英雄崇拝とも関連するであろう。英雄崇拝とは、人々が同一化する役割モデルとしての英雄の利用のされ方である（Klapp, 1969を参照）。このような場合、普通はある種の強者、政治家、スポーツマン、探検家、冒険家が、あるいはこのような生き方をますます代表するようになった人々、つまり映画やテレビやポピュラー音楽の有名スターが、幻想と現実主義的同一化が様々に配合された崇拝の対象となる。

これを、ホメロスの叙事詩、あるいはアイスランドやアイルランドのサーガに描かれたような英雄社会と対比できるかもしれない。これらの英雄物語が作られる現実の条件がどうであろうと、またそれらと個々の社会的現実との関係がどうであろうと、それらは社会秩序の像を提供している。そして、その秩序において、人間の役割や地位、またそれに関連する義務や特権は、親族関係や世帯構造のうちに十分位置づけることができる。そのような社会は、マッキンタイアが論じるように、動機と行為が乖離することもあるとは認めない。すなわち、「英雄社会の人間とは、彼の行ったことに等しい」（MacIntyre, 1981: 115）。勇気は世帯や共同体を維持するために不可欠な中心的特性であった。というのも、勇気ある人物は、頼りになる人であり、また友情においても重要な要素となるものであったからである。ギリシア人にとって、英雄とは勇気を示すだけでなく、徳《アレテー》の理念にかなう生き方を探し求める者だった。(6) その言葉は、しばしば誤って「美徳《ヴァーチュー》」と訳されるが、むしろ「卓越《エクセレンス》」という語をあてるほうが適切である(Kitto, 1951: 171ff.)。英雄の理想は、身体に対するどんな特権も精神に与えることなしに、人が卓越できるあらゆる方法で——身体的に、道徳的に、知的に、実際的に——卓越を獲得することであった。戦いや競技においてひいでている個人には、その共同体によってクドス(kudos)、つまり栄光の承認が与えられる(MacIntyre, 1981: 115)。しかし、英雄はつかの間の世界に生きる者であり、その世界では、運命や死に翻弄されながらも、その宿命に直面しながら勇気を示すことができるが、事実上彼はひとつの社会役割として卓越という理想に準じて生きようと努めている。このため英雄社会における英雄的な人物は、求められている社会役割の遂行において卓越した者である。

興味深いのは、英雄のイメージがその文脈からいかに取り出されて、英雄的な生活に織り込まれるかである。この英雄的な生活では、社会的な文脈が軽く扱われ、英雄が社会的なものから自らを区別して、社会的なものを超えた人物となる。ギリシアの過去について一般に普及した理解は、卓越性と個性についての十九世紀後半に固有の見方が、ギリシアの英雄社会に由来する要素と混同されたものであるが、それはニーチェの著作において魅力的なイメージを生み出した。しかしそれは、マッキンタイア(MacIntyre, 1981: 122)が特にミスリーディングであると指摘したイメージでもある。ニーチェが描いたものは、貴族的な自己主張であり、ホメロスとサーガが示すものは、

ある種の役割にふさわしく、それに必要な主張の形式である。自己《セルフ》が英雄社会においてそれに該当するものになるのは、その役割において、またはその役割を通してのみである。それは社会的な創造物であって、個人的なものではない。このためニーチェが古典古代の過去にさかのぼって彼自身

の十九世紀的個人主義を投影したとき、彼が暴露したのは、歴史的探究のように見えたものが実際には創意に富んだ文学上の構築物だったことであった。ニーチェは啓蒙的な個人主義の虚構を軽蔑するあまりに、それを彼自身の個人主義的な虚構に置き換えたのだ。

英雄的な人生についてのニーチェの見方が十九世紀的個人主義の投影であるというマッキンタイアの主張は、真の個性と高貴（Vornehmheit）を示すより高位の人物と、大衆的な人間の狭量なルサンチマンとの間の緊張にハイライトを当てるために、もっと厳密に定式化できるかもしれない。さらに、英雄的な人生のニーチェ的バージョンは、単に一連の個人主義の虚構としてのみ残存したのではない。つまり彼固有の虚構は、ゲーテの人生やロマン主義運動から刺激を受けた貴族的で知的な高貴の理念と強く呼応していた。その結果、この観念は強力な文化イメージへと発展して、世紀末ドイツの特定のサークルで影響力をもつようになり、マックス・ウェーバーやゲオルク・ジンメルによって社会学的な探究と理論的な定式化を受けることになった。(7)

英雄的倫理、卓越性、文化領域

マックス・ウェーバーの人生と著作は、しばしば英雄的なものとして性格づけられる。たとえばマナッセ（Manasse, 1957: 287）は、ウェーバーは「ホメロスやユダヤの預言者の世界に生まれ、ニーチェとともに消え去ることがなかったタイプの人間である。ある程度までは、マックス・ウェーバーに、その最後の偉大な相続人を見出すことができた」と述べている。マナッセの言明は、ウェーバーのカール・ヤスパースに対する影響を議論する文脈で行われた。ヤスパースにとって、ウェーバーは非凡な人間を代表しており、強固な責任倫理によって鼓舞された、休みを知らない、霊に憑かれたような力に駆り立てられた者であった。このことは、その著作に表現されたウェーバーの目的への誠実さや一貫性に現れており、また彼の生涯の活動や他人の扱いにおける、身振りや、態度や、物腰における率直さや、てらいのなさに表されている。ヤスパースは、ウェーバーを新しいタイプの人間の代表とみなし、自分の実存主義哲学のモデルにした。こうした英雄主義の近代的な形式は、ウェーバーが達成した勇気や一貫性や目的の統一性においてだけ捉えられるものではなく、英雄的な生にしばしば結びつけられる特質、すなわち犠牲においても捉えられる。直接的な死を求めることなく、この種の人物は「あたかも死んでいるかのように生きた」(Manasse, 1957: 389)。

そのような問題は、もちろん、ウェーバーによっても彼の著作のなかで表明されている。カリスマに関する議論において彼は、カリスマ的指導者によって示され、その追従者に要求される犠牲の能力に言及している。カリスマ的英雄の力は正当化された社会役割に由来するのではなく、人格としての非凡な性質、つまり「恩寵の賜物」にあり、それを常にデモンストレーションやテストにさらす能力に由来する。ウェーバー(Weber, 1948d: 249)が述べているように、「もし彼が預言者になりたいのなら、彼は奇跡を起こさなければならない。もし将軍になりたいのなら、彼は英雄的行為をなさねばならない」(8)。そのような個人は、その人生を意図的に究極の価値の周辺に組織していて、それゆえ社会的是認や制度的権威の慣習的な様式にはあまり依拠していなかった。何かの理想や究極の価値に従って、個人的なコストがどうであろうと、生をよく考えられた統一性へと形作れ、という指令もまた、「英雄的倫理」に関するウェーバーの議論にとって中心的なものである。

人はあらゆる「倫理」を、その具体的な内容にかかわらず、ふたつの主要なグループに分けることができる。その基準となるのは、人生の大きなクライマックスを除いては一般に人がそれに従って生きることができないような基本要請、これは無限に努力する際の目標点として道を示すものだが、それを課すか（「英雄的倫理」）、あるいはせいぜい人の日常の「本性」を超えない要求しかしないほど控えめであるか（「平均的倫理」）である。私の見方によれば、第一のカテゴリーである「英雄的倫理」だけを「理想主義」と呼ぶことができる（オットー・グロスによるエッセイに対するウェーバーのコメント、Weber, Marianne, 1975: 378からの引用）。

ウェーバーは後に、「英雄的倫理」と「平均的倫理」のこの厳密な二分法を、よりニュアンスに富んだグラデーションを可能にするために修正した。マリアンネ・ウェーバー（Weber, Marianne, 1975: 388）が我々に告げているように、彼の洞察の新しさは、「倫理には尺度が存在する。もし倫理的な最高点が具体的な事例で達成不可能だとしても、二番目や三番目には達するという試みがなされなければならない」というところにある。このことは、ピューリタニズムと結びついた倫理的な全体性や統一されたパーソナリティが可能かどうかという議論に取って代わった、多様な近代的な生の秩序についての議論と関連づけることができる。分化プロセスの結果として、経済的、政治的、美的、性愛的、知的、学術的な生の秩序が分離した（Weber, 1948c）。しかし、天職としての学問や、近代世界に生きる上で有効なやり方としての責任倫理に対する彼の英雄的な弁護にもかかわらず、価値の多元性という文化の文脈において、天職としての学問や責任倫理が意味の一貫性の問題に確実性の感覚や解決策を提供できるかもしれないということは、ウェーバーにとって重要ではなかった。同じことは、文化領域の別の生の秩序、つまり美的、知的、性愛的な生の秩序によって提示された生活様式についてもいえる。ウェーバーにとって合理化という一般的プロセスとは、真の人格に育つことのできる可能性の衰退を意味していたが、ここでいう真の人格とは、行動に一貫性を示し、（ウェーバーがその人生を通して支持しようと努めた理念である）個性（Persönlichkeit）というプロテスタントの理念で把握される卓越性を達成できる、統合されたパーソナリティのことである。(9)

ウェーバーは、芸術的、知的、性愛的な生の秩序が、「より劣った」ものであろうと、また次第に困難になりつつあろうと、それがパーソナリティを育てることができる点において条件つきの承認を与えている。この意味で、英雄としての芸術家を研究し、特殊な社会形勢《フィギュレーション》に置かれた特定の芸術家（ゲーテ、ベートーベン、ベルリオーズ、フロベール、ゴッホのような人物）が、「英雄的倫理」の発達を後押しする生活スタイルや威信の経済によってどの程度維持されているかを検証することが正当化される。同じように、英雄としての知識人の観念についても研究し、たとえばマルクス、ゾラ、サルトルといった人物を検証することができるだろう。さらには、ボヘミアンや対抗文化（オットー・グロス）のような社会形式での性愛的生活に関しても、またダンディズムなど他の様式（ボー・ブランメル、ユイスマンス著『さかしま』の主人公デ・ゼサント、オスカー・ワイルド、シュテファン・ゲオルゲ、サルバドール・ダリなど）で生そのものを芸術作品に変容させることに関しても、検証のカテゴリーを提示できる。

ウェーバーのパースペクティブからすれば、文化領域内における英雄的な生活の多様な現れのすべては、個人の倫理的な性質からは独立した「親しさのない貴族主義」を生み出す傾向があった。しかしそのような文化貴族主義は、せいぜい相対的に独立した文化領域の内部において維持されるだけであろう。ある箇所では、ウェーバーは独立した金利生活者の知的な貴族主義について語っているが、しかし文化領域の編成にともなってこれに好都合に発達した特殊な条件は、同様にその文化領域の改編や文化生産者の相対的な自律性の喪失によって脅かされうる。一方でこのプロセスは、生産の条件や、芸術家、知識人、大学人、その他の文化職についた様々な公衆との関係を変化させた、合理化、官僚制化、商品化のプロセスと関係するかもしれない。他方でそれは、大衆および大衆文化の勃興という、広く知られた、下からのみこまれるプロセスとの関連で記述されるかもしれない（Theweleit, 1987）。

後者の視点については、マックス・シェーラーの著作にその最も明解な表現を見出せる。彼は庶民のルサンチマンに苛立っていた。というのも、彼らはねたみや意地悪、憎悪や復讐といった抑圧された感情に毒されていて、自分と自分の上位者の間の社会的ヒエラルヒーを打ち壊し、自分がもたない気高い価値を破壊しようと努めている（Staude, 1967）。シェーラーは貴族的な価値に回帰しようと努めた。つまり彼は、青年運動を通じて、気高く英雄的な生活モデルを再確立するために、近代という時代のための新しい「精神的貴族主義」に回帰しようと努めたのである。ウェーバーやジンメル、そして世紀の変わり目のドイツの学術的な生活を支配した世代の多くの者と同様に、シェーラーはニーチェの著作に強く影響されていた。しかしながら、三人のなかでジンメルだけは、モダニティや英雄的な生の将来の失墜に対する何らかの形での懐古的な反応に唱和しなかった。ジンメルのモダニティの社会学は対照的な結論を指し示した。つまり、それは高貴（Vornehmheit）についてのまったく新しい近代理念を提供したのだが、この理念は我々の目的からすれば、それが英雄的な生の一形式の残滓を示唆しているために検証に値するものである。

ジンメルが美学的な存在のあり方を好んだのに対して、ウェーバーが倫理的なものを好んだことは、しばしば言及されている（たとえばGreen, 1988）。二人とも近代生活の分化と断片化を指摘したが、ジンメル (Simmel, 1978) は生活の美学化の可能性についてより積極的な評価を展開した。この可能性は、多くの者が芸術と文化を破壊するものだと考えた、資本主義的な貨幣経済によってまさに開かれたのであった。十九世紀後半の大都市では日常生活一般に美学化が見られたと指摘できるとはいえ(Featherstone, 1991a: Ch. 5)、貨幣経済がパーソナリティの発達に及ぼす効果は通常否定的に見られてきた。ジンメルは、特定の質をもつすべてのものを量に変換する貨幣の能力に言及している。売春はこの商品化プロセスの好例であって、それは人格の改編を示している。

しかしながら、社会的世界を作り上げる双方向的な相互作用の濃密なネットワークを提示するジンメルの相互作用(Wechselwirkung)アプローチの利点のひとつは、普通は別々だとされている物事がいかに互いに影響を与え合っているか(たとえば、経済に対する文化、文化に対する経済の影響)について、通常とは異なる洞察をもたらすところにある。このため、貨幣経済の拡大を通じて質の異なる差異を標準化し、日常生活を量化するプロセスは、正反対の反応を引き起こしうるものとして呈示されている。つまりそれはジンメル(Simmel, 1978: 389ff.)がVornehmheitsidealすなわち高貴の理念と呼んだ、人に不可欠な質を保持し、発達させる決意をさせる人格である。リーバーソン(Liebersohn, 1988: 141)が言うには、「卓越性という近代的理念は、貨幣経済が人格的な価値に挑戦することによって生まれた絶対的に新しい価値であると、ジンメルは主張した」。リーバーソンによれば、ジンメルはニーチェの『善悪の彼岸』から卓越性の理念を採用した。そこでのニーチェの議論によると、貴族社会では卓越的な人間が育ってきた。この社会には、堅固な社会的ヒエラルヒーと明確な差異があることから、「距離のパトス」が生まれる。これにより、支配的なカーストは残りの者たちを見下し、彼らから距離を保つことができるのである。[10] ジンメル(Simmel, 1986: 168–9)にとって、ニーチェによって唱道された、この「社会的貴族主義」と「気高さの道徳性」が意味するのは、修練、義務感、厳格さ、そして「最も人格的な価値の保護に際しての利己性」の使用であった。しかし、卓越性や人格主義といった理念における自己責任は、エゴイズムや快楽主義と混同されてはならない。すなわち、「エゴイズムとは、何かを所有することを熱望し、人格主義とは、何かになることを熱望するものである」。

リーバーソン（Liebersohn, 1988: 143）は、次のように述べる時、卓越性の近代的な形式の特徴をうまく捉えている。

> 卓越した人物は、世界を顧慮せずに、自分の魂に絶対的な価値があるという感覚にとりつかれ、自分に忠実であり続けるために容易にすべてを犠牲にしてしまう。彼は卓越することで、おそらく自分が社会から独立することを強く主張していた。しかしそれは、逆説的に、近代社会のもつ非人格性を共有している。もし非人格性が個人の特異性に関する作用の変化、あるいは制度や慣習を意味するとすれば、高貴（Vornehmheit）の内的な法則も、人為的な秩序の名において自発的な衝動のすべてを根絶する。絶対的な人格の自律性は、社会秩序の論理を内在化することによってのみ社会秩序を補う。絶対的な人格の自律性は、確かにその担い手を際立たせるスタイルを生み出すが、そうするのはパターン化やラディカルな抑圧を通してのみである。これは近代の運命を個人的な宿命に変えるために人が支払う代価であった。

ここには明らかに、人格（Persönlichkeit）というウェーバーのプロテスタント的理念や、カント的理念との類似性が存在する。人格の理念は、倫理的な理念と美学的な理念とが、ある人々が望むほど簡単には分離できないことを示唆している。しかし、ウェーバーが考えるには、人格は伝統的なキリスト教に起源をもち、近代という時代において次第に維持が難しくなってきているが、その一方で高貴というジンメルの概念は社会分化に依拠するものであり、伝統的な共同体には決してありえないものだったという(11)。

女性、消費文化、英雄的な生活の批判

日常生活の批判は、新しい現象ではない。グールドナー（Gouldner, 1975: 419）が言っているように、日常生活の批判は古代ギリシアの文献にも現れていた。たとえばエウリピデスは、庶民の側、女性、子供、老人、奴隷の世界の側に立っていた。彼は、英雄的な生活の本質的な特徴である権力、名声、野心、身体的勇気、美徳を拒絶することを要求した。女性、若者、老人、それに民族的ないし宗教的マイノリティのようなアウトサイダー集団の権力のポテンシャルの成長は、西洋的なモダニティの長期過程の一部――それについては、ポストモダニズムと呼んだり、重要な文化的シフトとして性格づけたいと望む者もいる――であったし、それが英雄的な生活への攻撃につながっていた。

近代において英雄的な生活が実行可能かどうかに関する最近の批判において、鍵となる要素はフェミニズムによってもたらされてきた。それは英雄的な生活を、犠牲、差異化、修練、威厳、自己否定、自己抑制、大義への肩入れといった本質的に男性的な美徳を賞揚するものと見なしている。マックス・ウェーバーの英雄的な生活への肩入れに対して広範に批判するなかで、ロスリン・ボロー（Bologh, 1990: 17）は次のように述べている。

もし私がこれらの考えをひとつのイメージに要約しなければならなかったとしたら、強く、禁欲的で、断固として独立していて、自己修練された個人のそれになるだろう。それは何らかの非個人的な大義に仕えるため快楽の誘惑に抵抗し、放棄するために、自らを自己管理でこわばった状態に保ち、自分の体や個人的な熱望や個人的な関係から自らを遠ざける能力を誇りにする者の姿であって、男性的で、苦行僧的なイメージである。何らかの非個人的な大義へ献身するイメージは、自己抑制を合理化し、正当化する一方で、そのような抑制をともなう攻撃、競争、嫉妬、怒りの感情に道筋を与えるものと解釈できる。

男性的で攻撃的な権力への意志というこの男性的な理念に対抗して、ボローは受動性と無力さの受容という女性的なイメージを示している。この力の欠如は、他者によって愛されるために、傷つきやすさと寵愛欲求を認識することによって達成される。男性的な英雄イメージは虚栄の隠蔽を必要とする。実際、承認と栄光は、究極を追求しようとする決心をともなう時にのみ期待されるべきものなのである。このため英雄的な生活を指向する個人は、英雄崇拝や承認や他者の愛とは無関係でいなければならない。女性的な倫理は、他者との愛における相互性に対する、もっと平凡な欲求という基盤の上に機能し、他者との感情的なつながり、同一視、同情を受容する。それは、性愛が日常生活のなかで維持可能であり、同じ関係のなかで愛着から分離、交わりから分化へとあちこちと移動することが可能であることを当然視する。それゆえボロー（Bologh, 1990: 213）は、社交性の倫理を英雄的倫理に対抗させるかたちで唱道している。それはさほど高尚ではなく、他者との戯れや喜びの平等主義的な探求により開かれていて、自己を保持し、高めるよりは、むしろ自己への没頭や喪失に開かれている。

社交性とは、もちろん、以前に論じたように、日常生活を性格づけるひとつの特徴である。社交性を語ることは、直ちにその話題を扱ったゲオルク・ジンメルの著作と彼の影響力のあるエッセイを思い出させる。社交性は――「アソシエーションの遊戯形式」(Simmel, 1971b: 130)――パーソナリティの通常の地位と客観的性質を脇に置いた設定を行うことを意味していて、それは本質的に対等な者の相互作用の一形式であり、いかなる明白な目的も型どおりの内容もなしに、そこでは対話と軽い遊戯性が目的そのものとなっている。さらにジンメルの相互作用(Wechselwirkung)アプローチもその例となるが、見かけは矛盾した認識から非凡な洞察をほぐし出すその能力でもって、近代文化への対応を議論するなかで、彼は高貴(Vornehmheit)や美学的対応や生活を芸術作品に変える超然性の可能性を指摘しただけでなく、遊戯的社交性への没頭を通した対照的な対応も指摘している。さらに、ジンメルが客観的文化のおびただしい拡大と文化形式の圧迫的な重みに直面して発展させた回答とは、生活そのものの肯定であった。形式のない形式である生活は、経験の直接性に没頭し自己を喪失する感覚をもたらす。それはまた、文化的モダニズムでは中心的な関心事であることが保証されており、英雄的な生活とは鋭く対比される反英雄的エートスと平凡なものの英雄扱いを後押しするような、散文調の、ありきたりの、日常的なものの(たとえばシュールレアリスムの)魅力をともなっている(Featherstone, 1991b)。

二十世紀の消費文化は西洋社会で発展したものだが、財の技術的な生産手段とイメージや情報の再生産手段の拡大によって、絶えず前述のような可能性を再演した。消費文化は単一のメッセージを後押しするものではない。英雄的な生活は、この文化においても依然として重要なイメージである。個人間の暴力や国家間の争いが依然として存在する限りは、生命を賭けることや自己犠牲や大義への肩入れが、依然として男性文化のうちで支持される重要なテーマであるために、このイメージは確固たる基盤によって保持されている。ここで、作家トム・ウルフによって『ライト・スタッフ』（Wolfe, 1989）に描かれた、アメリカの宇宙計画の発展に巻き込まれていった非凡な男という英雄的な軍事文化の議論を考える人もいるだろう。消費文化は、スーパーマンやランボー・タイプの神話的な英雄イメージと同時に、『モンティ・パイソンと聖杯《アンド・ホーリーグレイル》』（一九七五年）のような映画では、すべての英雄的伝統の模作《パスティーシュ》やパロディを送り出しており、また映画インディ・ジョーンズ・シリーズに見出せるように、両方のタイプの様々な混合形態も送り出している。

　しかしながら、二十世紀はまた、文化的モダニズムの反律法主義運動によって育てられた強固な反英雄的エートスの発展が見られた時代でもある[12]。その運動はシュールレアリスム、ダダイズム、ポストモダニズムによって拡大されてきた芸術と日常生活の境界の曖昧化に荷担するために、芸術的ないし知的天才の観念や、生活から芸術への隠遁から、遠ざかろうとするものであった[13]。消費文化は、生きられる環境と日常の出会いの基本構造を飽和する広告、心象、広報の発達を通して、日常生活の美学化を拡大してきた。

　英雄的倫理の衰退は、文化の女性化も示唆している。それは家父長制や男性の優越が衰退してきたということではない。むしろそこからはほど遠い。しかし、過去一世紀を通じてますます顕著になってきたのは、両性間の権力バランスが長期にわたって推移してきたことである（Elias, 1987b）。そこでは女性の権力のポテンシャルの上昇が見られたが、そのひとつの徴候は、女性の存在が次第に目立つようになったことであり、また公式には取り上げられてこなかった論点である男性支配、家庭内暴力、児童虐待について、公共圏で問題化できる能力である。

　文化領域における力のバランスの相対的なシフトの現れのひとつは、日常文化に、それもポピュラー・ロマンスやソープ・オペラのような女性の文化実践にも、正当性がより大きく認められるようになってきたことである。これらポピュラー文化や大衆文化の領域と、女性の日常文化の領域全体は、消費の生産やマネージメントの周辺に位置するものであって、生産や社会成層に認められた中心性と比べると以前は周縁的なものと見なされていた領域であるが、社会科学者や人文学の研究者によってより集中的に研究対象とされるようになり、それゆえますます正当性を獲得しつつある。しかし、もしこれにより、英雄的な生活に代えて大衆文化のイメージという代替セットが提供されるとすれば、新たなヒーロー、ヒロインの可能性はどの程度まで示唆されるだろうか。ハリウッドやメディアのスターや有名人は、卓越性についてのジンメルのモデルや、人格（Persönlichkeit）とカリスマについてのウェーバーの観念を、どこまで延長したものだろうか。彼らは英雄的な人生の退行やその色あせたイミテーションとしての地位につける程度の存在だといって片づけてしまわずに、相対的に私心のないやり方で、これらの論点を議論することは可能だろうか。

大衆文化がしばしば女性に結びつけられ、正真正銘の文化が男性と結びつけられてきたことはすでに注目されてきた（Huyssen, 1986: 47）。ニーチェの見方においては、明らかに男性的な性格づけを示す芸術家あるいは哲学者が英雄と見なされているのに対して、大衆や民衆は、女性的なものと見なされている。ヒュイッセン（Huyssen, 1986: 52）が注目するように、十九世紀後半のヨーロッパの雑誌や新聞の調査によって、次のことが示される。

プロレタリアやプチブルジョアは、永続的に女性的な脅威と関連して記述されてきた。ヒステリー的に荒れ狂う群衆のイメージ、渦を巻く氾濫のような反乱や革命のイメージ、沼地のような巨大都市のイメージ、じわじわ滲みて広がる大衆化のイメージ、戦場における尻軽女のような人物のイメージ、これらすべてはメディアの主流をなす著作で幅を利かせている[14]。

ニーチェは、たとえばワグナー崇拝について書いたものに示した、芝居がかったものに向けた彼の敵愾心において、女性性と大衆文化の結びつきの兆しを規定している。『悦ばしき知識』において、彼はまた次のようにも書いている。「芸術、スタイル、真実の問題を、女性の問題から切り離すことはできない」(Sayre, 1989: 145からの引用)。ニーチェと彼の追従者にとって、またウェーバーやジンメルにとって真に英雄的な人物は、彼らが何をするかによってではなく彼らが何であるかによって性格づけられていた。その特質はその人物の内部にあって、このため真のパーソナリティは宿命の問題である。たとえばウェーバーは、仮面装着と名声に結びついたパーソナリティの近代的な観念の発達を卑しんでいた。

しかし、二十世紀に発達した消費文化の内部では、新たなポピュラーヒーローが戦士、政治家、探検家、発明家、科学者であることはまれになってきて、有名人《セレブ》であることが多くなってきた。もっとも、その有名人が、それ以前の英雄達の役を演じる映画スターであることもあるのだが。ローウェンタール(Lowenthal, 1961: 116)が気づかせてくれたように、過去において英雄たちは「生産の偶像」であったが、今や彼らは「消費の偶像」である。有名人に要求される性格づけとは、パーソナリティをもっていること、鮮やかに自己を呈示する演技者の技術をもつこと、魅惑、魅力、神秘を保持することである。これらは、道徳的な一貫性や誠実性や目的の統一性を強調するキャラクターという、より伝統的な美徳に取って代わるものとみなされている。カソン(Kasson, 1990)は十九世紀後半のアメリカのエチケット本にある種のシフトを発見した。そのシフトとは、諸個人の道徳的性格という美徳を賛美していたエチケット本が、詐欺の可能性が常につきまとう複雑な都会の環境において、自己呈示の技術を読み解き、演じることを学ばなければいけない諸個人のためのガイド本として扱われるようになっていったという変化である。一連のドラマチックな効果として、あるいは生来の道徳的に好ましい性格とは真逆の、学習した技術として自己を認識することは、自己の問題化と断片化につながる。

今日の映画やテレビやポピュラー音楽産業のスターは（Dyer, 1979; Frith and Horne, 1987; Gledhill, 1991）、それゆえ英雄的な生活からは遠いところにあるように思われる。しかしこれが話のすべてというべきなのだろうか。こうした判断は、男性が高級文化の追究を通して英雄主義を成し遂げることが可能になるように女性と大衆文化を罰するような、英雄的な生活の特定の定式化へのノスタルジーを示してはいないだろうか。この問いに答えるために、我々は固有の文脈において消費文化のスターや有名人《セレブ》がいかに編成されるのか、より詳細に調べる必要があるだろう。たとえばその例として、一九三〇年代のハリウッドのスタジオ・システムが達成した独占的な地位が、英雄としての芸術家や生の芸術家といったような生活スタイルをサポートできたことが挙げられよう。さらに、現代の主要な「スーパースター」マドンナは、彼女のパフォーマンスがポピュラー音楽よりはむしろ芸術として再評価されるのに応じて、より自己確信的で断固とした、以前とは異なるタイプの女性性を発展させる上で、その手段となってきた。そのようなクロスオーバー（Walker, 1987）が示唆しているのは、芸術の終焉、知識人や前衛の終焉が宣言されてきた一方で、――もし我々がいまだにポストモダン的な「レトロ」あるいは再生文化に生きてはおらず、文化編成、改編、再編の長期プロセスはいまだに維持されうることを、依然として受け入れられるならば――英雄的な生き方の新バリエーションが現れるという興味深い可能性が、二十世紀において新たに発展してきたかもしれないという事実である。

注

この章の以前のバージョンは、一九九一年一月のストックホルムで開かれた日常生活に関するNORDPLAN（北欧都市地域計画研究所）会議と、一九九一年十一月のミルウォーキーで開かれたウィスコンシン大学の二十世紀研究センターで示したものである。参加者すべての有益なコメントに対して謝辞を述べたい。私はまた、ジグムント・バウマン、エリック・コージン、マイク・ヘップワース、ハリー・カリー、ハンス・モマス、ローランド・ロバートソン、ジョン・スタウド、ブライアン・ターナー、キャサリン・ウッドワード、キャス・ヴォウテルスから、校訂のための議論と示唆を受けた。この章の以前のバージョンは、*Theory, Culture, and Society*, 9(1), 1992に掲載されている。

（1）ここで、いかにして芸術、哲学、科学が日常生活から切り離され、それを批判するのに用いられたかについてのヘラー（Heller, 1978）の研究が例として思い起こされる。同時にヘラーは、いかにして科学が皆の普段の生活に滲み込み、いかにして日常生活の人間化と美学化への動きが存在するようになるのかを指摘している。エリアス（Elias, 1978, 1982）の西欧における「文明化の過程」についての探究は、日常実践の性質を変容させるために、専門知識の生産（たとえば、マナー本）と、国家編成プロセスの動きを通して束ねられた多様な人々の集団による、その活用や普及の間の複雑な相互作用を指摘している。

（2）科学の日常的な決まり事《ルーティーン》や、それが「真実」や「結果」の多様な観念を生み出すためにいかに作動するかを議論するためには、クノール＝セティナ（Knorr-Cetina, 1981）とラトゥール（Latour, 1987）を参照。

（3）マフェゾリやド・セルトーによるこうした日常生活の積極的な評価の痕跡は、ボードリヤールの著作にも見出せる。それは特に、マスメディアによる誘導や操作に抵抗する大衆の、皮肉で「鏡のような」能力に対する彼の肯定に認められる（Baudrillard, 1983b を参照）。

（4）このホルクハイマーとアドルノ（Horkheimer and Adorno, 1972）によるホメロスのオデュッセウスにおける啓蒙的理性の発達に関する議論については、栄光の追求においてその生命をリスクにさらしながら、安定して秩序立った日常生活のささやかな喜びのために結局は生き残って家に帰るギリシアの英雄を、参照すること。オデュッセウスはブルジョア的個人のプロトタイプとして示されている。

（5）その生活とペルソナを芸術作品にして、生活を美学化しようと意図的に努めている、それらの個人については、以降で議論するつもりである。

（6）徳《アレテー》が、精神のそれと同様に身体や身体活動の質であるという仮定は、美学、道徳、実践の統一を含意していた。ギリシア人にとって、徳は美学的な次元を内包していた。つまり、卓越性を示す活動や生活は美しいものと想定されていて、その推論の結果として、卑しい、あるいは不名誉な活動や生活は醜いものだった（Kitto, 1951: 170; またギリシア人の文化の観念についての啓発的な議論のためにはBauman, 1973: 10–17を参照せよ）。西洋的な精神―身体の二元論について多くのことが述べられているにもかかわらず、それらが実践的には連合されていて、美しい身体が美しい魂にともなうという感覚もまた、我々の重要な伝統である。たとえばヴィトゲンシュタインは、次のように述べている。「人間の身体は、人間の魂の最良の似姿である」。それは「五〇歳になったら、誰もが自らにふさわしい顔になっている」というオーウェルの言明によって思い出されるような、ダイナミックなライフコースの相をもった統一仮説である（これはMacIntyre, 1981: 176に引用されている）。

（7）第一次世界大戦の衝撃は、技術や伝統的な軍事英雄詩と、様々な芸術的衝動や芸術運動の相互作用をともなうこの文脈において、特に興味深い。加えるに、公衆の英雄的な心象と、不潔、退廃、恐怖としての塹壕戦争における「日常」経験の間には、総体的な緊張が存在していた（Wohl, 1980; Fussell, 1982; Eckstein, 1990）。戦争に対するジンメルの態度の様々な推移については、ワティエ（Watier, 1991）が議論している。

（8）カリスマの感情的な基盤と英雄的な生き方の関係に話を進める余地はここにはない。その議論のためにはワシーレウスキー（Wasielewski, 1985）やリンドホルム（Lindholm, 1990）を参照せよ。いうまでもなく、ウェーバー自身がカリスマ的英雄をどの程度崇拝したかについては（時には、「彼自身にもかかわらず」という修飾句がともなって）多くの論争が存在してきた。このため、リンドホルム（Lindholm, 1990: 27）の「このようにウェーバーは、合理的な思索者のなかで最も洗練され、幻想から醒めていたが、そんな彼自身にもかかわらず、最後の分析においてカリスマ的英雄への捨て鉢な崇拝の祈りに陥っていた」という言明は、まったく議論の余地がないとはいいがたい。

（9）近代という時代における人格（Persönlichkeit）に関するウェーバーの悲観主義と、プロテスタント的なものに取って代わって新たに創発してきた人間類型に関する関心は、決して不適切なものではない。このことは彼の労働者階級に関する議論において明らかである。いくつかの点で彼が主張したのは、宗教の衰退にともなって非エリートは、その共同体との自己同一化を通して、また、多様な強度のつながりをともなう共同集団――その最も重要なのは国家だが――の複数性を通して、自らの意味を発見するだろうということである。このため、エリートが専門の天職あるいは人格を希釈したような観念に適切に従おうと努める一方で、排他性や平等主義をともなう「倫理的名誉」は、大衆にアイデンティティの感覚を与えられるかもしれない（Portis, 1973: 117を参照）。他方で、ウェーバーは労働者階級に関するゴーレの研究結果に興味をそそられていた。その研究が示唆するところによれば、労働者は、残存する封建的紐帯からの自由を切望するなかで、原始的な人格を表すものを見出していた。このことは、ウェーバーが報道機関とハビトゥス編成に対するマスメディアの効果問題の研究を提議する動機づけとなった（Liebersohn, 1988を参照）。

(10) これはもちろん、ニーチェが示した唯一のアイデアではない。近年、ポスト構造主義とポストモダニズムの影響の下で、『悲劇の誕生』において言及されたようなディオニュソス的な自己の喪失と生活への没頭は賛意を得てきている（Stauth and Turner, 1988b を参照）。

(11) ジンメルにとって、シュテファン・ゲオルゲは卓越性を達成する上での近代的な理想を具現化していた。他方、マックス・ウェーバーは、近代社会へカリスマの再導入を試みるゲオルゲの愚かさに関心をもっていた。リーバーソン（Liebersohn, 1988: 151）が言うところによれば、ゲオルゲは二十世紀の文化英雄の最初のひとりであり、後に映画スターや政治家によって経験されることになる、大衆のへつらいを享受していた。

(12) ポストモダン理論が、天才とか独自性のような観念と関わるところはほとんどない。たとえば、ロザリンド・クラウス（Krauss, 1984）は、コピーや反復の権利を誤って抑圧している「独自性の言説」のうちでモダニズムや前衛の作品を論じている。彼女自身が意図しないで独自性の言説を繰り返していることを批判する議論については、グッディング＝ウィリアムズ（Gooding-Williams, 1987）を見よ。シェフ（Scheff, 1990）は、天才の発達について鋭敏な社会学理論を発展させている。天才というアイデアの様々な歴史形式についての議論に関しては、P・ムーア（Moore, 1989）やバタースビー（Battersby, 1989）を見よ。後者は、女性が天才の理念からいかに排除されてきたかについて重要な議論を提供している。

(13)　とはいえこれは、著しく人を引きつけ、広範な支援者たちの模範となるような、英雄的な生の形式によってアンチヒーローが支えられ、そのなかで発展できないという意味ではない。ジャン＝ポール・サルトルの人生は、これの顕著な例である（Brombert, 1960; Bourdieu, 1980）。

(14)　ヒュイッセン（Huyssen, 1986: 59）は、ポストモダニズムによる大衆や民衆、そして日常生活の積極的な評価を、フェミニズムと結びつくものとみなしている。また女性を、公式には排除されてきたジャンル（ソープ・オペラ、ポピュラー・ロマンス、装飾芸術や装飾工芸など）を芸術として認められるようにし、再評価に導いてきた主要な力であるとみなしている。

第5章　ポストモダンなもののグローバリゼーション

西洋近代の内部で発展した啓蒙のビジョンには、次のような想定が潜んでいた。自然的および社会的な世界の諸構造は理性と科学によって発見されうるであろう。この理性と科学は自然を飼い馴らすための技術的に有用な知識を生み出すであろうが、それと並行して、それらはまた社会生活を改善して「良き社会」へとつながるはずの社会向けの技術をも生み出すであろう。科学と技術の発展とともに、産業資本主義と国家管理が拡大し、市民権が発達したが、そのことは近代のプロジェクトが根本的な優越性と普遍的な適用可能性をもつことを確信させてくれる証拠とみなされるだろう。西洋諸国は最初に発展をとげてこの知識を応用したことで、社会発展の過程で十分に先を行く結果となり、自信をもって自分たちのリードを保てると自負していた。というのも、世界の他の地域の人々が追随して近代化の利益を得ようとしたし、必要とあれば教えを請うことまでしたからである。近代のプロジェクトが潜在的手段として様々なタイプの社会集団、集合体、制度、および萌芽的、もしくは原始的な国民国家に活気を与えることになるという観点からすれば、もともとからそのプロジェクトは明白な優越性を有していることが自明視されていた。こうした想定が〔かつて〕意味していたのは、ようするに、世界中の誰もが近代のプロジェクトの優越性と普遍性を認めざるをえないということであった。（西洋的）理性の夢とはそういうものだった。

文化領域では、理性は伝統への徹底的な批判の根拠を提供した。理性と科学に導かれて、啓蒙は世界を秩序づけ、詳しく描写し、分類した。この根本的理念に賛同するということは、それ以前のすべての知識体系を独断的で非合理的だとして拒否することであった。モダニティとは仮借なき脱伝統主義のことであって、集団志向は個人主義に、宗教的信念は世俗化に取って代わられて、慣習や日常の行いの残滓は、進歩的な合理化と「新しいもの」の探求に道を譲るものと考えられた。しかし、科学的、技術的そして経済的な変化の「論理」が展開するに従って文化も必然的に変わっていくとするこの心地よい物語は、簡単には受け入れられない。というのも、芸術的および知的な面でのカウンターカルチャー的な諸運動が発展したことや、以下で論じることになる生活の多くの面（とりわけナショナリズム）で、宗教や聖なるものが相変わらず残っていたり、変形したり、復活したりしたからである。

モダニズムとして知られるようになった文化運動を取り上げてみよう。モダニティの文化が、資本主義企業や国家管理を通じて自然と社会生活を進歩的に秩序づけ、支配し、統一していこうとする知識の体制の発達という面をもつとすれば、モダニズムは無秩序と曖昧性という原理で動いていた（Bradbury and McFarlane, 1976; Berman, 1982）。ボードレールはしばしばモダニズムの創始者であると考えられているが、彼がロマン主義と伝統主義を拒絶したのは、良き生活という科学と技術のユートピア的なヴィジョンを拒否する新しいものを支持したからであり、そうしたヴィジョンの代わりに近代的生活の断片に注目したのである（Benjamin, 1973）。とりわけ近代の都市は、新しい社会類型（たとえば遊歩者《フラヌール》）、新しい場所（ボヘミアンの住みか、アーケード、デパート）そしてイメージ（消費文化の商品と広告）といった、断片化や退屈を示し、そして近代の暗黒面の活力と回復力を示すものを世に送り出した。モダニズムはまたニーチェ主義的な価値の転換を求めて、秩序づけ統一し統合しようとする野望をもつ近代の楽観的な公式文化を転覆させようとした。それは道徳を度外視する逸脱的衝動を求めて、秩序と進歩という既成の象徴のヒエラルヒーを偽ろうとした。それは「他者」に共感を示す。すなわち、ジプシー、ボヘミアン、狂者、同性愛者、原住民、そして社会の秩序と進歩の名の下では近代の諸制度によって治療されたり、再編されたり、除去されたりされなくてはならない他の少数者の地位にある人々への共感である。これらは、近代の文化との批判的対話に関わった対抗文化的なボヘミアン生活やアヴァンギャルドの内部では、さまざまな芸術ジャンルの公式論理を仮借なく探究することと並んで、特に力をもつテーマとなった。

ダニエル・ベル（Bell, 1976, 1980）はこのテーゼを別の方面から探究してきた。モダニズムが逸脱を称賛し、すべての価値が瓦解することによって、モダニズムが消費主義とあいまって現代文化のメインストリームになったと彼は論じている。秩序立った生、生産性、倹約は資本主義的モダニティの基礎となったプロテスタンティズムの倫理の本質的要素とみなされたものであるが、これらにもとづく価値と対比して、ベルは二十世紀には消費と遊びと快楽主義への移行が生じたと主張した。実際、勤労倫理は消費倫理に取って代わられた。モダニズムの偶像破壊的で批判的な衝動は伝統的価値と宗教的道徳と聖なるものを脅かしただけでなく、経済および政治の領域に危険を及ぼすほどに浸透した。ベルにとって、ポストモダニズムとはモダニズムの破壊的諸要素のさらなる高まりのことであって、本能と不規律な生は今や芸術に背を向けて、あるいは芸術に溶け込んで、日常生活の美学化を生じさせた。それを彼は非合理なもののさらなる勝利と表現するのである。

そこで、ある理論家たちにとっては、消費文化とモダニズムの間の協調関係が進展していくなかで文化の領域内に生じた諸発展によって、近代のプロジェクトは危機に瀕し、あるいは疲弊してしまっている。絶えざる進歩とともに秩序ある社会生活が訪れるという確固たる信念は、その限界に達してしまい、逆の事態が始まった。それゆえ、ポストモダンの理論家たちが強調してきたのは、統一に対する断片化、秩序に対する無秩序、普遍主義に対する特殊主義、全体論に対する折衷主義、高級文化《ハイ・カルチャー》に対するポピュラー文化、そしてグローバリズムに対するローカリズムであった。我々が「歴史の終焉」とともにニーチェの「おしまいの人間」への言及を見出すのはこの文脈である（Vattimo, 1988）。ポストモダニズムと消費文化はどちらもしばしば、我々が劇的な諸変化を経験していることの証しだと受け取られている。その諸変化は二重の相対化の結果として、社会組織を変質させている。二重の相対化とは伝統と「新しいものの伝統」（モダニズム）の両方の相対化のことであり、後者によって根本的な価値のあらゆる形態に疑問が投げかけられることになった。これこそ価値の転換であり、道徳的合意とよき社会を築くことができなくなるところまで人類を追い込んだばかりでなく、その結果として、唯一の解決策は「器官なき身体」のリビドーの流れに身を任せて、あらゆる形態の主体的アイデンティティの構築を拒絶することであると考える人々まで現れたのである（Deleuze and Guattari, 1983）。しかし、一般化と思弁的所信をそんなふうに一掃する事態に直面したとき、我々は次のように問う必要がある。これらの変化はどのくらいの範囲にまで及ぶものなのか、また、主張されている危機は芸術家や知識人の危機を超えて普通の人々の日常的文化にまで及んでいるのかどうか、と。要するに我々は、（根本的であれ批判的であれ）価値を担うものが、それぞれのオーディエンスや支持者層と、さらにはこの過程で利用されるさまざまな伝達の手段やメディアと、どのような関係にあるのかについて問いを立てる必要がある。

ポストモダニズムが指摘する社会変動の本性をめぐるこれらの議論を、そうした変動が生じていることの認識から峻別することは困難である。この視座からすると、ポストモダニズムのような新しい用語の登場は、実際に新しい概念を提供しているといえるのだろうか。これまでも見えてはいたが注意が払われていなかった現実の側面に我々の目を向けさせるだけでなく、同時にその現実に形《フォーム》を与えるのに役立つような新しい概念を、それは提供しているのだろうか。ここで、我々はふたつの意味で形を与えるという言い方ができる。第一に、ある学問領域の内部で支配的な既存の概念装置を、再編成したり拒否したりして、新しい概念やモデルやイメージに置き換えることに、我々の目を向けさせるという意味である。そうすることによって現実をより正確に把握したり、それに形を与えたりするのだといわれている。第二は、以下のような事実に注目を集めるという意味である。すなわち、学術的あるいは知的な観察者は自分が調査している社会に参与しており、社会科学や他のタイプの学術的知識はメディアを通じて広範なオーディエンスや支持者層へと急速に循環され、フィードバックされていて、しかもとりわけ高等教育を受けてきた中産階級のセクターでそうなっているという事実である。それゆえ、バンドワゴン効果が生じる可能性がある。つまり、経験を理解するために、流行の新しい概念が渇望され、その新しい概念を利用することによって、既存の経験が再編成され、再解釈されて、新しい感受性が発達するかもしれない。

だから、我々が根本的な価値の探究を吟味しようとする時には、あまり抽象化にとらわれないようにして、意味がある（または意味がない）かもしれない選択肢のうちから個人が苦渋の選択を迫られる何らかの理念的価値領域に、異なった価値命題が複数並存していると想定することが大切である。諸価値が事実上存続するのは、それらが人々の様々な集団によって実際に運用され、活用される場合にかぎられる。個人やその人の信念の危機について語るよりも、むしろ我々には、ある特定の言説や理論やイメージがどのようにして特定の集団によって利用されるのかということを、とりわけ信念や実用的な知識が人々の間で伝達される手段を問うことのほうが、必要である。学者や知識人や芸術家による文化の生産について、また、文化的財が文化仲介者によって様々なオーディエンスや支持者層に向けてパッケージにされて伝達される方法について理解しなければ、文化の専門家たちが発見した危機が、言われているとおり社会や文化の一般的危機だと必然的に想定することはできない。

まさにこの意味において、ポストモダニズムは文化の専門家や知識人、学者、芸術家、評論家および文化媒介者による実践や相互依存や利害関心から切り離されると、うまく理解することができない。というのも、彼らが社会的世界の解釈と説明を提供しようと奮闘しているからである。こう言ったからといって、ある人々の主張するオーバーで疑わしい考えを、彼らが冷笑的な態度で自分の利益のために受け売りしているのだと言おうとしているわけではない。むしろそうではなくて、彼らの二重の役割を認めようというのである。彼らは社会的世界を敏感にとらえる解釈者であり、その社会的世界における変化を看破してそれらを理論化することに職業的に関わっている。それと同時に、彼らはあらゆる種類の権力闘争と相互依存に関わっている。この権力闘争や相互依存は一方では内的な性質をもつとみなされ——それが新しい理論への要求を制限したり増大させたりすることがある——また他方では、より広範なオーディエンスや支持者層たちとの関係を規定するという意味で、それらは外的な性質をもっているともみなされる。ある事情の下では、そのような権力闘争や相互依存が、オーディエンスや支持者層の考えを現実へと転化させることもある。私はポストモダニズムの社会学はこうした両面に敏感であるべきだと論じたいのである。

ポストモダニズムと消費文化

幾人かの論者はポストモダニズムの隆盛を消費文化に結びつけてきた（Bell, 1976; Jameson, 1984b; Featherstone, 1991a）。どちらの用語でも特に強調が置かれているのは文化である。ここにはふたつの転換があったように思われる。消費社会という用語は、消費を生産の単なる反映と考えることから、消費が社会的再生産にとっての中心であると捉えることへの移行を表していた。消費文化という用語は、商品としての文化的財の生産が増大し、突出する様態だけでなく、文化的活動と意味付与的実践の大半が消費を介して変化して、消費が次第に記号とイメージの消費を取りこんでいく様態をも示していた。こうして消費文化という用語は次のような様態を示すことになる。すなわち、消費がただ有用なものを領有すること、すなわち価値の利用ということではなくなり、記号やイメージの消費になってしまって、そういう消費のなかで、商品の文化的あるいは象徴的側面を絶えず再形成していく能力が強調されて、商品記号について語るほうがより適切になっていく様態である。したがって、消費社会の文化は記号やイメージの断片が巨大かつ流動的に複雑な組織化をとげたものだと考えられ、それが長らく維持されてきた象徴的意味と文化的秩序を弱体化させる、終わりなき記号の戯れを生み出すのである（Baudrillard, 1983a, 1993; そして Jameson, 1984a はこの議論を発展させたものである）。

消費文化のこの主要な特性——文化の断片化と過剰生産——は、ポストモダニズムの中心的特徴だとしばしばみなされている。つまり、それは芸術家や知識人や学者によって様々なやり方で表現され理論化されるべき問題として取り上げられたのである。こうして我々はしばしば、時間が絶え間なき現在の連続へと断片化されるとか、歴史意識の喪失または終焉などと語るのである（Vattimo, 1988）。断片化した文化に秩序を与えられないことはまた、記号とイメージを意味のある物語へと編み上げられないことを通じて、日常生活の美学化にもつながると考えられる。あるいは、イメージと記号が絶え間なく流れ、奇怪に並置されることは、たとえばＭＴＶを見ればわかるように、個々ばらばらながら感情をたかぶらせる強烈な経験だとみなされる（Jameson, 1984a）。一九六〇年代に芸術と知的生活のなかで生じたこの文化の断片化と浅薄化を主題化することにより、さらなる移行が見えてくる。その移行とは、不毛な大衆文化から距離をとってそれを道徳的に憤慨したり非難したりする高級文化のスタンスから、ポピュラー文化や大衆文化を美的なものとして奉じたり称揚したりするようになったことである。ポップアートにおけるように、広告の大衆文化的テクニックやメディアがコピーされ、称揚されたことだけでなく、芸術的な独創性や非凡な才能という長く維持されてきた教理が否定されたことも我々にはわかる。さらに、この美学運動は、鍵となる作品やテクストがギャラリーや美術館、高等教育機関《アカデミー》で名作《カノン》に指定され制度化されるという、芸術の創作と再創作に関する高度な近代主義的体制を批判した。今や芸術はいたるところにあるものとみなされ、宣言されることとなった。街の通りにも、大衆文化の残骸のなかにも。芸術は広告のなかにあり、広告は芸術のなかにある。

　ポストモダンというラベルがついた意味付与の様式と経験の多くを、「ポストモダニティ」という新しい時代の産物だとか、戦後の「後期資本主義」経済への移行にともなう文化の変化だと決してみなしてはならない。ポストモダニズムと消費文化の関係をめぐる論点でのことを示唆するものは、いくつもあげることができる。

　ポストモダンの経験を描写する際に、次のように表現することはよくある。たとえば、記号とイメージの方向感覚を失った混乱、文体論上の折衷技法《エクレクティシズム》、記号の戯れ、コードの混同、浅薄さ、模作《パスティーシュ》、シミュレーション、ハイパーリアリティ、直接性、虚構と見知らぬ価値の混交、感情をたかぶらせる強烈な経験、芸術と日常生活の境界の崩壊、言語よりもイメージの強調、距離を置いた意識的鑑賞に対抗するものとしての無意識のプロセスへのふざけ半分の没頭、歴史と伝統についての現実感覚の喪失、主体の脱中心化などである（以下の文献を見よ、Jameson, 1984a; Chambers, 1987; Lash, 1988; Baudrillard, 1983a, 1993; Hebdige, 1988）。最初に注目するべき点は、これらの経験が生じるのは消費文化レジャーの文脈においてであると一般に考えられていることである。もっともよく話題になる場所は、テーマパーク兼観光地（ディズニーランドが典型である）、ショッピングセンター、郊外型のショッピングモール、現代美術館、再開発で高級化した《ジェントリファイド》インナーシティ、そしてウォーターフロントである。テレビについてはよく語られる。その場合の強調点は、断片的で気まぐれな視聴様式にあり、チャンネルを頻繁に変える人やMTV視聴者が典型例である。ここで引き合いに出されるもっとも影響力の強い人物はボードリヤール（Baudrillard, 1983a, 1993）である。彼が示唆しているのは、社会的な出会いが「あたかもそれがすでに起こってしまったかのような」ハイパーリアルな性質を帯びたシミュレーションになるくらい、テレビが社会的なものを終焉させてしまったということである。同時に、テレビは意味の内破につながる過多な情報を流している（ボードリヤールの仕事をさらに発展させようとしてきた人々の例として以下を見よ、Kroker and Cook, 1988; Kaplan, 1987; Mellencamp, 1990）。

　我々はまず初めに次のことに触れておくのがよいだろう。テレビを例外として、これらの経験は、それ自体は新しいとはいえない、特定の活動場所と営みに限定されているように思われる。それらが新しくないというのは消費文化のなかですでに長い歴史があるという意味であって、ショッピングセンター、百貨店および観光スポットが、子供じみた驚きの感覚と、コントロールされた感情の脱コントロール状態を促進するシミュレーション、記号の戯れ、仰天すべき空間を生み出してきたということである。このことへの言及は、ベンヤミン（Benjamin, 1973）やジンメル（Simmel, 1990, 1991）の著作にある、十九世紀の近代都市の描写のうちに見出される。実のところ、この経験は中世のカーニバルや祭りにまで由来をたどることができるとも論じられよう（Featherstone, 1991a: Ch. 5を見よ）。しかし、消費文化の幻想とスペクタクルを生み出すための技術はより洗練されたものとなった。客車に座って窓から風景のキャンバスが展開しているのを見ることができる一九〇〇年のパリ万博でのシベリア鉄道旅行のシミュレーションと、（アニメ工学《アニマトロニクス》、サウンド、フィルム、ホログラム、香りなどによって）細部が洗練されて、経験にすっかりのめりこむ感覚を達成できている最近のディズニー・ワールドのシミュレーターによる「乗物旅行《ライド》」との間には、技術的な能力に非常に大きな違いがある。仮想現実《ヴァーチャル・リアリティ》はこのプロセスの最新段階である（Featherstone, 1995; Featherstone and Burrows, 1995を見よ）。しかし、初期のスペクタクルで参加者の顔に浮かんだ驚きの感覚を考慮すると、いずれのオーディエンスにとっても、〔技術的に進んだ〕今日のほうが不信感をもたないようになっていると想定する必然性がある、と主張するのは難しい。せいぜいありそうなのは、急いでコードを切り替えて、「あたかも（as if）」という態度で参加することができる、つまりその経験に参加した後で、ノスタルジックな喪失感をほとんどもたずに、幻想が達成された技術について検討を加えるように切り替えられる、そういった能力が消費文化のなかで拡大しているぐらいである。もちろん「あたかも」の世界は、テレビの経験とそれが時間と空間を圧縮する方法によって強化される。テレビや映画に取り込まれた経験、人々、場所、感情の調子は、とりわけ強い即時性と直接性の感覚をもたらし、それが現実の脱現実化に役立っているのである。しかし、これらのポストモダン的諸傾向を通じてテレビに完全な社会意味論的喪失が生じると想定するのはあまりに安易である。テレビ番組や広告の意味は、プログラム作成者の意図と一致するようにプログラムされ操作された意味でもなければ、開かれたポストモダンの記号の戯れに完全になってしまっているわけでもない。

同時に、ディズニー・ワールドはそれでもまだ世界ではない。というのも、ふつうポストモダンの諸経験は消費文化とレジャー活動のなかで、注意深く領域を制限された舞台設定において生じるものだからである。人々はこれらの飛び地のような時間から身を引いた時には習慣化した日常生活と仕事の世界へ戻らなくてはならず、そこでは相互依存と権力バランスの隙間のない網の目に絡めとられてしまうのである。この日常世界では、実際的な事柄を重視する傾向が支配的であるために、常識的で当たり前のやり方ではあっても、注意深く、意図がどうであるかを手がかりにしながら、他の人々の様子と自己呈示を読み取ることが必要となる。遊びやパロディというかたちへとコードを切り替えることは可能かもしれないが、現実的な日々の習慣にこだわってやるべきことをやり遂げよという命令が、記号の戯れや感情の脱コントロール状態、そして距離を置いた鑑賞とのめりこみの間の揺れ動きが過度になるのを、未然に防ぐのである。

高級文化と大衆文化の間の区別が崩壊したこと、学術の諸カテゴリーが解体したことは、日常の消費文化における諸カテゴリーが解体したこととほぼ同じである。ボードリヤール、リオタール、デリダ、そしてフーコーの著作にはっきり見られるポスト構造主義、脱構築主義および反基礎づけ主義の様々な配合《ブレンド》は、(そんなふうにラベルを貼られた人々からの抵抗がないわけではないが) しばしばひとくくりにしてポストモダン理論にされてしまった。それぞれ別々のやり方で、彼らは西洋の啓蒙というメタ物語の普遍主義的主張を批判し、ローカルな知識、「他者性」、そして文化の折衷主義とマルチコード化をより高く評価するような議論をした。とりわけこれらの理論家たちは、社会と歴史について単一で一般的な説明を提供しようとする企図に対して、たとえそれらが社会学や経済学やマルクス主義の前提に立つものであっても、辛らつな批判を投げかけた。しかし、学術の領域でポストモダニズムという用語が一般化したことにもっとも中心的に関わってきた人々のなかには、たんに次のようなことをしようとしただけの人々がいるのは、逆説的である。彼らはポストモダンの諸理論の反基礎づけ主義的な批判のポテンシャルを、次元の高い安全なところからそれらを説明することによって、無力化しようとしたのである。

ポストモダン的なものを説明する

フレドリック・ジェイムソン (Jameson, 1984a) はおそらくほかのどんな学者よりもポストモダニズムという用語の一般化に貢献してきたが、彼はポストモダニズムのもっとも痛烈な批判者の一人であり続けている。ジェイムソンにとって、ポストモダニズムは後期資本主義または消費資本主義の文化の論理だとみなされなくてはならない。ここでジェイムソンはマンデル (Mandel, 1975) のマルクス主義的図式に則っていて、ポストモダニズムを第二次大戦後の時代の後期資本主義もしくは多国籍資本主義への移行をともなう新しい文化の編成だとみなしている。この後期もしくは多国籍資本主義は、それ以前の段階である文化のモダニズムをともなう独占資本主義に取って代わってしまったのである。ポストモダンの消費文化についてのジェイムソン (Jameson, 1984b) の記述は、記号とイメージの氾濫、文化の過剰供給を強調する点において、ボードリヤールから多大な影響を受けている。文化の過剰供給は深みのない、幻覚のようなシミュレーションの世界を生み出したが、この世界は現実的なものと想像上のものの差異を消失させてしまった。しかし、ボードリヤールがこのニヒリスティックな論理を商品—記号の中心で極限まで追究することに満足するのに対し、ジェイムソンはそれを説明し批判するためのネオマルクス主義という隠れ家へ退いてしまう。

我々はまた、デヴィッド・ハーヴェイの影響力の強い『ポストモダニティの条件』(Harvey, 1989)に、文化的変化を経済的変化から派生したものとして説明しようとする点で類似の還元主義を見出す。この著作で彼は、フォーディズムから柔軟な蓄積への変化をともなった一連の文化的変化として、ポストモダニズムを提示している。ジェイムソンのように、ハーヴェイは、ポストモダニズムは否定的な文化の発展であると見ている。文化は断片化して、美によって倫理が置き換えられてしまい、彼が美的モダニズムの作品の特徴だとみなしている批判の鋭さや政治的関与が失われてしまうのである。

しかし、ポストモダニズムの含意を真剣に受けとめている人々の観点からすれば、ジェイムソンやハーヴェイのような分析は全体化の論理を信頼してしまっている。この全体化の論理の想定によると、人間の発展の普遍的構造原理が発見されて、文化が今でも経済変化の結果であり反映だということになってしまう(この点からのジェイムソンの批判に関してはFeatherstone, 1991a: Ch. 4を見よ)。彼らはネオマルクス主義のメタ物語とメタ論理を信頼しているが、それらは言説であり実践であるという、それ自体の条件と位置を十分に分析してはいない。ある批評家の意見では、ハーヴェイのメタ理論は「自分自身の言説の位置が歴史的および地理的な諸真理に外在できると想像している主体によって思い描かれた幻想」である(Morris, 1992)。これでは結局、文化と美的形態は、その意味がユーザーたちの交渉によって取り決められるような実践としては理解できなくなってしまう。そのことはまた次のことも示している。経済がそれ自体、表象に依存している実践とみなされるべきであり、文化のなかで、文化を通じても構成されるものとして考える必要があるということも、理解できなくなってしまうのである。それに加えて、ハーヴェイは、(女性、同性愛者《ゲイ》、黒人、エコロジスト、地域自治運動家といった)さまざまな様式の「他者性」やローカリズムにポストモダニズムがよせる注目に対して、調子のいい《リップサーヴィス》ことを言う一方で、多元主義や他者の声の自律性を認めることによって我々は全体を把握する能力を失っているとか、そんな表象や説明モデルがなくなれば我々は世界を変革するために行為する能力を失ってしまうなどと心配しているのである。さまざまな様式の他者性の特殊性や差異に対するこの無関心は、その帰結として、それらの様式をひとくくりにして、場所に縛られた伝統主義であると片付けてしまう。モリス(Morris, 1992)が述べるように、「ポストモダニズムを構成している差異のすべても、ハーヴェイにしてみれば議論のためのまず初めのトピックであって、彼はそれらの差異を『同じもの』と最初に書き直してしまうことによってしか、ポストモダニズムを理解できていない」(1)。

それゆえ、ポストモダニズムの隆盛を説明したいと願う人々の多くが、旧来の大きな説明モデルは今なお問題なく機能しており、ポストモダニズムは資本主義の新しい段階の文化的反映にすぎないのだと示唆するようなやり方で、説明をしてしまうという危険性がある。ジェイムソンとハーヴェイにとっては、資本主義の論理が今なお厳然として裏側で動いているのである(2)。ジェイムソンもハーヴェイも、ポストモダン理論の意味合いを真剣に受け取ろうとはしない。その意味合いとは、そのような高度な一般性をもつモデルは、時間と空間の大いなる拡張に資本主義またはモダニティというラベルを貼るけれども、それ自体は欠陥を抱えてしまうか、またはそれほど価値がないということである。一方で、ポストモダニズムを真剣に受けとめて、それは現代文化全体と同一視できる、あるいはそれは我々が新しい時代に入ったという証しでさえあると想定する傾向がある。しかし他方で、ポストモダニズムの含意を十分真剣には取り扱わず、それを社会的再生産の旧来のメカニズムが手つかずのまま放っておいた単なる表面的な文化現象として片付けてしまう傾向もある。そこには含意として、文化は受動的にそれ自体の領域にとどまり続けるような制限された実在だという想定があるのである。

グローバリゼーションとポストモダン理論

社会理論にとって、分析的かつ総合的な特徴をもった理論を発展させることが不可欠だということは、否定できない。しかし、マルクス主義のような旧来の総合的な大きなモデルへの信頼は失われてきており、現在の風潮としては、一方では中範囲のモデルとよりスケールの小さい一般化を、他方ではポストモダン理論に見られるようなスケールの大きい理論の分析的脱構築が支持を得ている。したがって、なぜ理論における現在のポストモダンの風潮が、知識の基礎づけを発展させようとする、モダニティのなかで長年続いてきた野望を断念するのに賛成する主張をするのかを調べるのは、興味深いことである。それは実際のところ、統一性、一般性、総合性の追究の断念なのである。ポストモダニズムについてひとまずいえるのは、ポストモダニズムは、それが他の理論化の様式によって説明されることよりもはるかに多くの文化の複雑性を発見してきたと想定されることである。こうして、我々は次のようなところに強調点を見出すのである。すなわち、大きな物語が差異やローカルな多様性や他者性をいかに見えなくしてきたか、またそれが統一されたモデルにおいて無視ないし抑圧されていた声の、より複雑な結合をいかに見えなくしていたかを、ポストモダニズムは強調するのである。このことから、脱構築と脱概念化への要求、すなわち細部の真価をもっと認めること、文化的なテクストとイメージのマルチコード的性質の真価をもっと認めることへの要求があるのだと、わかるのではないだろうか(3)。

極端な場合、ポストモダニズムは、一般化したり、統一的なものを構築したりするあらゆる試みを、見当違いや誤りとして拒絶することを求めているように思われる。実物に形を与えようとする試みは構想の誤りだと異議を申し立てるスタンス。これはあるプロセスの一部をなしているように思われるだろう。そのプロセスとは芸術のモダニズムが興って以来明らかになってきたものであり、確立された文化的形式に疑問を投げかけ、形式化されていない生と経験という生《なま》の素材に焦点を当て、形成過程の性質と正当化について問題を提起するというプロセスである。しかし、我々に形式という概念をすっかり捨て去って生の流れのなかにどっぷりとつかる用意がないかぎり、理論化のどんな試みも表象の形式および様式を構築することになってしまう。

問題が生じるのは、日常生活で用いられる形式のレパートリー、つまり常識的な習慣や類型化が動揺し、より流動的になったと想定される時である。そのために、時間―空間の圧縮の新しい様式が確立され、十九世紀後半と二十世紀前半の大都市における日常生活の経験の性質を変えてしまったと、しばしば想定されているのである（Kern, 1983; Frisby, 1985b を見よ）。芸術のモダニズムはこのことを美術、音楽、演劇、文学において表そうとする一連の試みだとみなすことができる（ジェイムズ・ジョイスの『ユリシーズ』はしばしばこの文脈で引用される。Bradbury and McFarlane, 1976を見よ）。同時に、さまざまなカウンターカルチャー的運動も、これにならって形式よりも生を強調した。この強調は、たとえばオットー・グロスとその支持者によって発展させられたような「生の哲学」に見られる（Green, 1976および本書の第3章「パーソナリティ、統一、秩序立った生」の議論を見よ）。グロスたちの生の哲学は、実際に生の直接性と活力に戻ろうとしたのであった。問題は、それがより固定的な古典的形式に対する反動としての生への回帰だという印象を与えたことであった。それゆえに、芸術のモダニズムやそれらのカウンターカルチャー的運動は、生の無定形性といわれているものを表象する、何らかの、より柔軟でつかの間の形式的様式を発見しようとする試みの表れであった。これは概念的な問題であり、我々はそれがゲオルク・ジンメルの作品のなかに表れているのを見出すのである。この問題のためにジンメルは、モダニティとポストモダニティの間の境界を曖昧にすることを望むワインスタイン夫妻（Weinstein and Weinstein, 1991）のような人々によって、モダニティの最初の社会学者だというだけでなく、ポストモダニティの最初の哲学者だともみなされるようになった[4]（Featherstone, 1991b: p.11を見よ）。

さらに、重要なのは、文化的統一という考えを問題含みにしてしまう経験の問題、つまり形式の下に潜んでいる生を再発見するという問題だけではない。日常における実際の文化的諸形式の性質や、大衆文化において、また文化の専門家によってそれらを分節化し、表象し、形成する様式もまた重要なのである。十九世紀や二十世紀初期にヨーロッパで起こったような、国民国家が形成されるプロセスのある段階では、国民文化の創造が第一義であったことは、統合が目的として表明されるような文化の統一的概念の形成につながった。しかし、中心化し統一化する推進力を欠いた、より折衷主義的で多言語的な文化についての反例も見出すことは可能である[5]。たとえばセレス（Serres, 1991）によれば、古代ローマは折衷主義的で、複数性に対して開かれたままであったので、しばしば社会的および文化的統一を創出するために利用される内部対外部という強い区別に抵抗することができた。いくつもの歴史上の例が示唆するところでは、全体を部分のゆるやかな集合体と見て、秩序立った無秩序や複雑な折衷主義を概念化するのは、ポストモダニズムにおいて称揚されてはいるが、決してポストモダニズムだけに限られたことではない。

グローバリゼーションとポストモダンなもの

二十世紀後半に起きている国際的および社会越境的な（trans-societal）プロセスはグローバリゼーションのプロセスを加速させている（Robertson, 1990a, 1992b, さらに本書の以後の諸章を見よ）。この用語が言い表しているのはグローバルな圧縮という意識である。グローバルな圧縮のなかで、世界はますます「一つの場所」とみなされるようになっており、貨幣、物、人々、情報、テクノロジーおよびイメージの流れの量と速さが増していくことによって、国民国家が形勢《フィギュレーション》のさらなる強まりという結果から身を引いたり逃れたりするのはいっそう困難になっている。ポストモダニズムによって強調された概念化の問題の一部は、ひょっとすると、結果として生じたこのグローバルな複雑性の増大を理解しようとする試みと関係があるのかもしれない。グローバルな条件の下では、西洋の我々が、「野蛮」「現地《ネイティブ》」「東洋《オリエンタル》」といった用語に内在する長距離レンズを通して「他者」を見るのはより困難になっている。それらのイメージは空想の投影や幻想だと異議を申し立てられている。それは、「他者」が我々に向かって返答し、彼もしくは彼女の世界についての我々の特定の描写に異議を申し立てようとしているとおりである（Said, 1978）。我々が語ってきたグローバルなフローによって、「他者」は今や我々が置かれた形勢では対話相手となり、その関係の一部をなしている。他者のイメージの複数性に取り組むことによって結果的により高度な複雑性へと移行してしまうこと、また我々自身が自己イメージを同定する装置とレパートリーに修正と変更を加える必要があることは、いろいろと困難を生じさせる。我々自身が当然とみなす知識をすでに共有している他者との交流は、どちらかというと簡単だと思われるだろう。彼らとなら、我々は難なく慣れ親しんだ類型化を行い、習慣化した営みに移行することができるからである。このことは、グローバリゼーションのプロセスが単にコスモポリタニズムの新しい姿を生み出すだけでなく、一連の脱グローバリゼーションの反応、すなわち一連のローカリズム、リージョナリズム、ナショナリズムへの後退をも引き起こす理由のうちのほんのひとつとして、引き合いに出されるかもしれない。

国民国家内に感知される断片化の一部、つまり、我々が消費文化内のポストモダン的風潮と呼んできた文化の断片化したイメージは、それゆえ、より広範なグローバリゼーションの諸過程の結果かもしれない。このことが示唆しているのは、「社会」という概念が、国民国家ととても密接に連関しているとはいえ、もはや社会学の唯一の主題であるとは考えられないということである（本書の最終章「旅、移民、そして社会生活のイメージ」のより精密な議論を見よ）。

ここで妥当な観察がふたつある。最初のものは我々がすでに言及した点に関連する。すなわち、国民国家同士を隔てている壁は、社会越境的およびグローバルな諸過程のいくつかの結果として、浸透性が高まっているとますますみなされるようになっているのである。消費文化の断片化した記号の戯れは、異文化から抜粋されたイメージや財や記号が簡単に持ち込まれるために、いっそう複雑化してしまっている。異文化は、交流が盛んになるにつれて、単に遠いもの、奇異なもの、エキゾチックなものとみなすわけにはいかなくなっている。したがって、もし我々が出会うイメージや経験や営みを理解しようと思うなら、自分自身がより柔軟になり、コードを切り替えて異なる枠組みやモデルに接してみる生産的能力を拡大することに慣れなくてはならない。さらに、トランスナショナルな新しい第三の文化が台頭しており、それらは特定の国民国家の利害とはさほど直接な関連をもたなくなっていて、旧いモデルには容易に組み込まれなくなった社会生活のあるレベルを代表している。

二点目は、社会学の準拠枠としての社会を相対化しなくてはならないという、より一般的な積年の必要性に関連している。社会への着目によって、内的な社会発展として把握される社会変動へ注意を向けることが、戦争、征服、植民地支配といった社会間の、また社会越境的な諸過程を無視することに必然的につながってしまう（Tenbruck, 1994）。しかし国民国家には内的な歴史があっただけではない。国家形成のプロセスは、諸国家が形勢に引き入れられて権力闘争と相互依存に取り込まれる時に発生する。そして、社会生活のこれらの側面が国家社会内での社会諸関係の形成に及ぼす影響は、（たとえばウェーバー、エリアス、ウォーラーステイン、ネルソン、ロバートソンのような）いくつかの特筆すべき例外はあるものの、おおよそのところ社会学からは無視されてきた。諸々の国民国家の歴史的軌跡の多様性もまた、それらが多かれ少なかれ地域的なレベル、ついでグローバルなレベルで力をもつようになった時に、国民国家が発達させたタイプの知識はその地位を守れなくなり、長期にわたって存続できなくなるかもしれない。

モダニティの理論は、成功を収めた西洋の国民国家社会の特殊な経験を強く反映している。グローバリゼーションをモダニティの結果とみなす（Giddens, 1990, 1991）のではなく、モダニティをグローバリゼーションの結果とみなすこと（Robertson, 1992a）も、同じくらいにもっともらしいだろう。西洋はモダニティの発展とリンクした権勢の時期を満喫してきたが、その権勢の時期も今や東アジアの隆盛とともに終わりを迎えつつあるように見える。おおよそ文明内の対話のなかで発達した諸理論は今やグローバルな審問に付されるようになっている。普遍的な理論だと想定されたものが今では支配的地位にある特殊なものの理論にすぎないと、おそらくみなされてしまう。グローバルな権力バランスの変化によって、西洋は「その他の地域」の声に耳を傾けなくてはならなくなってしまっており、他の原理的諸価値や原理主義が台頭してグローバルな舞台で衝突するような相対化状況が生じている。より多くのプレイヤーがこのゲームに関与するようになり、彼らは自分たちの声を聞いてもらうことを要求するだけでなく、自分たちの声が通るのを保証するだけの経済的およびテクノロジー的な権力のリソースを保持している。モダニティへの道筋ということでは最初の工業国としての「イギリスの特殊性」について多くの事柄が書かれてきたし、我々はますますモダニティに参入する入場門の複数性を意識するようになっている（Therborn, 1995）。モダニティの実質的な文化的反応や経験であると我々が同じように考えているものが、西洋の特殊性へと相対化されてしまうことも十分にありうる。他の国民国家やブロックは自分たちの国家形成のプロセスや文明の伝統の特殊性を発見するだろうし、その特殊性によって彼らは経済的、テクノロジー的および行政的な諸制度を異なったやり方でまとめ上げてコード化するだろう。伝統の「脱埋め込み」という概念は、ここでは伝統と宗教の復活、つまり聖なるものの発明と再発明や、世界中で台頭しているさまざまな折衷主義を説明するには、それほど適切でないかもしれない。人文学や社会科学においては、これらの特殊な文化的経験にもとづいた理論やモデルは、西洋の歴史に異議を唱える対抗的歴史（counter-histories）としてますますグローバルな舞台へと引きずり出されている。参加者間のヒエラルヒー的不平等をともなった教育様式の権威にもとづいた独話《モノローグ》であったものが、今や対話《ダイアローグ》へと変わっている。マックス・ウェーバー（Weber, 1948c）の「宗教的現世拒否の段階と方向の理論」という論文は新しい多神教の時代の先駆けとなるものだが、そこに出てくる価値領域の衝突という概念がかなり的を射ているのかもしれない。

　このパースペクティブからすれば、もちろんこのグローバルな権力バランスの変化を（西洋の）モダニティ内部で生じた内在的プロセスだと読み取った者もいたにせよ、ポストモダニズムは西洋の知識人たちがその変化の諸兆候を見抜いてきた様々な方法と関連づけられる。そうだとすれば、モダニティの終焉は西洋のモダニティの終焉と呼ぶほうがよいのではないだろうか。あるいは、もう少しドラマティックでない言い方をすれば、西洋のモダニティの終焉が見えている。すなわち、西洋はすでに「ピークを過ぎて」消耗意識が生じ始めているのである。けれども、東アジアや世界のほかの地域では消耗意識などなく、自分たち自身のナショナルで文明的なモダニティの配合《ブレンド》が追求されている。したがって、〔単数で〕モダニティと言うよりは、〔複数で〕モダニティーズと言うほうが望ましいだろう。

この文脈では、ポストモダニズムの議論という観点から日本を考察することに対してほとんど注意が払われてこなかったと述べておくのは、決して的はずれではない。ここで、とりあえず次のことをはっきりさせておかなくてはならない。すなわち、私が言いたいのは、我々がどのようにして日本を我々の伝統、モダニティ、そしてポストモダニティという連続体に位置づけるかではなく、日本人がどのようにして日本をこれらの〔伝統、モダニティ、ポストモダニティという〕分割の観点から概念化するかである。彼らが自分たち自身の経験を記述したり世界史を説明したりするために用いる概念化のある別の様式を好むかどうかは、我々が取りあげる必要のある問題であり、また、いくつかの肯定的な解答もあったということに我々は気づくべきである。[6] もしこのことが認められるとすれば、単一の一義的な(univocal) 世界史という概念は、これまでは西洋内部で支配的であったが、多義的な (multivocal) 諸々の世界史という認識に道を譲らなくてはならないだろう。

そういうわけで、ポストモダニズムを理解するためには国民国家社会のレベルにとどまっているのでは不十分である。これは単に、国際金融システム、あるいは国民国家が逃れられない世界システムへと組み込まれているということを示唆しているだけではない。このことが明白な事実であるにもかかわらず、国家間、ブロック間、文明間の継続的な政治的闘争が、このプロセスの文化面とともに、しばしば無視されてきたのである。結果として、文化間コミュニケーション、日常生活における他者への対応、他者がもつ我々のイメージを解読して複雑な形勢のなかで適切な自己イメージを構築すること、こういった問題が残る。これらの問題は兆候にすぎず、日常生活でますます浮かび上がるようになったせいで、多様性や文化的無秩序を処理する困難という観点から理論化されているだけである。権力バランスの変化をともなう、より複雑なグローバルな形勢のなかで複雑性を理論化するというこの問題こそが、ポストモダニズムの台頭にとって、また西洋のモダニティの基礎や価値複合といったものの双方の相対化の進行にとって、中心的なのである。

注

これは実質的には、一九九一年十月にシカゴで行われたアメリカ消費者調査学会の会議および一九九一年十一月にオランダのザイストで行われた「諸原理の研究」についてのユネスコの会議で発表した少し古い論文を修正したものである。旧版の論文は次の書籍に掲載された。L. van Vucht Tyssen (ed.) *Modernization and the Search for Fundamentals*, Kluwer, 1995.

(1) フェミニズムを「ローカル」と分類することが危険なのは、普遍主義と特殊主義の問題に取り組むというフェミニスト自身が行っている努力を過小評価することになるからである。「グローバル・フェミニズム」という考えは、この概念上の緊張関係をとらえていて、その問題の複雑さを言い表している(Enloe, 1989を見よ)。

(2) 同様にして、ギデンズ(Giddens, 1990, 1991)もまたポストモダニズムに批判的であるが、彼はポストモダニズムの意義を否定して、我々が新しい時代を迎えていてモダニティを忘れ去ってしまっているという憶測的主張からのみポストモダニズムを扱っている。ギデンズは、モダニティ、ポストモダニティを超えるものを概念化するための時間がなかったために、我々は今なおハイ・モダニティにいるのだと主張する（ギデンズへの批判としてはRobertson, 1992b; Swanson, 1992を見よ）。彼はまたポストモダニズムを、芸術的、知的、学術的な生活において強い影響を及ぼし、文化的生活に起こった広範な変化と共鳴した、そういう運動として考えようとはしない。ポストモダニズムの文化的次元は、文化運動であると同時に、「モダンなもの」と関連した理論化の様式が疲弊してしまったことを示す批判の様式でもあり、それゆえ多くの者にとってはポストモダンなものの主要な側面なのである。

（3）細部への現代の情熱については、Schor, 1987; Liu, 1990を見よ。

（4）脱構築というパースペクティブから見ると、形式に対する生の直接性の優越という問題への答えは芸術のモダニズムに見出される。その答えとは形式を再び主張することである。けれどもここで、それは形而上学的な、あるいはロゴス中心主義的な枠組みの構築において中心を占めるように仕向けられた形式ではなく、文化を書くこと、公式の文化的実践の中で押し付けられる規律ではなく、遊びを選ぶことが第一であることを認めるということである。デリダ（Derrida, 1973: 135）にとって、遊びは「際限なき計算における偶然と必然の統一」を意味する。生とは隠された目的というものを欠いた形式を自由に遊ぶことになる。遊びの形式のなかでは、生の流れは持続し、集まって、自己目的化した形式の遊びとなる。ディーナとマイケル・ワインステイン（Weinstein and Weinstein, 1990）はジンメルとデリダの考えの興味深い総合からこの議論を導いたのだが、彼らにとっては、ポストモダニズムの文化とはこのタイプの脱構築主義の遊び、「脱権威的な遊び」の特権化であり、つまりは我々が（特定の番組を見ているというよりも流れゆくものを受け入れながら）テレビを見ている時に生じる何かである。彼らの議論では、これが（たとえば直前で議論したショッピングモールやテーマパークなどの）現代の消費文化のなかに見出される一般的傾向なのである。

（5）ここで想定されているのは、国民国家や帝国といった実体はそれ自体、それが接触をもつようになった意味ある他者との相互依存と権力バランスの形勢《フィギュレーション》に巻き込まれているということである。形勢の密度とその結果生じる接触の激しさと必然性は、当然ながら歴史的には様々であり、我々が想定してよいのは、（ローマのような）周辺地域を支配する帝国と、近代のヨーロッパに興ったような、二極対立的でマルチプレイヤー的な排除をめぐる競合の確固たる構造化に巻き込まれた国民国家との間には区別があるということである。

(6) 日本とポストモダニズムに関してはミヨシとハルートゥニアン (Miyoshi and Harootunian, 1989b) を見よ。日本文化は、我々が西洋で慣れ親しんでいるのとは異なる文化―社会の連関の中で発展したものと理解するべきだという議論に重要な刺激を与えたのは、バルトの『表徴の帝国』(Barthes, 1982) であった。また、日本はモダニティについてのより壮大な科学的およびテクノロジー的ヴィジョンのいくつかを完遂するという野望を捨て去ったわけではないということも、付け加えておくべきである。ここで、啓蒙の理性の夢のいくつかが再浮上する。その際、「ボーダーレス経済」を――さらにはボーダーレスな文化と社会をも――再三再四生み出そうとするグローバリゼーションの趨勢を前にしてなお一貫性とアイデンティティを維持しようとする国民国家のプロジェクトという文脈のなかで、それらの夢は再装飾されているのである。このように超近代的な基礎的価値のプロジェクトを回復力のあるナショナルな伝統という特殊性に結びつけていることからすれば、いくつかの定義に照らして日本はポストモダンだということになるのかもしれない。けれども、そのことがまさに示しているのは、一貫したモデルを作るために必要となる重要な区別だと思われる差異をコード化するもともとのやり方に疑いを抱きえたということであり、モデルと類型を再定式化するために、振り出しに戻る必要があるということなのかもしれない。

第6章 グローバルな文化、ローカルな文化

コンテクスチュアリズム（contextualism）はこれまで大文字のCで始まっていた。けれども、生活世界は複数としてしか立ち現れない。倫理は道徳の地位を、日常は理論の地位を、特殊なものは一般的なものの地位を奪ってしまった。

（Habermas, 1984b, quoted in Schor 1987: 3）

自分の国がすばらしいと思う人はまだまだ初心者に過ぎない。どの国も自分の国と同じようになった人はかなりの強者《つわもの》である。けれども、世界全体が外国のようである人だけが完璧なのである。

（Eric Auerbach, quoted in McGrane, 1989: 129）

その本を人は読むことができない。

（Edger Allen Poe, 'The Man of the Crowd', 1840）

我々は一つの世界に住んでいる、というのが決まり文句になってしまった。ここで我々が思い浮かべるのはいろいろなイメージである。月面に降り立ったあとに戻ってきたアポロの宇宙飛行士によって

撮影された地球の写真。温室効果や何らかの他の人為的な大災害によるグローバルな大惨事。人類を統一するさまざまな伝統的運動の、または新しい宗教的な運動の普遍教会的世界観。あるいは、この世界的な感傷的気分《センティメント》を商業利用したものもあり、それはコカ・コーラの広告に見られる。その広告では、世界のさまざまな国々から集められた大勢の若者たちが目を輝かせて“We are the world”と歌っているイメージが用いられている。そのようなイメージは、我々が相互に依存し合っているという意識を強める。すなわち、これまで人々は空間的距離のために、人類として認識されるようになったものを構成する、自分たち以外のすべての人々を考慮に入れる必要を感じなかったのだが、情報、知識、貨幣、商品、人々、そしてイメージの流れが強まって、この空間的距離の意識を溶解させてしまったのである。事実として、我々はみんなお互いの領分に足を踏み入れ合っている。ここにグローバリゼーションの過程の逆説的な帰結がある。すなわち、地球という惑星と人類が有限であり限界をもつという意識が同質性を生み出すのではなく、さらなる多様性、ローカルな諸文化の範囲の拡大がなじみ深くなってきているのである。

文化のグローバリゼーション

グローバリゼーションの過程によって差異への感受性が高まっていくということは、決して予定調和的に生じるわけではない。我々がこの特定のレンズ、あるいは型によって世界を見ているのはたまたまであって、歴史的には他の可能性もあったのだと理解されなくてはならない。グローバリゼーションのプロセスに関して近年まで大いに信頼が寄せられていたひとつのパースペクティブは、アメリカ化というものである。この視座の下では、グローバルな文化はアメリカの経済的および政治的支配を通じて形成されており、アメリカがヘゲモニー的な文化を世界のすべての地域に押しつけるのだと受け取られた。このパースペクティブからは、ドナルド・ダック、スーパーマン、ランボーといったハリウッド映画のキャラクターにはっきりと現れているものであれ、ジョン・ウェインのようなスターの生活に具現されたものであれ、貪欲な個人主義や自信満々な信念をともなったアメリカ的な生活様式は、浸食力の強い同質化の力であり、あらゆる特殊なものを保全することへの脅威であるとみなされた(1)。あらゆる特殊なもの、ローカルな文化はついにはアメリカの文化帝国主義の仮借なき近代化の力のもとに屈服することになるという想定は、すべての特殊なものが結びついて、ある象徴のヒエラルヒーをなしていることを含意している。近代化理論がそのモデルを使い始めた時には次のようなことが想定されていた。すなわち、非西洋の各国がついに近代化を達成した時、アメリカ文化を複製または吸収してしまって、究極にはありとあらゆるローカルなものがアメリカ的生活様式のもつ文化的理念、イメージ、物質的製品になってしまうほど、ヒエラルヒーにおける地位を向上させるだろう、という想定である。世界中の広範囲にわたる国々の人々が『ダラス』や『セサミ・ストリート』を見ていたということ、そしてコカ・コーラの缶やリングプルが世界のいたるところで見つかったということ、それらはこのプロセスの証拠だと考えられた。

　諸文化の空間的隔絶は、より根本的な時間的隔絶へと還元できるものと考えられた。空間よりも時間を重視することは、これまでモダニティの諸理論の中心的特徴であった。ヴィーコ、コンドルセ、サン＝シモン、コント、スペンサー、ヘーゲル、マルクス、ウェーバー、デュルケムといった啓蒙期以後の社会理論における大家たちの中心的関心は、発展という観点から社会関係や国家─社会という結合単位《ユニット》を理解しようとすることであった。伝統社会から近代社会への移行は、いくつかの特定の諸プロセスから説明できると考えられた。その諸プロセスとは、産業化、都市化、商品化、合理化、分化、官僚制化、分業の拡大、個人主義の発達、そして国家形成のプロセスである。これらのプロセスが生じた諸条件は、〔今では〕「西洋的」近代と呼ばれることがますます多くなってはいるが、それらは普遍化の力であると一般に想定されていた。実際、西洋史は普遍的な世界史であった。明白さの度合いは様々とはいえ、これらの理論と一体になっていたのは、歴史は内的論理、つまり一定方向への推進力があり、それが進歩として理解されるものなのだという想定である。進歩の理念は歴史の何らかの方向づけを含んでおり、歴史の有限性、すなわちより良き、ないし理想的社会生活または「良き社会」への最終的な解放、あるいは到達ということが示唆されている。

歴史の到達地点というこの想定こそが、ポストモダンの諸理論として知られるようになったものによって、もっとも激しく異議を申し立てられてきた。たとえば、ヴァッティモ（Vattimo, 1988）は、我々は発展という考えを捨て去ることでモダニティに別れを告げているのだと論じている。ポストモダニティは、新しい時代、モダニティの次に来る新しい発展段階ではなく、モダニティの想定に欠陥があるという意識だとみなされなくてはならない。西洋史の近代的説明の鍵となる想定は進歩である。事実、これは救済と贖罪というユダヤ―キリスト教的な考えを世俗化したものであり、それらの考えが、科学とテクノロジーの発展を通じた進歩が人間と人類社会の完成可能性を実現するのだという信仰へと、形を変えているのである。ポストモダニズムは「歴史の終焉」だとみなされなくてはならないが、それは「新しいもの」を追求して現在を克服するという信念の終焉という意味である。(2) 当然ながら、それは歴史という客観的過程の終焉というわけではなく、統一的なプロセスとしての歴史という我々の意識の終焉にすぎない。進歩と世界の完成可能性という考えがこのように世俗化することは、歴史が構築されたものであり、レトリックの工夫を用いることによって物語を脱構築することができるのだという意識の広がりを意味している（このことはSimmel, 1977によって一世紀以上も前に議論されているが、より近年の説明としてはBann, 1984を見よ）。それはまた、歴史の内部には抑圧された物語があり、統一的で特権的な歴史などはなく、ただ様々な複数の歴史があるだけだということをわからせてくれる、そういう歴史の複数性の意識の広がりでもある。[3] 明らかにこのパースペクティブから見れば、国民国家やブロックの個々の歴史をますます結びつけていくグローバルな諸発展と諸過程が存在する。しかし、個々の歴史を単一の、説明力のあるグローバルな歴史的物語へと組み込むことができるという確信は失われてしまった。この意味で、グローバルな歴史を構築しようとする試みは、そのような構築がもとづく価値のパースペクティブが異議申し立てを受け、見せかけの普遍性をもった諸理論がローカルな歴史という地位へと事実上格下げされるにつれて、途方もなく複雑で厄介なものとなった。

もしポストモダニズムに関連する特徴のひとつが共通の歴史的過去の意識を喪失して、長きにわたって確立された象徴のヒエラルヒーを平板化し空間化することであるとすれば（Featherstone, 1991aを見よ）、グローバリゼーションの過程、つまり世界は一つの場所であるという意識の出現は、さまざまなグローバルな秩序のイメージや歴史的物語の交流と衝突の拡大を通して、このパースペクティブに直接的に寄与したのかもしれない。グローバルな権力バランスが西洋から〈非西洋へ〉移行し始めるとともに、十九世紀にはヨーロッパが中心となって、二十世紀にはアメリカが中心となって、世界が単一化していく終わりなき単線的プロセスとして歴史を認識するのは困難になってしまった。二十世紀末葉には非西洋世界の諸民族がその民族自体の歴史をもっているという認識が広がっている。第二次世界大戦後の時代のこのプロセスで特に重要なのは、日本の台頭であった。それは日本の経済的成功によって日本が西洋を近代化でしのぐように思われたという理由だけでなく、日本人が、前近代社会、近代社会、ポストモダン社会という西洋で定式化された系列に日本を位置づけることに異論を唱える世界史の理論を、表明し始めたからでもある（Miyoshi and Harootunian, 1989a を見よ）。歴史は「時間的あるいは年代的であるばかりでなく空間的で関係的でも」あり、（Sakai, 1989: 106）、我々の歴史は他の空間的に離れてはいるが共存している時間的存在との関係のなかで生じたのだという意識が広がってきた。もし諸ネーションが他の諸ネーションからの孤立を維持することができ、あるいは諸ネーションのブロックとして他のネーションブロックの挑戦を無視することができるだけの経済的および政治的な権力をもつことができれば、そのようなネーションが自分たち自身の優越性についての夢想的イメージを保ち続けられる可能性は十分にある。これはいくつかのかたちをとることになるだろう。もっともよく知られているかたちは、すべてのエキゾティックな差異性や他者性に満ちたものとしてのオリエントのイメージであり、そのような差異性や他者性は、一貫したアイデンティティを構築するために西洋によって表象され、投影されてきたのである（Said, 1978）。他方で、最近の分析においては「彼らは我々にそっくり」であり、したがって西洋は全体の文明化の必要から他者を導き、教育する道徳的な権利と義務が与えられているという想定がある。(4) いずれの場合でも、西洋は自分自身を、自分自身のイメージの中で形成された世界を代表する普遍的な価値の擁護者だと理解している。他の諸ネーションが反論して、西洋に自分たちの抵抗に耳を貸して注目するようにさせる権力を獲得した時に、ようやく「オリエント」のような構築物が問題化する（Sakai, 1989: 117）――「オリエント」は西洋が自らのアイデンティティを進歩的だとして構築しようとする時に西洋の外側に取り残されるすべてのものを客体化する構築物であることから、「オリエント」には何となく曖昧な感じの統一性が与えられている。ようやくその時になって、我々は西洋がもっている、オリエントや他の諸文明の「他者」としてのイメージの複雑さや広がりを発見し始めるのである。

世界には複数の歴史があるという意識、かつては西洋近代の普遍主義的プロジェクトから排除されていたが、今やそのプロジェクトの実現可能性に疑いを投げかけるほどに存在を示している多様な文化や特殊なものがあるという意識は、グローバリゼーションの現段階のひとつの特別な成果である。それは次のことを示している。すなわち、諸国家がグローバルな形勢のなかで次第に相互の結びつきを発展させ、その形勢から離脱することがますます困難になっている状況下で、諸国民の間の権力バランスが変化した結果、西洋による他者性や差異性に対する評価が高まったのである。このことは、世界は一つの場所であるという意識、地球全体が一つのローカリティへと圧縮されたという意識、他者というのは我々が不可避的に相互行為を行い、関係を作り、その声に耳を傾けざるをえない隣人であるという意識をともなっている。ここで想定されているのは、諸国民間の接触の密度がそれ自体、グローバルな文化につながっているということである。この場合、グローバルな文化という考えは、国民国家の文化をモデルにした考えとは区別されなければならない。

国民文化はふつう国家形成のプロセスと平行して生じてきたが、この過程で文化の専門家たちは伝統を再発明し、民族のエスニックな中核を再形成し改新してきた。国民国家は、諸国民の競合という厄介な形勢に引き込まれていけばいくほど、一貫した文化的アイデンティティを発展させなくてはならないという強い圧力に直面した。文化の同質化のプロセス、つまり共通文化の創出というプロジェクトは、ローカルな差異を無視する必要、あるいはせいぜいのところ精錬し、総合し、混合する必要から文化を統一していくなかのあるプロセスだと理解しなければならない[5]。社会を作りあげている社会関係と社会制度という車輪に対して文化が潤滑油の働きをするくらい、実にこのプロセスの完成というイメージが社会学の中で支配的になった。ようするに、文化は共通の価値の、問題のない統合的パターンだとみなされたのである。しかし、そのような文化を形成するプロセスは、国民国家内の諸力への反応としてのみ理解されてはならず、国民国家の外部の諸力との関連からも理解されなくてはならない。すなわち、ある特定の国は国民国家間の形勢に埋め込まれているわけだが、その形勢の、移り変わる力の不均衡や相互依存の構造と関連して、ナショナル・アイデンティティと文化的一貫性を発展させるためのポテンシャルが決定されるのである。

　この文化の概念をグローバルなレベルにまで拡張するのは明らかに難しく、グローバルな文化は国民国家の文化を拡大したものとしては決して理解できない。だからといって、このこと（国民国家の文化がグローバルな文化になること）が歴史的可能性として自動的に排除されるわけではない。諸国民間の権力闘争という排斥競争のひとつの結果が、単独の国民に支配的地位をもたらすかもしれないと想像することはできる。その単独の国民は、国家形成のプロセスの延長線上を歩むなかで、グローバルな共通文化の発展を求めていく立場につくかもしれないからである。この文化形成のプロセスは、何らかの外部の脅威に直面すると、はるかに容易になるかもしれない。ここでは、何らかの地球外の、あるいは銀河間の脅威を想像してみるべきかもしれない。さらにありそうなのは、なんらかのエコロジー的惨事によって地球上の生命の生存可能性が脅かされて持続できなくなるという認識に対する反応である。どちらの場合でも、「内集団」として文化を構成し世界に共通のアイデンティティを発展させるというプロセスは、「外集団」の挑戦に応じるという使命の重大化に対する反応である。明らかに（諸国民の連邦、あるいは特定の宗教や貿易会社の勝利といった）理論的にはグローバルな文化の形成へとつながったかもしれない別の可能性が、一定範囲ではありえるのである（Robertson, 1990a, 1991を見よ）。

より緊密になった金融と貿易のつながりによって、また、より効果的で急速なコミュニケーションの手段（マスメディア、輸送、電話、ファックスなど）を生み出すためのテクノロジーのますますの発展によって、さらには戦争によって、様々な国民がより緊密な形勢へと引き込まれてきたが、そのことを通じて交流がいっそう密度を増してきている。実に多様な文化のフローが強さを増してきて、トランスナショナルな接触がより頻繁になっている。たとえば、アパデュライ（Appadurai, 1990）が指摘しているのは、人々（移民、労働者、難民、観光旅行者、亡命者）、テクノロジー（機械、工場施設、電子機器）、金融情報（貨幣、株式）、メディアイメージと情報（テレビ、映画、ラジオ、新聞、雑誌による）、そしてイデオロギーと世界観といったもののフローの増大である。これらの諸変化の原動力を、世界システムへと向かう資本主義経済の仮借なき進歩（Wallerstein, 1974, 1980）、資本主義の非組織的あるいは「ポストフォーディズム的」な新段階（Lash and Urry, 1987）などととらえたがる者もいるが、アパデュライの場合、様々な文化的フローの間には分離がある。実際的なレベルでは、フローの強まりは文化間コミュニケーションの問題に取り組む必要性を生み出している。ある場合には、このことは仲介的機能をもつ「第三の文化」の発展へとつながる。たとえば、異なる国民文化を背景にもつ人々の間の法廷係争のような場合がそうである（Gessner and Schade, 1990）。さらに、もっと新しいカテゴリーの専門家たち（法律家、会計士、経営コンサルタント、金融アドバイザーなど）が現れてきており、彼らは二十四時間の株取引を行うようになった金融市場の規制緩和とグローバリゼーションとともに目立つようになってきた。また、「デザイン・プロフェッショナル」（映画、ビデオ、テレビ、音楽、ファッション、広告および消費文化産業で働く専門家たち［King, 1990a］）の数も増加している。これらすべての専門家たちは数々の国民文化に精通しなくてはならないだけでなく、第三の文化を発展させなくてはならず、場合によってはそれを生きることとも必要である。これらの第三の文化の大半は、その組織体制の起源となる国の文化に近づくだろう。したがって、グローバルな金融会社の多くで発展しつつある文化はアメリカ的な習慣によって支配されてきた。同じ状況が、テレビ、映画、広告といった多くの文化産業にも当てはまる。しかし、これらの第三の文化は単にアメリカ的な価値を反映しているわけではない。それらの文化は相対的な自律性とグローバルな準拠枠組みをもつために、いろいろなローカルな文化の特殊性を考慮して、十分柔軟にこれを促進していけるような組織の文化的習慣と方針決定方法を採用することが必要となっている。こうして、諸国間の文化のフローの強まりに対処するという実践的問題は、国民国家から相対的に独立して動く様々な第三の文化の形成へとつながるのである。

さらにいえば、このことは、文化のフローの増大が必然的によりいっそうの寛容とコスモポリタニズムを生み出すということを、意味しているわけではない。対面的な直接の関係であれ、イメージ、あるいは他者の世界観やイデオロギーの表象を通じてであれ、「他者」をますますよく知ることは、同時に、関わり合いになって巻き込まれているという困惑の意識にもつながる。このことの結果として生じたのは、文化的無秩序から撤退して、エスニシティ、伝統主義、あるいは原理主義といった安全なものへ逃げ込んだり、文化的威信をめぐるグローバルな競合（たとえばオリンピック大会）で国民文化の保全を積極的に主張したりすることである。グローバルな文化について語ることとは、同時に、このような形態の文化的係争を抱え込むことでもある。グローバリゼーションの現段階は、国境の内側においてさらに多文化主義と多民族性《ポリエスニシティ》が広がるなかで、西洋の国民国家がいっそう多様性に対して寛容するようにならざるを得なかった段階である。このことはまた，部分的には，国民国家がグローバルな文化的フロー，とりわけ人々と情報とイメージのフローをうまく誘導して操作することができなかったことの帰結でもあり，そのために宗教的マイノリティ，エスニック・マイノリティ，その他のマイノリティの側で，平等な参加と市民権とさらなる自律への要求が高まっている。国民国家内でそのような問題を語る人々はまた，自分たちが国民国家の外にいる他者に向かって語っているのだということについて，より意識的になっている。グローバルな世論の形成に似たものが起こりうるということは，ソ連邦内のリトアニアやその他の諸国民の独立闘争の拡大，ならびに一九九〇年代初頭のクウェート湾岸の危機と戦争で明らかになった。そのような出来事によって，国家内および国家間における行動の適切な規範を形成し歪曲するプロセスに我々は気づくようになる。その結果，人々は一方では争いながらも，世界的な局面というものがあり，世界が一つの場所になりつつあることを意識するようになる。社会科学，特に社会学の観点からすれば，ロバートソン（Robertson, 1992a）が論じるように，このことによって，グローバルな文化という考えが国民社会的な文化あるいはローカルな文化という考えと同じくらい意義深くなりつつあるということに，我々は気づくはずである。

ローカルな文化

グローバリゼーションのプロセスの影響のひとつは，世界それ自体がローカルなもの，単一の場所であるということを我々に気づかせたことであった。空間的に独立した実体という世界のイメージ（月から撮った地球の写真が提供したイメージ）にかぎらず，地球の脆弱さ（世界が有限であり，取り返しのつかない被害と破壊に無防備であること）という意味においても、そのことは明らかである。デュルケムが論じたように、ますます分化の進む社会において諸々の特殊性がより明白になるなかで、我々は我々全員が共有する唯一のものである人間の人格の神聖さを意識するようになっていて、その意識とともに我々に共通の人間性という意識の発達が期待されるかもしれない。またその一方で、この論拠が生命に、そして我々の生命のふるさとである地球にまで拡張される可能性もある。もちろんこの見解はきわめて狭く異議も多いが、それがまさに指摘しているのは、グローバリティのローカル化であり、我々の世界は無限ではなく限りがあるのだという認識である。

ローカルな文化は、ふつうグローバルなものとは反対の特殊なものとして理解される。それはしばしば、そこで暮らす個々人が日常の対面的な関係性を取り結んでいる比較的小さくて限られた空間の文化のことであると受け取られる。ここで強調されている点は、個々人が実務的に精通している日常の文化がもっている、当たり前で習慣的で反復的な性質である（Bourdieu, 1977）。居住者である人々の集団と物質的環境（空間、建物、自然などの組織化）に関する知識が利用可能なように共有され蓄積されており、そのような利用可能な知識は比較的不変であると想定されている。すなわち、それは時を経て存続しており、人々を過去という場所、過去という共通感覚へとつなぐ儀礼、象徴、式典を含み込んでいるのであろう。この帰属の意識、つまり場所と結びついた経験と文化形式が堆積して共有されていることは、ローカルな文化という概念にとって決定的に重要である。しかし、ローカリティとしての「地球という惑星」の例が示すように、ローカルな文化という概念は相対的な概念である。ある特定の空間の周囲に境界線を引くことは、人がそれを位置づけようとしているものの周囲にある他の重要なローカリティの形勢に依存しているという意味で、相対的な行為なのである。(6)

たとえば、私が中国で何年か過ごした後にそこで他のヨーロッパ人と出会ったら、おそらく次のようなことが予想されるだろう。すなわち、「我々」を現地の人々である「彼ら」から区別する共通のアイデンティティ、もしくはコミュニティという暫定的なイメージを作りあげることのできる集合的記憶を想起するのに十分な共通の文化形式を、我々はヨーロッパ人であるという経験から見つけ出すであろうという予想である。あるいは、同じような同族《メンバーシップ》と帰属《ビロンギング》の意識は、フランスに住んでいる時に他のイギリス人に出会ったり、ロンドンで流浪の日々を過ごしている時に北イングランドの人（ついでながら、私の隣町出身で、普通なら私は強い対抗意識をもったかもしれない人物）に出会ったりすると、想起されるかもしれない。コミュニティの境界のこの象徴的側面（Cohen, 1985）は、居住期間の長さによって自分たちのローカリティを規定している人々が外部の人々に成員資格《メンバーシップ》を与えようとしない村における諸々の関係性について考えてみた場合にも、明らかになる。このように、「我々イメージ」と「彼らイメージ」は、アイデンティティを形成してアウトサイダーを排除しようとするローカルな闘争のなかで生み出されるために、人々の間の相互依存性という濃密な網の目にどうしても絡め取られてしまう。それゆえ、エスタブリッシュメントとアウトサイダー集団とのそうした闘争（Elias and Scotson, 1994）は、他者との接触が増えるほどにありふれたものとなっていく。他者との接触によってアウトサイダー集団がより頻繁にローカルなエスタブリッシュメントの領域へと侵入してくるようになるのである。

アウトサイダーとの直接の接触というこの対面的次元は、ある状況下ではローカルな文化的アイデンティティを強化するであろう。だがそれだけではなく、様々なコミュニケーションのメディアの発達によってローカリティがより広範な地域的ネットワーク、ナショナル・ネットワーク、トランスナショナル・ネットワークへと統合されていくなかで、ローカルな文化的アイデンティティへの脅威も認識されている。ここで、貨幣、人々、商品、情報、イメージの交流のための様々な文化横断的《トランスカルチュラル》メディアが発達していることを指摘することができる。すでに述べたことだが、そのようなメディアは世界の時空間的地理を圧縮する能力をもっている。これが世界の他の地域との接触を提供するわけだが、この接触によって、異なるローカルな諸文化が隣接しているも同然となってしまい、それらを事実上理解できるようにする必要が、より差し迫ったものとなっている。たとえば、ポストフォーディズム的工業生産が柔軟な専門化を進めるのにしたがって企業が空間的に分散しているとすれば、ブラジルやイングランド北東部やマレーシアのローカルな人々は、日本やアメリカの経営戦略を理解しなくてはならなくなり、逆に日本やアメリカも彼らを理解する必要が生じる。また、企業の空間的分散はローカリティをより非人格的な構造へと統合していく。その構造においては、ナショナル・エリートや文化横断的な職業人や専門家によって維持されている市場的ないし行政的合理性の命令が、ローカルな意思決定過程を踏みにじり、ローカリティの運命を決定する能力をもっている。まさにこの意味において、我々が目にしているのは、ローカルな諸文化の境界の浸透性が高まってその維持が困難になっている状況であり、「どこであっても他のどこかと同じ」と宣言する者までいるくらいである。また、しばしば想定されているように、我々が暮らしているローカリティにおいては、情報とイメージのフローがローカリティの集合的記憶と伝統の意識を消し去ってしまっていて、「場所感覚の喪失(no sense of place)」(Meyrowitz, 1985) が生じるほどなのである。

グローバルな圧縮とグローバルなフローの強まりに対する脱グローバル化の反応についてすでに述べたことからすると、グローバリゼーションに対するそのようなナショナリズム的な、エスニックな、原理主義《ファンダメンタリスト》的な反応の発生はまた、ローカルな文化の強い自己主張を含んでいると予測されよう。この動きはローカルな伝統や式典の復活や模倣、あるいは新しい伝統や式典の発明というかたちをとるであろう。これらの戦略についての議論へと進む前に、場所感覚の喪失、あるいは故郷喪失《ホームレスネス》という考えをもっと詳細に考察することが有益であろう。ノスタルジアはふつう物質的な場という意味でのこうした故郷《ホーム》の喪失を言い表すために用いられる（Davis, 1974）。けれども、この「故郷への憧憬《ホームシックネス》」だけでなく、故郷喪失はまた、全体性、道徳的確信、真の社会関係、自発性、表現の豊かさなどの意識を失っているという、より一般的な喪失を表現するのにも使われてきた（Turner, 1987）。この喪失感に突き動かされて、何らかの黄金時代を再創造したり、未来のユートピアを実現するために、ロマン主義的な枠組みや芸術的形態を組織しようとする人々もいる。けれども、故郷意識がどのようにして生み出されるのかについては調べる意味がある。

　故郷意識は集合的記憶によって維持され、集合的記憶それ自体は儀礼の遂行、身体的実践、記念式典に依拠している（Connerton, 1989）。ここで重要なのは、過去についての我々の意識は主として書かれた出典に依拠しているわけではなく、むしろ儀礼を遂行してみせることと儀礼の言語形式を守ることに依拠している点である。これはつまり、婚礼、葬礼、クリスマス、新年といった記念儀礼をとり行い、ローカルな儀礼、地域的儀礼、あるいはナショナルな儀礼（たとえば王室の婚礼や国民の祝日）に参加するか、観衆として関与するということである。これらは人々の間の情緒的紐帯にエネルギーを充塡し、聖なるものの意識を蘇らせるバッテリーだとみなしうる。聖なるものが国民国家を統合する天蓋として作用すると考えられるのはきわめてまれなことであるが、だからといってこのことは、これまで述べてきたグローバリゼーションの諸力の激しさのもとで、聖なるものがすっかり消滅してしまったという意味に受け取られてはならない。より適切な言い方をするなら、聖なるものが散逸してしまったのである。すなわち、聖なるものは幅広い範囲の人間集団の間で、様々なやり方で作用しているのである(7)(Featherstone, 1991a; Ch. 8; Alexander, 1988を見よ)。

聖なるものがローカリティのなかでどのように作用するかについては、友人や隣人や仲間同士の間での具体的実践において行われる無数の些細な儀礼、儀式、式典にその一例が見てとれる。特定のやり方でみんなに酒をおごったり、毎週パブに現れて同じ席に着いたりすることに含まれる些細な儀礼は、諸々の関係性を形成するのに役立ち、そうした関係性が人々の間の社会的紐帯を強固にする。我々がそのような場所をしばらく離れて戻った時にこそ、心を落ち着かせてくれる当たり前の習慣的行動《ルーティーン》が身についているおかげで自分の身体が簡単に反応する故郷の習慣を、我々は探し求めるのである――それは帰ってきた主人のために芸をやりたがる犬に似ている。身体的動作と運動の協調というのは言語化されたり反省の対象になったりはしない。慣れ親しんだ香りや音にせよ、象徴性や情感で満たされたものを触ったり見たりする能力にせよ、そうなのである。建物と環境という物質的構築物や社会生活の具体的実践にそのような情感や象徴性の堆積がないことが明らかだからこそ、たとえばガートルード・スタインがカリフォルニアのオークランドに関して「そこにはそこという感じがない」という所見を述べたのである。もちろんその町の住人にとっては、場所とローカルな文化についての強い意識があったかもしれない。しかし、スタインが述べていたのは認識可能な文化資本のことであった。

「場所感覚の喪失」のようなタイプの議論の危険性のひとつは、そのような議論が、影響が普遍的で歴史的に変化しないと想定されるプロセスに言及しているように思われる点である。たとえば、グローバリゼーションのプロセスにおける諸変化や、故郷喪失やノスタルジアの感覚を強めたり弱めたりする国家間の諸関係によって引き起こされた特定の局面を探し当てることは、可能かもしれない。グローバリゼーションが強まる局面は一八八〇年から一九二〇年の間に起こり、より多くの国々を相互依存と権力均衡という緊密に構造化されたグローバルな形勢へと引き込んだのだが、それはまた強固なナショナリズムと「ノスタルジアへのこだわり」(Robertson, 1990b: 45ff.) をも生み出した。同質的で統合的な共通文化と、ナショナルな理想に忠実な標準的市民とを生み出そうとする国民国家の努力は、ローカルなエスニックな差異やリージョナルな差違を消滅させようとすることにつながった。これはナショナルな象徴と式典の確立と伝統の再発明の段階であった。それらは王室の祝典、フランス革命記念日、オリンピック大会、〔サッカーの〕ワールドカップの決勝戦、ツール・ド・フランスなどにはっきり現れている。急速に近代化し伝統を消滅させつつある社会の内部では、これらの儀式は過去を賞揚しようとする願望を生み出した。すなわち、それらの儀式は模倣と神話的同一化を制度化し、その形式が存続してきたのである (Connerton, 1989)。

そんな儀式や式典が発明されたという事実を、それらが無から発明されたという意味に受け取ってはならない。それらは信憑性のある伝統やエスニック文化を下敷きにしていたのである。それらが、商業化されてより広範なオーディエンスに向かって興行されてきたスペクタクルであったという事実は、本質的に操作されている市民の間に、それらが受動的態度を生み出してきたという意味に受け取る必要はない。そうした儀式や式典が近代社会の大衆文化の一部となった時に、それらは創始者が意図したのとは違ったやり方で特定の諸集団によって、利用されることがしばしばあった。その諸集団は、象徴の意味と聖なるものを事実上結びつけ直したのであった。この点で、見物することは受動的であるとか、儀礼の身体的実演からかけ離れていると理解してはならない。ワールドカップの決勝戦や王室の婚礼といった重大な出来事をテレビで観る人々にとって、観ている場所は実際の出来事のもつ祝祭的雰囲気《オーラ》の一部を拝借しているのかもしれない。人々はドレスアップし、歌い、踊るなどのことをして、家庭や、あるいはバーやホテルのような公共の場所で、一緒になって出来事を観ているのである。

ノスタルジアの第二段階は一九六〇年代以降に生じたグローバリゼーションの局面と関係づけることができる。そしてその局面は、多くの評論家によってポストモダニズムと関連づけられている(Robertson, 1990b; また Heller, 1990を見よ)。この第二段階は、我々が先に論じたグローバル化のプロセスのいくつかに対する反応であるが、現段階ではそれを、リージョンおよびエスニックな差違と多様性を考慮に入れた多元主義的および多文化主義的な路線に沿って国民国家が自分たちの集合的アイデンティティを再構築しなければならない圧力と関連づけてよいだろう(その要求はおおよそのところ西洋ではうまく満たされている)。この現在の局面において、ローカル、リージョナル、そしてサブショナルな文化を再創造したり発明したりするなかで、ノスタルジアへの反応が見られる(ヨーロッパで我々が思いつくのは、ウェールズ人、スコットランド人、ブルターニュ人、バスク人などの文化的自己主張である)。この反応はまた、世界経済のグローバリゼーションやマスメディアと消費文化の拡大によってローカリティが破壊されているという認識に則って位置づけなくてはならないが、一方でそれはローカリティの意識を再構築するためにこれらの手段を用いていると理解することもできる。それゆえ、ポピュリズム・折衷主義、断片化、コードの多重化(multicoding)といった諸性質、象徴のヒエラルヒーの解体、進歩と歴史的「新しさ」の意識の終焉、そして排除された「他者」に対する肯定的態度は、通常はポストモダニズムと関連づけられるが、元をたどることを許されるなら、これらの諸性質の強調は消費文化の発達のなかに見出される(Featherstone, 1991a)。とりわけ、しばしばポストモダンと呼ばれる建築や空間の組織化の発達に表現されているのは、空間の抽象的特徴づけを乗り越える運動であり、それは建築のモダニズムに見出される純粋な形式の強調をともなっている（Cooke, 1990a）。ポストモダニズムとともに、様式と伝統の寄せ集めやいたずらっぽいコラージュが利用され、土地独特《ヴァナキュラー》なもの、具象的形式が再興してきている。ようするに、ローカルな文化への回帰があり、強調点はローカルな文化の複数性に置かれるべきなのである。事実、ローカルな諸文化はヒエラルヒー的な区別なしに互いに並立することができる。一九八〇年代のグローバルな金融ブームに続いて起こったインナーシティ地区や港湾地区の再開発は、多数の新しいショッピングセンター、ショッピングモール、美術館、マリーナ、テーマパークといった建物を生み出した。ローカル化はジェントリフィケーションのプロセスの中にはっきりと見てとれる。新しい中産階級が市街地に戻ってきて、昔の近所づきあいを復活させたり、港湾地区の地中海村であろうと、倉庫街の芸術的なボヘミアンの住み処であろうと、ある種の雰囲気を再現するようにデザインされた特注の模擬環境に暮らしたりしているのである。

このタイプの建築を記述するのに頻繁に使われるひとつの特徴づけは、「遊びにあふれた（playful）」である。確かに、空間《スペース》やファサードの多くは、過去の伝統や未来および子供時代のファンタジーの様子を真似た施設《ロケーション》に踏み込んだ時に、混乱や驚嘆、娯楽の感覚を生み出すようにデザインされてきた。テーマパーク、現代美術館、文化遺産産業全般が、遊びの要素を取り入れて、虚構のかたちで経験される過去へと連れ戻ってくれる故郷を再創造するという、この感覚を生み出している。ディズニー・ワールドはもっともよい例のひとつである。そこではトム・ソーヤーのいかだに乗ったり、スイスファミリー・ロビンソンのツリーハウスに登って入ったりできる。それらの場所では、本物そっくりにできている映画セットの舞台背景やアニメ動画技術、音声、香りは、しばしば大人も不信感をいったん忘れて虚構を追体験したくなるくらいよくできている。もし「故郷へ」旅をして子供時代のファンタジーに戻れるのならば、「ファクション」（事実《ファクト》と虚構《フィクション》の混合物）を通じて、自分自身や他者の子供時代の記憶を追体験したくもなるだろう。例としてあげられるのは、ますます増加している、戸外および室内型の産業博物館や日常生活博物館、たとえばイングランド北西部にあるビーミッシュである（Urry, 1990）。ここでは、まさに動いている炭坑、路面電車、売店、鉄道の再現に導かれて、保存された実物と模造品とが混じり合った過去のローカリティを物質的に再構築したなかへ、人々が実際に入っていくことができる。実際に典型的な部屋のなかに入って、ブリキのバスタブに触れたり、衣服をしぼるために手回し式脱水機を使ったりできるのだから、歳をとった人々にとって、これはかつて暮らしていたローカルな文化について不気味な感覚を覚えるに違いない。そのようなポストモダンの空間は、失われた場所意識を強化する、あるいは人々がそれを取り戻すのに役立つ、記念儀式的装置だとみなしてもよいであろう。同時に、それらの空間は、儀式の遂行、模倣的パフォーマンスの観察、身体的実践への参加を促し、それらの行為が過去の文化の形式の多くの側面を復活させるのである。それらが促すのは「コントロールされた感情の脱コントロール状態」、つまり感情的経験と前もって経験から遮断された集合的記憶とを受け入れ、それらを試してみる態度である。それらの空間によって、大人は再び子供らしくなるように促され、子供は模倣された範囲の大人の経験で遊ぶことを許される[8]。もちろん、誰もが同じやり方でこれらの場を経験するわけではない。ローカリティの再構築、コントロールされた感情の脱コントロール状態、そしてマフェゾリ（Maffesoli, 1995）が言うようなタイプの一時的な美的コミュニティの構築といった実験にもっとも向いているのは、新しい中産階級、とりわけ高等教育を受けたり、文化産業やその類の職業で働いていたりする人々である。したがって、我々はなかなか一概に見ることはできない。つまり、様々な階級の細分化、年齢と地域のグループ化が同じ都市の場で混じり合って一緒になり、同じテレビ番組や象徴財を消費していても、曲解や誤解が生じてしまう。そうした諸集団は、ローカリティへの加入について異なった意識をもち、想像の共同体の構築に関与して異なる作法を身につけている。それらの集団は一定の範囲内で商品や経験を多様に利用していて、もし我々が実際に機能しているローカリティとどの程度まで結束できるか発見しようと思うのであれば、それらの集団の日常の仕事や境界的な実践を注意深く分析することが必要である。

結論的所見

これまでのところ、グローバルな諸文化とローカルな諸文化という考えは相関しているということがはっきりしたはずである。グローバリズムのプロセスに対して一定の範囲で多様な反応を引き合いに出すことができるが、それらはグローバリゼーションのプロセスにおける特定の歴史局面に応じて強まったり弱まったりすることがあるであろう。

第一に、ローカルな文化に没入する態度を指摘することができる。これは、より大きな集団へと取り込まれるのに抵抗したり、文化のフローに対する障壁を設けたりして、長らく存立してきたローカリティにとどまるというかたちをとることもあるであろう。しかしながら、このことを軍事力や経済力なしに達成するのは困難である。より広い地域的な相互依存や対立に取り込まれないようにするなら、それらは不可欠である。こうして、(たとえば日本の場合のように)地理的な理由から孤立が容易である場合でさえ、単独で存在すること、発見されないままでいること、あるいは交流をコントロールし統制することの問題がある。もっとありふれたレベルでは、ある部族《トライブ》集団の観点からすると、このことは結局のところ、カニバル・ツアーでニューギニアに行く旅行客のように、何らかの真正な手つかずの「本物の文化」の最後の残滓を探し求める観光旅行者に抵抗したり、彼らを無視したりするのに用いる最良の戦略とは何かという問いになってしまう。このことは西洋の人々が直面した次のような諸問題と関連づけることができる。彼らはこの脈絡では保護する責任感を発達させており、彼らが真にローカルな文化だとみなすものを、それ自体がシミュレーションとなってしまうような保護地区に入れてしまわずに保守する戦略を考案しようとしているのである。

第二に、そうしたコミュニティはますますグローバルな形勢へと巻き込まれつつあるが、近代化の難民たち、つまりより簡素な生活と「故郷」の意識という本物らしさの感知にロマン主義的に魅せられているエスニック集団の成員たちに、繰り返し対処しなくてはならない。ここで我々が思いあたるのは、受け入れ側《ホスト》の集団によって彼らが軽蔑的に表現されることである。受け入れ側の集団は、これらの人々が恒久の成員資格を得る能力があるかどうかへの疑いを、たとえば「赤リンゴ」(帰郷した北米アメリカ先住民のこと。肌の色は赤いが心は白人だと思われていることから)や「ココナッツ」(外見は褐色だが内面は白人と見られる帰郷したハワイ人)といった表現を用いて言い表しているのである(Friedman, 1990)。そのような集団は自分たち自身の「想像の共同体」を実現しようと探し求めているようにもみなしうるが、ローカルな人々の側に注意を払うと、彼らの間の関係性の重要な次元は制度化されたアウトサイダーとの闘争という観点から理解できることがわかる。

第三に、いくつかの西洋の国民国家は地域的およびローカルな多様性と多文化主義をよりいっそう承認できるようにしていこうとしているが、こうした国民国家の現在の局面においても、エスニシティと地域文化を再発見していくなかに、姿を変えた想像の共同体の変種が見られる。ある脈絡においては、観光旅行者を相手にしたり（イングランド人に会ったスコットランド人のような）ローカルな敵対者に対面したりする場合のように、ローカルな結束の仮面をかぶっておくのは適切かもしれない。このことは様々な程度で真剣さや遊びにあふれていること（playfulness）をともなうであろう。ナショナルな文化の様々な要素間を行ったり来たりするこの能力は、想像の共同体が定期的に儀礼を再上演するかたちをとるかもしれない。ナショナルな文化の諸要素は、日常の公的な場や職場、あるいはローカルな結束にはっきり現れている。このことが明らかに当てはまるのは、アメリカやカナダ、オーストラリア、ニュージーランドといったヨーロッパ人が入植してきた社会である。それらの社会では、入植者集団の側の想像の共同体の維持とならんで、先住民たちの様々なローカルな結束が、多文化主義とローカルな文化への敬意の問題を積極的に議論のテーマにしてきたのである。

第四に、国外移住者のような旅するローカルな人々はふつう、自分たちのローカルな文化を携えている（Hannerz, 1990）。このことはまた、異文化と出会うことによる期待が、太陽や海や砂、さらには「スペイン万歳《ヴィヴァ・エスパーニャ》」的なステレオタイプのレベルでしかない多くの観光旅行者（とりわけ労働者階級の観光旅行者）にも当てはまる。事実上、彼らが求めているのは「なにかがプラスされた故郷」であり、彼らは自分たちのローカルな文化の安心できる面を携えながら、異文化間の出会いの危険を保護的に限定してしまうのである（Bauman, 1990）。

第五に、ローカルな結束が限定されていて、その地理的な移動や職業文化のせいでコスモポリタン的志向を示す人々がいる。ここには、「第三の文化」で働き暮らす人々がいて、様々なローカルな文化間の移動を楽しむことで、実務上あるいは仕事上の知り合いを増やし、世界中から集まった人々との意思疎通を可能にしてくれる、橋渡し的な第三の文化を発展させている。

第六に、コスモポリタンな知識人や文化仲介者、とりわけ第二次世界大戦後の世代の人々が登場している。彼らはモダニティから発し何らかの理念に向かう進歩を通じてローカルな文化を判定しようとはせず、新しい中産階級のなかの高等教育を受けた人々からなる、増加傾向にあるオーディエンスや、消費文化のなかのさらに広範なオーディエンスに向かって、ローカルな文化を翻訳することに甘んじている。彼らは異文化のエキゾティックな風物、「驚異の場所」、異なった伝統を、経験を求めているオーディエンスに対してパッケージングしたり、再提示したりするのに長けている。彼らは第三の文化のなかで働き、暮らすことができるし、またおそらくは、ローカルな異文化を内側から提示して、「それをネイティブの見方から語る」こともできよう。この集団はポストノスタルジックなものとみなすことができ、文化的な遊びを試したがっている、中産階級の増加傾向にあるオーディエンスと関連づけることができる。彼らは究極の本物らしさや本当のものを追求するのを控えて、「ポスト観光旅行者」になることで満足し、本当のものの効果の再生産と、つまり制御された、あるいは遊びにあふれたやり方でそれに没入することと、それが利用している舞台裏領域の吟味との両方を楽しんでいる (Fiefer, 1985)。

強調しておくべきなのは、様々な形態のローカルおよびグローバルな諸文化と結束できる範囲に関するこのリストが、網羅的なものと理解されてはならないということである。ポストモダンの諸理論にしばしば関連づけられる傾向のひとつは、我々の現在の発展段階、あるいは特定の組み合わせの理論的難問を、どういうわけか最終的で恒久的なものだと想定されることである。ローカルな文化や「他者」の魅力は、そしてそれらが他者性のさらに複雑な定式化を発見しようとする仮借なき探索のなかで瓦解する傾向は、長続きしないかもしれない。こうした認識はポストモダニズムと関連したポピュリズム的で平等主義的な諸傾向によって動機づけられているのかもしれないが、特殊なものや些細なものを発見しようとする探求の増加、脱構築や脱概念化への衝動は、それ自体次のような局面を表しているのかもしれない。すなわち、権力バランスが部分的に西洋諸国から離れていってしまうという変化が、現在もしくは未来において何らかの最終的な平準化の兆候として表象されるかもしれないという局面である。こうして、より広く複雑な範囲に及ぶローカリティや他者性の様式のもつ異なる声の発見は、権力をもつエスタブリッシュメントが諸々のアウトサイダー集団を承認し、認知せざるを得なくなる過程の特定の局面で生じるのであろう。このことは必ずしも劇的な平準化が起こったことを意味するわけではない。それが指摘しているのはむしろ、この変化の意味を考慮するように概念装置を再構想する闘争である。これはすなわち、文化の複雑性を概念的によりうまく扱う困難さを指摘するために、些細さ、個別性、他者性といったアイデアが利用されるような再構想なのである。これらの闘争は、しばしば西洋の文化的エスタブリッシュメントの内部にいるアウトサイダー集団によって推進されるのであるが、それ自体は、他者性という包括的概念のもとでそれが表象しようとする人々にとっては、限定的で恩着せがましいものとみなされているかもしれない。他の人々のなかにはグローバルなコミュニケーション手段へのアクセスが与えられない、あるいは与えられるとしても非常に限られたアクセスでしかない人々もいるが、彼らにとっては、自分自身の用語で自分たちの見方を考慮するよう支配的な文化的中心にいる人々に強いることは、ほとんど不可能であろう。こうした状況での、西洋において彼らの保護者を自任する人々への特徴的な反応は「私を他人扱いしないでくれ」といったものなのかもしれない。

このことはおそらく、我々の現在のいわゆるポストモダン的状況は、状況としてではなく、プロセスとしてこそもっともよく理解されるということを示唆している。将来的には、現今の心配の種となりそうな第三世界の他者に大きな利益を与えることなく、グローバルな権力バランスは西洋ブロックから離れていくことになりそうである。確かに、もし日本や他の東アジアの国々の権力のポテンシャルが拡大し続けるとすれば、これらの第三世界の国々は、新しい諸問題や防衛戦略を呼び起こすような、グローバル化し普遍化するイメージのさらなる源泉に直面することになるだろう。いうまでもなく、そうした傾向はおそらくまた、西洋において自信に満ちた自己イメージを再概念化する上でさらなる諸問題を引き起こすであろう。しかも、もし過去の世界史が未来への何らかの導きになるとすれば、多様性に寛容な情け深い世界国家が生じるというのが、現在のプロセスから起こりうる結果のひとつではあるが、他の選択肢も存在する。国民国家とブロック間の競争の激化は除外できない。これは貿易戦争や様々な形態の戦争状態を含めた排除合戦というかたちをとることになるかもしれない。そうした条件下では、ナショナリズムや共通文化の結集というかたちで、より微妙な違いをもつ他者性をほとんど許さないような、ステレオタイプ的に強く規定された「我々イメージ」や「彼らイメージ」をともなった一連の防衛的反応が予想されるであろう。次のことははっきりとしている。現在のグローバルな状況はすでにこれらやその他の可能性を組み込んでおり、我々はいかにやむにやまれぬものだと思われても、グローバルな文化やローカルな文化についての我々自身の特殊な概念にいつまでもこだわり続けないように、注意しなくてはならない。

注

本章の最初の稿は一九九一年一月にユトレヒトで行われたオランダ・レジャー学会の会合で発表された。出席してコメントをくださった方々に感謝したい。また、この論文の最初の稿を修正する上で有益な意見をくださったハンス・モマースとドナルド・レバインにも感謝したい。加筆修正した版は以下に収録されている。J. Bird and G.

Robertson (eds.) *Mapping the Future*, Routledge, 1993.

（1） ドルフマンとマトゥラール（Dorfman and Mattelart, 1975）の著作、とりわけ彼らの『ドナルド・ダックを読む』（一九八五年）、およびシラー（Schiller, 1985）を見よ（文化帝国主義理論についての批判的議論のためには Smith, 1990, Tomlinson, 1991を見よ）。アメリカ化という考えは文化帝国主義批判の文献では顕著になっているが、それはまた近代化理論でも暗に想定されていたことが認められる。一九六〇年代以来影響が強まった近代化理論においてアメリカ化が明示されることはまれであったとはいえ、かなり多くのアメリカ市民が明らかに近代化は文化のアメリカ化を含むと想定している以上、それは重要ではない。

（2）「歴史の終焉」という用語は、最初一八六一年にクールノーによって、市民社会の完成とともに歴史の原動力が終わることを表すために用いられた（Kamper, 1990を見よ）。アルノルト・ゲーレンはそれを一九五二年に採用し、より近年になってそれはハイデガーやヴァッティモによって取り上げられた。

（3） すぐあとで見るように、このための起動力は、内向きの自信喪失によって西洋から生まれるばかりではなく、とりわけ、西洋ヴァージョンの歴史の受け入れを拒否する「他者」との出会いを通して生じるのである。したがって、グローバルな文化の構築の一例は、世界史を構築する試みである。様々な国々から歴史家を集めて世界史を構築しようとするユネスコのプロジェクトに参加することにともなう困難と、その結果として生じる対立や権力闘争についての議論については、バーク（Burke, 1989）を見よ。

（4） いうまでもなく、これは「我々は彼らにそっくりである」という想定とはたいへん異なっている。この場合は、彼らが最終的には教育された結果我々に似てくる従属者であるという想定はない。むしろ「我々は彼らにそっくりである」と想定する場合、我々は彼らから学びうるものがあり、自分を彼らと同じだとすすんで考えようとすることが想定されているのである。

（5） 文化の同質化のプロセスとは国民国家が自らを思い描くイメージであり、儀礼や儀式のような様々な形態を取るであろう。このことを強調しておくのは重要である。決定的な意味をもつのは、差異、つまり地域的、エスニックおよびローカルな結束の痕跡を実際に消し去ることではなく、そうする権利が国家にあると認識されることである。

そうした結びつきは時代に逆行し、逸脱的であって、教育と文明化のプロセスによって中和しなくてはならないのである。

(6) エチオピア文化では、「故郷」(*agar*)という概念が、ローカルな集落からナショナルな国家にいたるまでどんなものでも意味しうる空間的柔軟さをもっている。このことについての興味深い議論については、レバイン(Levine, 1965)を見よ。

(7) 聖なるものについての集合意識と社会に包摂された意識は、近代社会になってからも生じるのではないかというのは、デュルケムが没頭したテーマであった。しかし、彼や彼の「継承者」であるマルセル・モースは、彼らの社会という概念がナチスのニュルンベルク決起集会で実現されようとはまったく思いもしなかっただろう。モースがコメントしたように、「我々は、善のためよりむしろ悪のためにこのことが検証されてしまうと予想するべきであった」(Moscovici, 1990: 5からの引用)。

(8) 付け加えておくべきことがある。一部の若者にとって、大都市の比較的新しい都市空間(パリのレ・アール地区など)は、これまでしばしば否定されてきたような類の結束を実験してみる機会を提供している。こうしてマフェゾリ(Maffesoli, 1995)はポストモダンの「情緒的部族《トライブ》(affective tribes)」の出現について語ったのである。若者はつかの間この集団で一緒に集まり、感情移入(Einfühlung)、つまり情緒の一体感と激しさという一時的な意識を自然発生させるのである。こうした仲間は特定の場所にこだわることもなく、ふつうは部族と関連する成員資格という排他性ももたない。その代わり、彼らは、我々が語ってきた聖なるものの散逸の見地から見て、集合的な情緒経験を生み出す能力が実際にあることを示している。同じことは現代のロックコンサートについてもいえるであろう。それは強い情緒的一体感や、自然、第三世界などに対する倫理的配慮を生み出すことができるのである。おそらくこうしたことが示唆しているのは、次のことである。ギデンズ(Giddens, 1990)は「存在論的安心」に対する危険性を彼の言うところの「ハイ・モダニティ」という現代的局面と関連づけたが、それは過大視されていたのかもしれない。

第7章　ローカリズム、グローバリズム、文化的アイデンティティ

一つの国に住むのは幽閉されること。

(John Donne, 'Change', 1593-8)

どんな第一世界にも第三世界があり、その逆もまた真である。

(Trinh T. Minh-ha, 1989)

自分が何者であるかを知ることとは、自分がどこにいるのかを知ることを意味する。

(James Clifford, 1989)

グローバリゼーションの理論を定式化しようと試みる際の問題のひとつは、世界の一体化、同質化をさらに推し進めているグローバルな統合という、ある種の支配的なプロセスが進行中であると全体化の論理を採用することによって想定することに関するものである。この視座からすると、新しいコミュニケーション・テクノロジーが普遍化するプロセス、すなわち情報や金融や商品やフローの力を通じてグローバルな時空間の圧縮が強まることによって、ローカルな諸文化がいやおうなく屈してしまうことになる。我々の経験や適応の手段は必然的に、我々が暮らし働いている物理的な位置から離脱してしまうようになる。我々の居住と仕事の場所の運命は、世界の他の地域にいる未知の代理人《エージェンシーズ》たちの手のうち

にあるとみなされる。ローカリズムと場所意識は「場所でない空間」の匿名性に屈する。それはつまり、我々が故郷にいるという十分な意識を感じることができないシミュレートされた環境である。

また、次のようなことも認識されている。すなわち、「グローバリゼーションのプロセスは基本的に拡大したモダニティである」というような単子眼的な説明は、グローバリゼーションのプロセスの成功を近代化の拡大と同一視しているが、それは非西洋の諸々の国民国家や文明がもつ文化的多様性だけでなく、西洋近代の文化複合がもつ特殊性をも見落としてしまう認識である。他の非西洋諸文化はただモダニティの論理に屈するしかないと想定したり、それらの諸文化がナショナルな特殊性を形成することを単に西洋近代への反応にすぎないとみなしたりするのでは十分ではない。

むしろ、グローバリゼーションのプロセスは次のような認識の幕開けだとみなすべきである。それは、今や世界は接触の増大が避けがたくなった単一の場所なので、我々は必然的に様々な国民国家、ブロック、文明の間でより多くの対話をもつことになるという意識である。この対話的空間では、共に働いたり、合意を得たりするだけでなく、数多くの見解の相違、視座の衝突、対立が生じることが予想される。参加している国民国家や他の組織《エージェント》が、対話のための対等なパートナーとみなされるべきだという話をしているのではない。それらは相互依存や権力バランスの網の増殖のなかで結びついている。このことの意味を考えると、それらの複雑さや変化への敏感さ、また将来生じる変化について情報を伝達する能力が必要とされる理由からも、永続的で単純化されすぎた他者のイメージをもち続けることはより困難になる。文化の複雑性のレベルが高まっているのを処理するのは困難である上に、それらが生み出す疑問や不安があるために、「ローカリズム」、すなわち、境界をもつローカリティにとどまりたい、「故郷」などの考えに戻りたいという願望が重要なテーマとなっている。思い切って、これは以下のこととは関係ないということもできるだろう。すなわち、その故郷が現実であるか想像上のものか、一時的で折衷主義的なものか、みせかけのものか、あるいは、たとえば部族民のような他者の故郷が備えていると考えられる帰属、結束、コミュニティの感覚をともなった魅力を示しているかどうかは、どうでもよいのである。実にはっきりしていると思われるのは、グローバルなものやローカルなものを空間や時間で分け隔てられた対立項だとみなしても仕方がないということである。グローバリゼーションのプロセスとローカリゼーションのプロセスは、現在の局面では、解きほぐせないほど結びついているのではないだろうか。

ローカリズムと象徴的コミュニティ

社会学の伝統において、ローカルという語やその派生語であるローカリティやローカリズムは、一般的に、強い親族関係と長きにわたる居住にもとづいた一連の緊密な社会関係をともなう、ある特定の境界をもつ空間という考えと関連していた[1]。ふつう想定されているのは、安定した、同質的かつ統合的な文化的アイデンティティであり、それは持続性と独自性があるとされる。この意味では、ローカリティの成員は、それ自体の独自の文化――日々の相互行為の場面を物理的な空間からひとつの「場所」に変えるもの――によって弁別されるコミュニティを形成していると想定されることが多かった。都市社会学やコミュニティ研究の内部で発展したローカリティに関する調査の多くの部分は、ふたつの主要な想定の影響を受けていた。

第一は十九世紀的な社会変動のモデルに由来する想定で、そこでは過去はより純朴で、より直接的で、強く結びついた社会関係を含むものだとみなされた。我々はそのことを、身分と契約（メーン）、機械的連帯と組織的連帯（デュルケム）、ゲマインシャフトとゲゼルシャフト（テンニース）といった二項対立のなかに見出すのである。それぞれ後者の語は、テンニースの影響力の大きい『ゲマインシャフトとゲゼルシャフト』（Tönnies, 1955）に描き出された理念型から導き出されたものであり、それらが用いられたのは、一次的関係性と強い情緒的紐帯にもとづいた小規模で比較的単独存立した、統合されたコミュニティと、近代の大都市《メトロポリス》のより匿名的で道具的な二次的アソシエーションとの間の歴史的で空間的な連続体を強調するためであった。テンニースや他のドイツの理論家たちの仕事は、近代化の仮借なき進展と対比して、「我々が失ってしまった世界」という過度にロマンティックでノスタルジックな描写を是認するのに役立ってきた。

第二の想定は人類学に由来するもので、比較的孤立した小規模な町や村の特殊性について民族誌的に豊かに記述する必要性を強調していた。たとえば、アイルランド西部（Arensberg, 1968; Arensberg and Kimball, 1940）や北ウェールズ（Frankenberg, 1966）の小規模な農村コミュニティの研究がある。しかし、他のコミュニティ研究においても同様だが、調査者たちはすぐにローカリティの境界を正確に把握するという問題にとらわれるようになった。イギリスやアメリカでもっとも孤立したコミュニティでも国民社会にしっかりと組み込まれているということが、まもなく明らかになった。ともすれば調査者がローカルな伝統の豊かな特殊性に焦点を当ててしまう空間的な孤立の幻想は、一九五〇年代のアメリカの研究のひとつ（Viddich and Bensman, 1958）のタイトルをパラフレーズしていえば、すぐに「小さな町は大衆社会の中にあった」ということを受け入れざるをえなくなる。この研究や、ミドルタウン（Lynd and Lynd, 1929, 1937）やヤンキーシティ（Warner and Lunt, 1941）の研究といった初期の影響力の大きい研究において意図されたのは、ローカルなコミュニティが産業化、都市化、官僚制化によっていかに変容してしまったかを調べることであった。このような近代化のプロセスは、モーリス・スタイン（Stein, 1960）がこのジャンルについて議論した本の題名を使えば、「コミュニティの衰退」という、喧伝されて広く流布した認識によってとらえられた。

イギリスでも数々のローカリティの研究が行われた。そのうちのいくつかは労働者階級の特殊性を豊かに記述した。『石炭こそわれらが生』（Dennis, *et al.*, 1956）、『労働者階級コミュニティ』（Jackson, 1968）、『階級、文化、コミュニティ』（Williamson, 1982）などの研究を見ると、他と区別される労働者階級の生活様式があることが強く意識される。その生活様式には職業の同質性と、差別性の強い性別役割がある。性別役割については、男性集団の団結と、仕事と余暇（飲酒、ギャンブル、スポーツ）のどちらにおいても顕著な忠誠心という「仲間《メイトシップ》」としての掟がある——女性は主に隔離された家庭領域に閉じ込められていた。この文化の古典的な説明として労働者階級の充実した日常生活をとらえたものは、リチャード・ホガートが『読み書き能力の効用』（Hoggart, 1957）で行った、リーズでの自分の子供時代の説明であった。ホガート（Hoggart, 1957：特に第五章「充実した豊かな生活」）が引証しているのは、労働者階級の生活における地口、歌、感傷主義、惜しみない耽溺といったものである（日曜の午後は肉料理つきの大きなお茶会、土曜の夜はパブで「大騒ぎのダンス《ニーズアップ》」や歌、貯めておいたお金をすべて使い果たさなくてはならない大型遊覧《シャラバン》バスでの海岸への行楽、腹を抱えて笑う昔からあるユーモアと下品さ、大口をたたく性格と一般的な気持ちの温かさや集団による援助、一家の歴史やローカルな制度についてのうわさ話や知識）。

すでに指摘したことであるが、このような労働者階級の生活のイメージを決定的なものだと、つまり現実の労働者階級のコミュニティだと受け取ってしまい、その時空間における特定の位置——

一九三〇年代の北部の労働者階級の町――を見過ごしてしまうという危険性がある（Critcher, 1979）。同じ一九三〇年代は、労働者階級の映画スターであるグレイシー・フィールズやジョージ・フォームビーをも生み出した。この二人は、労働者階級のもっているいたずら心や、尊大さの物真似をして小ばかにする能力を凝縮した演技をしていた。彼らはコミュニティ意識や場所への忠誠の意識を強くもっていた。そして、方言のアクセントが残っていたために、自分たちのルーツを失うまいとする気持ちが表れていたし、見た目でわかる「自然っぽさ」が強く出ていた。そのことによって、彼らは心の中ではいつまでもランカシャー出身の男女であるように思われたのである。我々がここで考えているグレイシー・フィールズは、『ルッキング・オン・ザ・ブライト・サイド』（一九三二年）、『シング・アズ・ウィ・ゴー』（一九三四年）、『キープ・スマイリング』（一九三八年）、『ザ・ショー・ゴーズ・オン』（一九三七年）などの映画における彼女である（Richards, 1984: ch.10を見よ）。同じように、ジョージ・フォームビーはおさえきれないほどの朗らかさを保っていた。彼は「生意気なやつ（cheeky chappie）」、つまりいつまでもバカをやりつづける小男だったが、『オフ・ザ・ドール』（一九三五年）、『キープ・フィット』（一九三八年）、『ノー・リミット』（一九三五年）などの映画では、上流階級の「紳士たち（toffs）」の裏をかく地域密着の知識《ローカル・ノレッジ》をもっていた（Richards, 1984: ch.11を見よ）。フィールズとフォームビー出演のどちらの映画もイギリスをまさに階級社会として描いており、どちらも中流・上流階級の上品さや、ＢＢＣが類型化する品行方正さ、かしこまった態度、控えめさを茶化す才があることで名声を得たのであった。

映画が重要であったのは、それらが社会を底辺から（from the bottom up）描こうとし、労働者階級のローカリズムに自尊心をもたせることができたからである。映画は中流・上流階級によって提供された労働者の生活の説明とは対照的なものを描き出した。社会の上層にいる人々の一部にとっては、労働者階級はエキゾティックな部族と同種の存在であった。たとえば、フランシス・ドナルドソンが述べていることによると、上流・中流階級は労働者階級を疑似異邦人とみなしており、上流・中流階級が労働者階級の状態を改善しようと労働者階級の間に出入りした場合、「彼らがそうしたのは、人類学者……や宣教師が自分たちよりは未開な部族を訪問するようなものであった」(Donaldson, 1975; Fussell, 1980: 74からの引用)。ジョージ・オーウェルの有名な『ウィガン波止場への道』(一九三七年)はこうしたスタイルで書かれた。オーウェルはイートンにあるパブリック・スクールの教育を受けているが、その教育によって社会階級の違いを鋭くかぎつける意識がしみついたのであった。[2]

　私の心に強く残った印象的な一節は、オーウェルが毎日の朝食のパンとドリッピング(焼いた肉から出る脂肪分を集めたもの)を受け取ったさいに感じた不快感である。それはオーウェルがしばしば労働者階級の生活の諸相に抱いた不快さを典型的に示すものだった。その料理が彼の皿に盛られたときにはいつも、そこには黒い指紋がついていた。オーウェルが宿を借りていた炭坑夫が残したもので、彼はいつも石炭の火を灯し、溲瓶《シビン》の中身を捨ててからパンを切るのであった。これはエリアスが「むかつきの機能」と呼んだもの、すなわち、いっそう洗練された趣味と身体コントロールを発達させた人々がふつうの人々の習慣に出会ったときに経験する嫌悪感の一例である(Bourdieu, 1984; Featherstone, 1991a: ch.9も参照)。このタイプの書物には「暗黒の英国《ダーケスト・イングランド》」について何もかもが暴露されており、感情的な同一化、すなわちローカルなコミュニティの直接性や温かさや自然さへ溶けこみたいという願望から、嫌悪、不快感、距離を取りたいという願望までの揺れが、頻繁に見出されるのである。

　労働者階級の生活に関する説明への共鳴者には長い歴史があり、十九世紀のエンゲルスやチャールズ・ブースにまでさかのぼる。ジャック・ロンドンの本のなかの一冊の題名をあげるといっそうはっきりするが、「我々のうちの一人」によって書かれた「どん底の人々」についての説明の多くは、大げさな暴露記事の文体によるものだった。エイリアンのような労働者階級が生きるイギリスの最深部に投下されたこの人類学者的認識は、一九五〇年代にはリチャード・ホガートの『読み書き能力の効用』の宣伝のなかにもまだ見出された。最初のペンギン版のカバーの内側には、その本は「我々とは違う人々(the other half)がどのように暮らしているか」について、「我々の無知を矯正」しようとするものだと書いてあったのである。

すでに示唆したように、ホガートの本が注目に値するのは、それが伝統的な労働者階級の生活を好意的に記述したからである。けれども、それはまたこの生活を、マスメディアと商業主義化というかたちでの近代化によって脅かされているものとして提示した。これらの否定的影響の多くは、アメリカに由来するものだとみなされた。ホガートは、テレビ、ミルクバー、ジュークボックス、その他、大衆文化の「綿菓子的世界《キャンディフロス・ワールド》」〔見かけだけのすばらしい世界〕の諸要素に触れたことはほとんどなかった。労働者階級の文化が豊かな社会、消費主義、大衆文化といった諸力と出会ったときに、労働者階級の文化のなかで強まった緊張関係は、一九五〇年代後半と一九六〇年代の一連の小説のなかに描かれ、それらの多くが映画化された。思いつくものとしては、アラン・シリトーの『土曜の夜と日曜の朝』(一九五八年)、スタン・バーストウの『或る種の愛情』(一九六〇年)、デイヴィッド・ストーリーの『孤独の報酬』(一九六〇年)、ケン・ローチが映像化したネル・ダンの『アップ・ザ・ジャンクション』(一九六五年)や『夜空に星のあるように』(一九六七年)、そして〔同じくローチ監督による〕バリー・ハインズの『ケス』(一九六七年)である。これらが探求したのは、閉鎖的な労働者階級コミュニティのなかでの生活の粗野さと豊かさであったが、ときどき近代化の進行もかい間見える(Laing, 1986; Stead, 1989を見よ)。ここで注目すべきなのは、大いに賞賛された映画版の『土曜の夜と日曜の朝』の主人公であるアーサー・シートンである。彼は、もしそういう存在があるとすれば、労働者階級のヒーローである。アルバート・フィニーが演じたこの主人公は、〔いろいろと情事を重ねたあげく〕結局は結婚する羽目になってしまうのだが、映画の最後のところで、不敵にも新築の現代的な郊外住宅団地に石を投げる。そうした住宅は彼の未来の姿なのであるが。

バーニス・マーティン（Martin, 1981: 71）が教えてくれるように、労働者階級の生活についての説明の多くは、その感情表現の率直さと純朴さに焦点を当てている。中流階級の観察者にとっては、注意を引くものが「直接的な満足感」、つまり儀礼的な誓いであったり、攻撃性、セクシュアリティ、飲酒、暴力であったりすることがあまりに多い。しかし、これらの特徴は、現実には労働者階級の生活の境界的な要素であり、部分であるにもかかわらず、全体と見誤られることがあまりに多い。兄弟的《ブラザーフッド》な親交や「コミュニタス」は当然ながら、「枠づけられた境界性《リミナリティ》」という限定された要素であり、「反構造」の要素である（Turner, 1969）が、それらにおいては、日々繰り返される日常生活のなかで名声と体面を得るために、儀式とタブーを破ることが目論まれているのである。それは入念に予算を立て、時間を管理し、配慮するのとはまったく対照的な態度である。レパートリー豊かなイメージを提供しているのは、これらの境界的な要素の表象である。ここで思い当たるのは、たとえばリドリー・スコットの「ホービス・ブレッド」のコマーシャルである。それは、吹奏楽団の演奏するドボルザークの交響曲「新世界より」の悲しみを帯びたリフレーンに、十九世紀北イングランドの労働者階級の町のセットのノスタルジックなイメージが組み合わされている。あるいは、イギリスの元首相ハロルド・マクミランは、ストックトン＝オン＝ティーズという北部にある労働者階級の選挙区の人々を回想しながら、「すばらしい人々だ、世界でもっとも素敵な人々だ」と、感情のこもった太い声で、目の端に涙を浮かべながら、テレビのインタビューに答えた。そのことから我々がほぼ確信したのは、彼はストックトンの労働者階級を自分にとって唯一本当の有機的コミュニティだとみなしているということであった。

労働者階級のコミュニティについてのこれらのイメージの多くは、帰属、温もり、一体感といった神話を育むのに役立ち、さらにこれらは、子供時代の安心という、長い間断念され、もはや神話にすぎないものを思い起こさせる。置き去りにしてきた子供時代の統合的な有機的コミュニティというイメージほど力強いものはない（Hall, 1991: 46）。世代が途切れずに続いていく場合は必ず、「古き良き時代」という神話に、すなわち、過去、自分たちが子供だった時代や親たちの時代には、より暴力が少なく、法を守り、調和したコミュニティがあったのだという神話に訴えるものであり、ジェフリー・ピアソン（Pearson, 1985）は、そうした神話への訴えがどのように行われるのかについて、重要な説明を提供した。歴史をどんどんさかのぼるにつれて、一九五〇年代、一九三〇年代、一九〇〇年代、一八七〇年代などといった具合に、この黄金時代は次々と以前へ置き換えられていってしまう。世代が続く場合にはある種のノスタルジアに入れ込むもので、そこでは過去が、より直接的で統合された関係性をともなう一貫性と秩序そのもの、より純朴で感情的に満たされるものとみなされる。ここで想定しているのは、ある人のアイデンティティとその人にとって重要な他者である人々は、ある特定の場《ロカール》、すなわち、感情的な思い入れがあり、そこが場所《プレース》となるための象徴的連想が堆積した物理的空間につなぎとめられているということである。ブライアン・ターナー（Turner, 1987）が述べているように、ノスタルジア、つまり故郷という意識の喪失は、近代的世界においては強大な感情である。とりわけ、モダニティに対する態度が両義的であり、過去のもっと統合されていた文化にはあったはずだと思い込まれている、大いなる統合と純朴さという強力なイメージを保持している集団にとっては、そうである。

　それゆえ、我々がローカリティについて語るときには、統合されたコミュニティを前提しないように注意するべきである。過去にローカリティが統合されていたのと同程度の統合を確立するには困難がある。我々は、そうした〔ローカリティは統合されたコミュニティだというような意味の〕ことを断言する人々の、時空間と社会空間における位置や、その人々は懐古的で単純化しすぎた絵を描いているということに意識的であるべきである。さらにまた、コミュニティとローカルな文化の衰退をもたらす一方向的な近代化のプロセスを生み出すことによってしか、ローカリティの変化はあり得ないという見解では、うまくいかないということも重要なのである。

　通常ローカリティを考えるとき、誰もが他のすべての人を知っていられる比較的小さな場所、すなわち、社会生活が対面的関係にもとづいている場所を我々は思い描く。日々の接触が緊密であることは、誤解を減らすような、共通に利用できる知識のストックを生み出すものである。まさに、重要な他者の集団との接触が定期的で頻繁であることこそが、共通の文化を維持すると考えられる。そうしたまとまりのある「核となる価値」または共通の想定が日常の営みに根づいて存在していることが、ローカルなレベルでもナショナルなレベルでも誇張されてしまうのであろうが（Featherstone, 1991a: ch.9を見よ）、文化的統合について論じておかなくてはならないさらなる次元がある。それは、強力な、感情を維持する儀礼、儀式、集合的記憶の産出である。

　デュルケム（Durkheim, 1961）は『宗教生活の原初形態』のなかで、「集合的沸騰」という、感情的につながった時期に聖なるものの意識が生じる仕組みを特に強調した。時がたてば、人々をつないでいた、没頭や興奮といった強い意識は薄らぐ恐れがある。それゆえ、記念となる儀礼や儀式の利用は、共同性《コミュナリティ》の意識を蓄え、再充電するバッテリーのような働きをするものと理解できる。我々の家族的、ローカルおよびナショナルな集合的アイデンティティの意識を強化する儀式の決まったカレンダー以外に、集合的記憶に頼ることもありうる。アルヴァックス（Halbwachs, 1922）が教えてくれるように、集合的記憶は集団の過去の文脈を参照する。そして、その過去の文脈は初期の経験を共有する他者との接触を通じて定期的に強化される（Middleton and Edwards, 1990も見よ）。

コミュニティとしてのネーション

しかし、ローカルなコミュニティと考えられる集団や場所の大きさには限界があるのだろうか。ネーション〈国民〉はローカルなコミュニティだと考えうるのだろうか。この用語の語源を調べると、この語は近代の国民国家に言及するばかりでなく、*natio* すなわち、ローカルなコミュニティ、帰属に関する共住家族条項というような意味まで引き合いに出てくる（Brennan, 1990: 45）。典型的にはローカルなコミュニティの属性だとされるタイプの紐帯をネーションが具現していることさえもありうることを、明らかに認めたがらないことも多い。国際主義的な共感を集めたマルクス主義者たちにすると、特にそうである。だからこそ、レイモンド・ウィリアムズはこう書いたのである。

用語としての「ネーション」は根本的に「出生地の《ネイティブ》」と関連している。我々は、概してある場所に住み着いている関係性のなかに「生まれ」る。こうしたかたちの一次的で「分類可能な」紐帯が、きわめて基本的な人間的および自然的重要性をもつのである。しかし、そこから近代の国民国家《ネーション・ステート》へと飛躍するのは、まったく人為によるものである（Williams, 1983: 180, これは Brennan, 1990:45からの引用）。

これはベネディクト・アンダーソン（Anderson, 1991: 6）の立場と対照的である。彼は「対面的な接触で成り立つ原初的村落よりも大きなすべてのコミュニティは（そしておそらく原初的村落も）想像されたものである。諸々のコミュニティが区別されるのは、真／偽によるのではなく、それらが想像される様式によるのである」。この意味では、ネーションは想像の共同体として考えられるかもしれない。というのも、ネーションは疑似宗教的な帰属意識と仲間意識を提唱するが、それはある特定の象徴的な場所を共有していると考えられる人々がもつものだからである。その場所が象徴的であるのは、それが、象徴的な感情を沈殿させている、地理的に境界づけられた空間でありうるからである。風景や建物や人々の配置は、共同性の意識を生み出すのに十分な感情の力をもつ集合的記憶をともなわれてきた。ある場所には、ネーションの記念碑としての特定のエンブレム的な像が祀ってあるかもしれないし、人々がもっているさまざまのローカルな結束に優先し、それらを具現化するある種の象徴的な紐帯を表象するために用いられるかもしれない。

実のところ、これはネーション形成プロセスの本質的な部分であり、その過程で国民国家はエスニー、つまりネーションの核となるものを養い、創り上げていくよう積極的に推進する（Smith, 1990）。この意味で、ナショナル・コミュニティの創造は発明によるものだが、それでも、それは何もないところから発明されるわけではない。アンソニー・スミスが強調するのは、原初的な質を帯びるように組織され、作られた、神話、英雄、出来事、風景、記憶などの共通の蓄積が必要だという点である。ヨーロッパのナショナリズムが誕生した十八世紀には、文化の専門家たち（あるいは知識人の先駆者たち）が、各地に特有な慣習《ヴァナキュラー》や営み、伝説や神話、民衆の文化を入念に発見し、記録しようとした。それらが急速に失われつつあると思われたからである（Burke, 1978を見よ）。事実、現地民のインテリゲンチャ層は拡大し、こうしたポピュラー文化の資料を収集し、一貫したかたちに編み上げようとした。それらの資料は、過去に方向感覚を与えてナショナル・アイデンティティを構築するために、利用できたのである。

このことは、ゲルナー（Gellner, 1983）やアンダーソン（Anderson, 1991）およびその他の研究者たちが、ナショナリズムの構築における決定的要素とみなしたものと関連していると見てよいだろう。その要素とは、時間・空間を超えて人々を相互につなげることのできる印刷文化があるということである。したがって、ネーション成立の可能性は、書籍と新聞が発達するかどうか、さらに、領土全体に及ぶこれらの資料を利用することができ、その結果コミュニティとして自分たちを想像できる、識字能力のある読書する公衆が生まれるかどうかにかかっている。映画産業の発展はこのプロセスをさらにうまく促進する。なぜなら、書籍を通じて臨場感や緊迫感を得ようとすると、知識を吸収できるようになるには長期にわたる学習プロセスや制度的その他の支援が必要となるが、映画はそうしたものに相対的に依存しないで臨場感や緊迫感を与えてくれるからである（Moore, S. F., 1989; Higson, 1989）。

したがって、ネーションが表象されるようになるのは、民族の起源や差異や特性に関する重大な問いをうまく処理してくれる、一連の多かれ少なかれ一貫したイメージや記憶による。この意味で、それは擬似宗教的な基礎をもっている。なぜなら、それは世俗化のプロセスの下に置かれた世界で弁神論の問題のいくつかに答えられたからである。ネーションのために人々がすすんで受け入れる犠牲や苦難は、多少とも、次のような言説、イメージ、実践の可能性との関連で理解されなくてはならない。その言説、イメージ、実践とは、個人を聖なる全体性のもとに組み込むことによって死を超越するため、あるいは死に意味を与えるためにネーションを維持していくようなものである。しかし、ナショナルな文化が独自の特殊なものとして構成されるという事実は、ヨーロッパの国民国家の勃興という状況を示している。これらの国々は権力闘争と排除合戦に巻き込まれていたが、そうしたせめぎあいのなかで、近隣との差異を通じて自分たちのネーションの特性を示すという考えによって人々を動員することが、重要性をもつようになった。

国民国家が、巻き込まれている重要な他者の形勢から外圧を受け、権力闘争がエスカレートしていったために、ネーションにとってアイデンティティの構築がより重要になった。対立は「内集団」と「外集団」の間の境界の意識を際立たせると主張されてきた。だから、ゲオルク・ジンメルは、外部との対立が集団の内的機構を統一しうることについてひとしきり書いて、第一次世界大戦に対するドイツの反応がどのようにして社会に激情を巻き起こし、社会的紐帯を強化して、それらがネーションを統一したかについて、所見を述べたのであった（Watier, 1991）。

ジンメルの文献が重要であるのは、彼のおかげで社会生活の多次元的で、関係によって成り立つ性質を我々が意識したからである。ローカルな文化は、仕事と血縁関係の関係性をよくある組み合わせとしてもっており、そうした関係性が、当たり前の知識や信念のなかに沈殿した、日常的に生きられる実用文化を強化するのかもしれない。しかし、これらの信念を明確化することで生じるローカルな場所の特殊性についての意識が先鋭化し、よりはっきり規定されていく傾向が生まれるのは、ローカリティが権力闘争と近隣との排除合戦に巻き込まれるようになる時である。そういう状況では、自分たち自身の特殊性が強調されたローカルな文化の形成を、我々は目にすることがある。こういう場合、ローカリティはそれ自身の極端に単純化された統一的イメージを外部に向けて提示する。コーエン（Cohen, 1985）の隠喩を借りれば、このイメージはローカルなコミュニティの顔、ないしは仮面になぞらえることができる。ローカリティの内部では、社会分化が排除され、諸々の関係性が必然的により平等志向的で、単一的で、同質的になるといっているわけではない。むしろ、ローカリティ内部の差異や言説はおそらく複雑であろう。内部的には、コミュニティはあらゆる種類の独立状態、対抗関係、権力闘争、対立を含み込んでいると、考えることができるかもしれない。多くのコミュニティ研究は、これらの対立を記録している。ここで思い浮かぶのは、エスタブリッシュメントたち（the established）とアウトサイダーとの闘争に関するエリアスとスコットソン（Elias and Scotson, 1994）の説明である。しかし、ある事情のもとでは、そうした闘争は忘れ去られるかもしれない。たとえば、ローカリティが他のローカリティと対立状態になった場合や、地域が地域間問題に巻き込まれた場合などがそうである。そういう状況では、ある人物自身の特殊性は何らかのより大きな集合性のなかに含まれてしまい、それにとって受け入れやすい外向きの顔を作り上げるために、適当な文化的作業が引き受けられてしまう。このプロセスのなかで、共同的《コミュナル》象徴、感情、そして集合的記憶のレパートリーが結集されるのである。

相互依存と権力バランスにおける変化は、自分たち自身と他者の間の象徴的境界についてのローカルな意識を人々の間で高める。この意識は、象徴のレパートリーを結集させ、再構成することによってさらに高められる。こうした象徴のレパートリーによって、コミュニティは対抗する相手との差異についての統一的イメージを考え、定式化することができるのである（Cohen, 1985）。現代のグローバルな状況において大切なのは、フレームを変えて多彩にフォーカスを移動させていく能力、さまざまな状況のなかで多様なアイデンティティをそこから形成、再形成できる、いろいろな象徴の材料を使いこなす能力である。したがって、現代世界は文化的貧困、文化資源の弱体化に陥ったわけではないと我々は思っている。むしろ、さまざまな集団の文化的レパートリーは拡大し、融通性は高まっている。そうした集団は、結束や帰属の新しい象徴の様式を創造するだけでなく、苦労して既存の記号の意味を改訂、再形成し、既存の象徴のヒエラルヒーを掘り崩そうとしているが、彼らは自分たち自身の特殊な目的のために、支配的な文化的中心にいる人々が無視し得なくなったやり方でそうしているのである。この変化は、ローカルなものに共感する文化の専門家や仲介者がいろいろ集まった集団によって援助され、支持されてきた。

ネーションのなかで具現されるようになる感情の強さと、時を超えたその回復力の意味を、過小評価する理論家たちがいると論じられてきた。この議論では、彼らは国民国家におけるネーションの役割をとらえそこない、ナショナルな感情は単に国民国家の統合を促進するように考案された、近代化のプロセスの副産物に過ぎないと想定された。それに続いて、これらの感情は、余分なものであり、近代化のプロセスによって衰退してしまうことが示された（Arnason, 1990）。しかも、ネーションとナショナリズムの形成が、まだ近代化されていない文化的資源、たとえばエスニックな核をとりまく文化的記憶、象徴、神話、感情といったものにどのように依存しているかを、過小評価する傾向がしばしばあった（Smith, 1990）。このことが示唆しているのは、伝統とモダニティとの社会学的対比の蓄積がそれほど役に立たないかもしれないということである。これがわかりやすいのは、日本のような国民国家の場合である。日本は近代化について想定された発展の論理に簡単には当てはまらないと論じられている（Sakai, 1989; Yoshimoto, 1989）。実際、日本は限定的で特殊な近代化のプロジェクトをどうにか進めることに成功し、普遍主義的な挑戦に対してそれを守ることができた（Maruyama, 1969; Arnason, 1987a, 1987b）。このことから、国民国家の発展と他の国民国家との関係において、文化的要素がなお重要であり続けていることがわかる。

国民国家間に起こる二国間相互作用、とりわけ競合と対立の増加と関わるものは、ネーションの自己イメージ、すなわち他者に対して提示されるイメージあるいはネーションの顔を統一するという効果をもつことがある。国民国家が地域的な形勢（国民国家の意味ある他者がなす準拠集団）に組み込まれていくにつれてますます接触が常態化し強まっていくために、弁別的で一貫したアイデンティティを形成せよという圧力が強まることがある。こうしたプロセスには、ネーションの顔の外部への表示だけでなく内部的な次元ももっており、特定の集団が民族的な核を結集させるために所有している権力のリソースに依存している。以上のような点を強調しておくことは重要である。それらの集団は、自分たち自身の関心や抱負にふさわしくなるように、民族的な核のさまざまな面を結集させようとしているのである。実際、ナショナル・アイデンティティの文化的形成のプロセスはいつも、全体として表象される部分を含んでいる。つまり、ネーションの特定の表象は全員一致で合意しているものとして描かれるのである。

ここで、一九八二年のフォークランド紛争での勝利のニュースについて、マーガレット・サッチャーがダウニング街で発表した声明のことが思い浮かぶ。「今夜我々はひとつのネーションとなった」と彼女は言った。このような声明はまた、ナショナル・アイデンティティを特定のかたちに定式化することの脆弱性を示してもいる。正当化のためには、ナショナル・アイデンティティの定式化は、民族的な核という限定的で認識可能な蓄積に頼らなくてはならないが、そうした定式化はまた他方で、別の選択肢《オルターナティヴ》となる定式化を発展させ広めていくための苦闘をずっと続けていなくてはならない。したがって、ネーションに具現化された情緒的感情の脆弱性やうつろいやすさと、表象の正当性をめぐる闘争は、ナショナルな文化をプロセスという観点から考えなくてはならないことを示唆している。ナショナル・アイデンティティを形成し、変形させるプロセスについて考えるとき、イギリスやフランスにおいてそうであるように、ヨーロッパの諸ネーションにおいて、ネーション形成の長期的プロセスがあったところでは、共通のエスニックな核を確定するのはより簡単であるということを、はっきり理解しておくべきである。個々のネーションの事例をネーション形成のモデルとして採用することには、慎重であるべきなのがはっきりしている時とは、比較的新しいネーション、とりわけ多文化的なアイデンティティ意識を構築しようとしているネーションについて考える場合である。オーストラリアの事例はこの文脈では興味深いものであり、統一的なナショナル・アイデンティティを生み出そうとする試みについて、今やいくつもの研究が発表されている。その試みは「オーストラリアを発明する」ものであり、エアーズロックやボンダイビーチといった特定の場所や、ガリポリ〔第一次大戦中、大英帝国の一部であったオーストラリア軍が苦戦したトルコの地名、同名の映画 *Gallipoli*（邦題は『誓い』）が一九八一年に公開されている〕のような歴史的な出来事《イベント》の表象を洗練させることを通じて行われている（White, 1981; Fiske, *et al*., 1987; Game, 1990を見よ）。

　テレビや映画を通じて構築されるイメージは、ネーション形成のプロセスにおける必須の部分である。特に、それらは公的なものと私的なものを架橋することができるからである。ネーションは人々が直接経験するにはあまりにも大きすぎる抽象的集合体である。それゆえ、ネーションを一体に結びつける聖なるものの意識を提供するのは、戦没者追悼日のような市民的儀礼の存在ばかりではない。これらの行事《イベント》を表象することも次第にきわめて大切になっている（Chaney, 1986）が、これらの行事についての知識がリビングルームにあるテレビを観るくらいに限られている人々にとって、テレビは単にこのような行事を表象するだけではなく、それらを構築もするのである。しかし、それはダイアンとカッツ（Dyan and Katz, 1988）が論じたように、行事を見に行く受動的な観衆という問題だけではない。それに加えて、個人や家族は、他の非常に数多くの人々がまさに同じことをしているということを知りながら、儀礼を観て、盛装し、「参加する」ことによって、家のなかの儀式的空間を再構成することもできるのである。それゆえ、「原子化《アトム》された」オーディエンスは時にテレビのメディア・イベントを通じて統一されることもある。

しかし、ネーションを純粋に内的な要因の産物としてイメージするプロセスを見るだけでは不十分である。第二次世界大戦において、イギリスの映画産業は、共通の敵の表象を産出することを通じてナショナル・アイデンティティを動員するのに重要な役割を果たした（Higson, 1989）。我々は諸文化を孤立的に考察するべきではなく、それらをとりまく重要な他者による関係のマトリックスのなかに位置づけるよう努力するべきである（Gupta and Ferguson, 1992参照）。独自で統合的で国民文化だというネーションそれ自体のイメージを発達させる上で決定的な要因は、ネーションの孤立ではない。むしろ決定的な要因は、ナショナル・アイデンティティについての特定の表象を動員する必要性である。その場合、ネーションはその重要な他者との不可避な接触、相互依存、権力闘争に巻き込まれており、ネーションはそれら一連のものの一部として表象される。

こうしたことからわかるのは、我々は国民国家の二国間関係に焦点を当てるだけではいけないということである。諸々の国民国家は相互に作用し合うだけではなく、それらはまた世界を形成するのである。すなわち、それらの相互作用はますますグローバルな文脈のなかで生じてきている。単純に個々の国民国家の利害とコントロールに還元できないような統合が進行しており、そうした統合のプロセスと様式にもとづいた形式的で当然視される手続きが素地となって発展したものが、ここでのグローバルな文脈の意味である（Arnason, 1990）。外交上の慣行や手続きが徐々に発達してきたことが一例であり、具体的には国際法がある。国際法は、国民国家とは並行的または独立して生じながら、国際的対立がもとづくべき一連の基本原則を形成するようになった（Bergesen, 1990）。他の例としては、多国籍企業の独立した権力があげられよう。多国籍企業は、経済の支配的中心から周縁へ向かう文化商品や情報の一定範囲のフローの動きを決める能力をもっており、多国籍企業が独立に行為すると、そうした能力によってナショナルな文化を保全することが難しくなってしまう――文化帝国主義テーゼはこのタイプの議論の強力な事例であろう。これらのプロセスの認識と広がりのために、国民国家はそれ自体のナショナルな伝統を保全する必要性について敏感になるかもしれない。また、反《カウンター》グローバリゼーション的ないし脱グローバリゼーション的で原理主義的な反応をうながすために、そうした認識と広がりが利用されるかもしれない。

だから、グローバリゼーションのプロセス――接触が増大して世界の有限性を意識するようになること、世界は一つの場所であるという自覚をもつこと――のひとつの結果は、相異なるネーションおよび文明の伝統の視座から世界の意味が定式化され、世界の意味についての異なった複数の解釈が衝突する事態にいたることである。グローバルな舞台で生じる会話が密度を増し、様々な方面に向けられるために、必然的に次のような要求が出てくる。すなわち、国民国家は他者の声を抑えこんだり、そうした会話から身を引くことを考えるのがますます困難なポジションにつくことを求められている。それゆえ、グローバリゼーションのプロセスに対するネーションの反応は複数あり、それらは西洋近代によって生み出されたアイデアに還元しうるものとしてとらえることはできない。現代のグローバルな状況をマッピングすることに含まれる問題のひとつは、このようにネーションの文化的反応が多岐にわたることであり、そうした反応は様々なやり方で、モダニティの原型的プロセスだとされているものを変形、再形成し、混合し、融合させ、変容させ続けている。

モダニティの諸理論に関していうと、近代化にはネーションの伝統と文化的アイデンティティの衰退が必然的にともなうとする想定がしばしば見られる。しかし、ある社会がもっている、文化的な伝統と意味の蓄積を事実上「空っぽにしてしまう」道具的合理化という仮借なきプロセスを強調する近代化の諸理論は、誤解にもとづいている。「鉄の檻」の徹底化、つまり官僚制化された新しい農奴制ないし生活の「エジプト化」というウェーバーの考えと、それと関連した議論で、ハーバーマスのような批判理論家による、世界の商品化、合理化、脱魔術化の進展についての議論は、立証することが困難であるように思われる(3)(Haferkamp, 1987; Knorr-Cetina, 1994を見よ)。

たとえば、クノール＝セティナ(Knorr-Cetina, 1994)が論じるところでは、日常のいろいろな営みを詳しく調査すれば、それらが「『意味』と『伝統』、『身体』『親密性』『ローカルな知識』、そしてその他の『抽象的システム』から生まれたとしばしば考えられているあらゆるものが、現存していることを証明している」ことがわかる。実際、参与者の日常の営みは、たとえ彼らが高度に技術化された組織で働いているとしても、虚構を操り、また虚構によって機能している。それゆえ、ローカルな環境での営みを観察すれば、人々が利用している分類体系で、共有され、かなり大切に育まれてきたものが、一種の聖なるものとなっていることがわかる。モダニティは、呪術や魔術の喪失を意味してきたわけではないし、ローカルな諸制度における象徴による分類体系の虚構的利用でもない。

グローバリゼーションと文化的アイデンティティ

もしグローバリゼーションが、世界がますます「一つの場所」とみなされるようになるプロセスと、我々がこのプロセスを意識させせられていく経過のことをいうのであれば（Robertson, 1992a)、ポストモダンという旗印の下で主題化される文化の変化は、我々にローカルなものを考慮させることによって、逆方向を向いているように思われる。しかし、このことはグローバリゼーションのプロセスの本質を誤解している。グローバリゼーションは、統一的な世界社会ないし世界文化が存在する、あるいは将来生じるということを意味しているのだと受け取ってはならない——そうした世界社会や世界文化は、国民国家の社会構造やその国民文化と同種のものであって、ただ大規模になったにすぎない。そのような結果は、特定の国民国家がその歴史の様々な地点でいだく念願であったのかもしれない。また、新しくなった世界国家形成プロセスの可能性は、将来的には排除することはできない。現在の段階でグローバルな文化の発展を語りうるのは、グローバリゼーションのプロセスのふたつの側面に言及することによる各論的な意味においてである。

第一に、我々は「第三の文化」という限定的な意味でなら、グローバルな文化の存在を指摘することができる。「第三の文化」とは、ますます国民国家から切り離されるようになった実践、知識、慣行、生活スタイルのことである。実際、いくつもの社会横断的な（trans-societal）制度、文化、文化のプロデューサーが存在しており、そうしたプロデューサーたちを、彼らの属する国民国家の代理人や代表者にすぎないと理解してはならない。第二に、我々は、文化の形式というジンメル的な意味でのグローバルな文化について論じることができる。すなわち、地球《グローブ》とは境界をもつ、認識可能な有限の空間であり、国民国家と諸集団がいやおうなく引き込まれる場《フィールド》であるという意味である。この場合、地球つまりこの惑星は、境界であると同時に、我々の出会いや営みの不可避的な足場となる共通の有限空間となっている。この第二の意味では、国民国家やその他の活動機関《エージェンシー》の間の接触とコミュニケーションが活発化した結果、文化衝突が生み出されようとしている。そして、文化衝突は自己と他者の間に線引きをしようとする企てを強化してしまう可能性がある。この視座からすると、グローバリゼーションの激化という現局面の結果として生じている諸変化は、特殊性、ローカリズム、差異といったものを再発見しようとする反応を引き起こすものとして理解することができる。特殊性、ローカリズム、差異といったものは、西洋近代と結びついた文化的な統一や秩序化や統合というプロジェクトの限界を意識させる。そういうわけで、ある意味では、グローバリゼーションはポストモダニズムを生み出すと論じることができる。

　グローバリゼーションのプロセスの第一の側面を調べてみると、法律などの分野では、文化間コミュニケーションの問題は、媒介となる「第三の文化」の発展へとつながっていることが明らかになる(Gessner and Schade, 1990)。こうした第三の文化はもともと、文化間で起こる法的紛争の実際問題の解決を図るように構想されているのだが、欧州司法裁判所や国際法上の他の制度および議定書に見られるように、第三の文化は個々の国民国家による操作を超えて自律性と機能を達成することができている。加えて、一九八六年十月の「ビッグバン」以後、二十四時間取引への動きに続いて起こった、世界金融市場の国際化というさらなる統合作用が起きたことを指摘することもできる(Dezalay, 1990)。規制緩和のプロセスは、国の法制度やより実力主義的な市場の精神《エートス》からの脱独占化を促進している。そうしたところでは、国際弁護士が新しい専門家集団の一部となっており、ほかにも法人税理士、ファイナンシャル・アドバイザー、経営コンサルタント、そして「デザイン・プロフェッショナル」がいる。

　市場と資本のフローの規制緩和は、手続き、業務慣例、組織文化においてある程度の同質性を作り出すと見ることができる。さらに、これらの様々な専門家たちの生活スタイル、習慣、振る舞いは、いくらか似通ってきている。また、彼らが居住し、働いている都市の区域にも類似性がある。彼らはニューヨーク、東京、ロンドン、パリ、ロサンゼルス、サンパウロといったさまざまな世界都市《ワールド・シティ》に集中している（King, 1990b; Sassen, 1991; Zukin, 1991）。まさにこれらの世界都市の特定の区域において特定の諸サービスが統合されていくことが、トランスナショナルな社会関係や実践や文化を生み出しているのである。したがって、グローバリゼーションのプロセスは不均等である。そして、もしその一側面が一つの場所としての世界という意識なのであれば、まさしく世界都市のこれらの選別された区域でこそ、時空間の分断を克服するコミュニケーション手段の進歩に依存した環境で人々が働いているのである。ここに我々は、時空間の圧縮という作用のもっとも顕著な例を見出す。というのも、新しいコミュニケーション手段が、「脱領域化した文化」を支える同時的処理を事実上可能にしているからである。

　我々が問題にぶつかるのは、もう一歩進んで、そうした地区が将来にとってのプロトタイプであり、国際的な経済とコミュニケーション・ネットワークが国民社会の他の地区でも同様の同質化効果を生み出すものと想定する時である。ここで、様々な社会的、文化的形式が世界の別の地域に拡大されることによって、必然的に内容の同質化が生じていると想定する誤りを犯す者もいるだろう。その場合、グローバリゼーションのプロセスは、統一的で統合的な共通の文化を生み出しているとみなされている。このため、文化帝国主義やメディア帝国主義の理論が、西洋（大部分はアメリカ）に由来する消費財、広告、メディア・プログラムの激増のせいで、必然的にローカルな文化が撲滅されると想定してしまっていることに、我々は気づくのである。

こうした理論は、大衆文化の理論と同じように、商品や情報が日常の営みにおいてどのように適用され利用されるかについての経験的証拠がほとんどないままに、一枚岩的なシステムによって大衆というオーディエンスが操作可能であるという強い見解と、メディアが文化的に否定的な効果をもつことは自明であるという想定を抱いているのである（Tomlinson, 1991）。当然ながら、西洋の消費財が手に入りやすい点を指摘するのは可能である。とりわけ、世界の最遠地域への商用旅行や観光旅行だけでなく、主要なブランドの飲み物、食べ物、タバコ、衣服などはそうである。また、ある特定のイメージ――数え切れない困難と闘う屈強な英雄《タフ・ガイ・ヒーロー》――は多くの文化で強い魅力をもっているのも明らかである。それゆえ、我々が知っているように、ランボーのような映画が南アジア・東アジア一帯で上映され、その結果、「今では、そうした映画がウィスコンシンのスクリーンで公開されたほんの数日後に、ミャンマーの農村地帯にいる僻地の村人たちが、ランボーのような並はずれた英雄に喝采を送ることがあるかもしれない」（Iyer, 1989: 12）。第二の例をあげるなら、現代の有名な旅行記作家の一人であるポール・セロー（Theroux, 1992: 178）は、彼の本『オセアニアの幸せな島々』のなかで、太平洋の島々というさいはての地域で、男たちが彼の方へやって来て、彼らがラジオで聞いた湾岸戦争の最新展開についてセローに話しかけた様子を詳述している。さらに、彼が知ったのは、ソロモン諸島のサヴォという小島で、ランボーが偉大な庶民の英雄となっていることであった。その島で唯一の発電機は、ビデオを上映するための電力源以外に使い道はなかった。サヴォが衛星テレビの受信機や、その島を世界に広がる《ワールド・ワイド》「ネット」につなげてくれるパーソナルコンピュータを手に入れるのは時間の問題なのではないかと推測する人もいるだろう。そのような説明は今ではきわめて多数に上っている――しかし、我々はそれらをどう読むべきだろうか。

ひとつの可能性は、周辺の諸文化が大都市《メトロポリタン》である中心に由来する大衆消費文化のイメージと商品を得るために採用する、吸収／同化／抵抗の戦略のいくつかを素描する試みである（Hannerz, 1991）。まず、我々が実際の事例を調査したら最後、状況がきわめて複雑になることは明らかである。それは、ローカルな住民たちの日常的営みの文化が、グローバル市場で取り引きされる製品に屈してしまうという問題ばかりではない。市場文化／ローカル文化の相互作用はふつう、国民国家によって媒介される。ナショナル・アイデンティティを創出するプロセスにある国民国家は、それぞれの範囲で文化の専門家や仲介者を教育し、雇うものである。この人々のなかには、世界都市で教育を受け、他のトランスナショナルな「デザイン・プロフェッショナル」、経営者、知識人、半知識人《パラインテレクチュアルズ》と強力なネットワークをもち、かれらと同一の生活スタイルを維持している人々が当然いるであろう。また、これらの人々のなかには、文化省に雇われた職員の「文化事業推進者」さえいるかもしれない。彼らは、場合によっては、一方で国民の文化統合に気を取られながら、他方で国際観光業界に気を取られたりする。

それゆえ、国民国家が国民形成のプロジェクトに与える優先権と、それが所有する権力のリソースに依拠して、国民国家は、市場の浸透に抵抗し、あるいはそれを誘導したりコントロールしたりする記憶、伝統、営みを再発明することができる。たとえば、ローカルな映画やテレビ番組に投資する国民国家もあるだろう。しかし、先に述べたように、そうした文化工学の実験は、ローカルな生活形式や営みに根づくための基礎を見出せなければ、決して成功することはない。それゆえ、周縁に位置する権力の弱い国民国家に旬を過ぎたアメリカのテレビ番組を売りつける「文化の投げ売り」のシナリオが、さまざまな反応のなかから唯一の可能性となってしまうのである。そうしたシナリオも、文化の見張り役《ゲートキーパー》、ブローカー、興行主による諸活動とならんで、用意しておかなくてはならない。彼らは国民国家の主要都市にいながら、海外の世界都市の仲間たちと連絡を取りあって、ローカルな大衆文化——音楽、食べ物、衣服、手工芸品など——のどの面が、大都市《メトロポリタン》である中心やその他の場所でパッケージングでき、売れるかを、共同で決定している。多くの場合、様々なかたちでハイブリッド化やクレオール化が起こっているのかもしれない。そこでは、外来の商品、情報、イメージの意味が作り直され、融合され、既存の文化的伝統や生活形式と混合されるのである。

グローバルなテレビ放送が及ぼす影響を考える場合、重要なのは、オーディエンスの操作か抵抗のいずれかを強調する過度に単純化された対立図式を乗り越えることである。近年では、後者〔抵抗を強調するもの〕へと振り子が振れていて、積極的なオーディエンスや消費者の創造性と熟練についての想定をめぐる新しいカルチュラル・スタディーズの正統な学説《オーソドキシー》が生じてきたと主張されている(Morris, 1990)。テレビや新しいコミュニケーション・テクノロジーは操作と抵抗だけでなく、現代文化の同質化と断片化をも生み出しているといわれることが多くなっている(Morley, 1991)。

新しいコミュニケーション・テクノロジーはグローバルなゲマインシャフトを生み出すといわれる。グローバルなゲマインシャフトは、異種の集団をまとめあげることによって物理的な空間を超越する。そして、それらの集団はテレビという共通の経験を中心として結びついて、新しいコミュニティを形成する、というわけである(Meyrowitz, 1985)。これはつまり、もはやローカリティが我々の経験の主要な準拠枠ではないということである。むしろ、我々は遠く離れた他者と直接に結びつき、彼らとともに、電話を通じて、あるいはテレビを観ることから得られる「一般化されたどこか」のニュースを共通に経験することを通じて、「心理的な近隣」や「個人的《パーソナル》なコミュニティ」を作り出すことができる。それゆえ、モーリー（Morley, 1991: 8）が述べているように、「このように、おそらくは、ローカリティは単にナショナルな領域やグローバルな領域へと組み込まれているだけではない。むしろ、それはますますふたつの方向にバイパスされている。すなわち、経験はローカリティを越えて結びつくとともに、その内部で断片化しているのである。しかし、だからといって、ローカリティ内での経験の断片化がランダムもしくは非構造的だということにはならない。権力のリソースへのアクセスは重要な差を創出する。グローバルなレベルで「情報強者《インフォメーション・リッチ》」の国民が存在するのとまったく同じように、「情報弱者《インフォメーション・プア》」の国民も存在する。ローカリティ内には明確な差が存在しており、裕福で教養ある人々は、必要とされる経済資本と文化資本を所有していることから、新しい形態の情報テクノロジーやコミュニケーション・テクノロジーへのアクセスを確保しているにちがいない（Morley, 1991: 10）。ここで、我々はメアリー・ダグラスとバロン・イシャウッド（Douglas and Isherwood, 1980）の「情報商品」という概念を指摘することもできる。それは、パーソナル・コンピュータがそうであるように、自分の消費に意味と戦略的有用性をもたせるために大量の背景的知識が要求される商品のことである。

　他方で、テレビのメッセージを問題なく取得可能なものにするのは、テレビが与える即時性と直接性の感覚である。アメリカのメロドラマ、イタリアのサッカー、オリンピック大会など、どれも明らかな直接性と明白性をもっているが、それらは同質的な反応を生み出すものと誤解されやすいだろう。しかし、これらのグローバルなリソースは、その土地の風習に馴染むように融合されていて、ローカルなものという感覚を維持する特定のブレンドや同一化《アイデンティフィケーション》を作り出すことが多い[4]（Canevacci, 1992）。

　同質化テーゼにともなうさらなる問題は、超国籍企業《トランスナショナル・コーポレーションズ》が、地球のますます多くの地域へ向かって、いっそう特殊に分化したオーディエンスや市場の好みに合わせた広告を、どのようにして発信しているかを、そのテーゼがとらえそこなっていることである。それゆえ、「我々は多国籍《マルチナショナル》なのではなく、多地域《マルチローカル》なのだ」(Morley, 1991: 15からの引用)というコカ・コーラの宣言に見出されるように、グローバルなものとローカルなものはすっきりと分離できるわけではない。ここで、グローバルという用語とローカルという用語の融合によって混成した「グローカル」という用語に言及するのは有益である。明らかに、この用語は日本語の土着〔dochaku〕をモデルにしている。土着とは、農耕技術をローカルな条件に適応させるという農業の指針に由来するもので、一九八〇年代の日本ビジネスの事業に取り上げられたものである(Robertson, 1995; Luke, 1995も見よ)。

同質化と断片化、グローバリゼーションとローカリゼーション、普遍主義と特殊主義といったおそらく対立して両立しないはずのプロセスを様々に組み合わせ、ブレンドし、融合している場面では、単一の統合的、統一的な概念枠組みによってグローバルなものをとらえようとする試みが問題含みであることが示されている。アパデュライ(Appadurai, 1990)は、グローバルな秩序は「複雑で、オーバーラップする、離散的な秩序」として理解されなくてはならないと論じるような理論的統合の試みを拒否した。グローバリゼーションは、人々、テクノロジー、金融、メディアのイメージと情報、そしてアイデアといったものの非同型のフローを巻き込む組み合わせと考えると、もっともうまく把握することができる。個々の国民国家は、フローを促進し、誘導し、あるいは遮断しようとするだろうが、その試みがどの程度の成功を収めるかは、それらが所有する権力のリソースと、それらが組み込まれている相互依存の布置から生じる制約によるのである。

もちろん重要なのは、これらのフローが人々の集団に及ぼす影響を調査するために、個別のローカリティに焦点を当てた体系的研究がもたらした証拠を、我々が吟味することである。人々、商品、テクノロジー、情報、そしてイメージが交差し、混ざり合う、ひとつの重要な場所《サイト》が世界都市である。世界都市は、中心から来た人々と周縁から来た人々が集まり、同じ空間の敷地で互いに顔を合わせるために、富者と貧者、新しい中産階級の専門職とホームレス、その他、様々なエスニック、階級的、伝統的な同一化が並存する様子が見出される場所である（Berner and Korff, 1992）。一九八〇年代のいくつかの西洋の大都市におけるインナーシティ地区と港湾地区の社会空間の再開発は、ある研究者たちによって、「ポストモダン化」の例だとみなされた（Cooke, 1988; Zukin, 1988）。

けれども、このプロセスと関連した文化的要素の多く――コードの混同、模作《パスティーシュ》、断片化、一貫性のなさ、離散、折衷主義といったもののポストモダン的強調――は、それらが西洋に現れる数十年、場合によっては数百年前に、植民地社会の都市の特徴をなしていた（King, 1995）。このパースペクティブからすると、最初の多文化都市は、ロンドンやロサンゼルスではなく、おそらくリオ・デ・ジャネイロやカルカッタ、あるいはシンガポールだった。少なくともこのことは、モダンなものとポストモダンなもの、そしてそれらの一群の関連語を定義することに関わる問題のいくつかを示している。産業化、都市化、官僚制化といった同質化する効果というヨーロッパ中心の考えを超える、文化的モダニティについてのより微妙で精巧な考えが必要とされている。モダンなものについてのグローバルな構想が要請されている。そうした構想は、伝統からモダニティ、ポストモダニティへの移行の歴史的順序にとらわれずに、むしろそれよりも、空間的次元、つまり中心と周辺の地理的関係性に焦点を当てる。その関係性においては、最初の多人種的で多文化的な社会は、中核ではなく周縁に存在したのである。文化的多様性、折衷主義、転移はそこで初めて起こった。イングランドやフランスのような西洋の国民国家と植民地社会の間に発展した相互依存と権力バランスが、モダニティの重要ではあるが無視されてきた側面を形成しているのは明白である。それは、フランスやドイツの理論家に由来する古典的伝統のなかで仕事をしている人々から得られる説明には明らかに欠けている側面である（Bhabha, 1991も見よ）。これらのテーマは次章でもっと十分に議論することにしたい（Featherstone and Lash, 1995も見よ）。

戦後の時代には、かつての植民地の国々から西洋の大都市《メトロポリタン》の中心へと流れ込む人々のフローが強まったが、まさにそのフローの強まりのプロセスによって、モダニティの発展の植民地的側面や文化的アイデンティティの問題を、我々はますます意識させられてきたのである。西洋の多くの人々にとって、過度に単純化された人種主義的でエキゾチックな、〔大文字の〕「他者」についてのステレオタイプによって構築された場所から、イメージや情報とともに、人々がこちら側に移動してきている。そのことが意味しているのは、新しいレベルの複雑性が、アイデンティティ、文化的伝統、コミュニティ、そして国民といった考えの定式化に導入されていることである。これは、中心から周縁へという一方向的なフローという考えに対して、異議を申し立てている。というのも、西洋にある支配的な中心は、原材料の輸入者であるだけでなく、人々の輸入者でもあるからである。[5]「西洋のなかのその他の地域」（Hall, 1992c）が目につき、存在を主張しているのは、かつては社会間で維持されていた文化的差異が、今や社会の内部に存在するということである。移住者がネーションやローカリティがもつ支配的文化の神話を受け身に取り入れるのを嫌がることで、多文化主義の問題とアイデンティティの断片化という問題がもちあがる。

ある場合には、これが、フランス（ル・ペンの人種主義的キャンペーン）やイギリス（一九八〇年代のフォークランド紛争やそれと関連した「小英国主義」）で起こったような、熱烈で過激なナショナリズムの反応を引き起こしてきた。これは移住者の側に一連の複雑な反応を引き起こすことがある。あるエスニック集団にとっては、これは、もともとの文化への引きこもり（イギリスではカリブ、パキスタン、インド、バングラディシュとの再同一化）や、故国に由来する原理主義的宗教への引きこもりとなる。他の民族集団にとっては、ラスタファリアニズムの象徴と神話を中心としてアイデンティティを発達させてきたアフリカ系カリブ人の若い第二世代の場合のように（Hall, 1992b: 308）、そうした受け入れ国のナショナリズムが、複雑な対抗的エスニシティの構築につながるだろう。さらに他のエスニック集団は、さまざまなアイデンティティの間を揺れ動くために、統一的な唯一のアイデンティティをもつ見込みが、不可能になったり、幻想のアイデンティティをもったりするだろう。イギリスの第三世代の若い黒人のなかには、イギリス人との、カリブ人との、黒人との、下位文化との、そしてさまざまなジェンダーとの同一化の間をいつも変転している人々もいる。たとえば、スティーブン・フリアーズとハニフ・クレイシによる映画『マイ・ビューティフル・ランドレット』（一九八一年）には、二人のゲイ男性が中心人物として出てくる。彼らのうち一人は白人《ホワイト》、もう一人は褐色《ブラウン》の肌であり、パキスタン人で〔アパートなどの〕経営者である後者の叔父は黒人たちを通りに放り出す。この中心人物たちは、統一的なアイデンティティのイメージを提示せず、したがって、同一化しにくいのである（Hall, 1991: 60）。

複数のアイデンティティをもって生きようとすることに関わる問題を手がかりに、一貫したアイデンティティを見出したり構築したりするプロセスについて、いくつもの言説が生み出されてきた（複数の拡散したアイデンティティに関してはMarcus, 1992aを見よ、また文化的な漂泊《ディスロケーション》についてはGupta and Ferguson, 1992を見よ）。しかし、モダニティの論理は一九七〇年代に広がったような個人的アイデンティティへの自己愛的な没頭という意味での個人主義の偏狭化を生じさせるはずだと想定する議論とは対照的に、今日では、近代社会の内部で強い集合的アイデンティティ、ある種の新しいコミュニティを探求することを強調する議論が出てきている。

たとえば、マフェゾリ（Maffesoli, 1995）は、モダニティからポストモダニティへの発展のプロセスを個人主義から集団主義へ、合理性から感情性へという移行を含むものとみなしている。この意味で、ポストモダニティは、先行する前近代《プレモダン》の人々と、情緒性を強調する点で共通しているとみなされる。感情性とは、バロック時代のスペクタクルに見出されたような、強い感情と感覚的経験の陶冶のことである。ここで、マフェゾリはポストモダニティのことを、新しい部族主義をもたらすものだと言う。それは短期間のポストモダン的部族の出現を指すが、そうした部族は、とりわけパリのような大都市の若者の間に見出すことができる。これらの集団形成は、一緒にいるということの具体的な触感によって、ローカリズムと感情的同一化（感情移入 Einfühlung）の強い感覚を与える。それらが新しい部族だとみなされるのは、次のような理由からである。すなわち、そうした集団は関係性が一時的である都市世界に存在するがゆえに、新しい結合を作り出すために、人々は終わりなき社交の連続を必然的に渡り続けていくことになって、集団の同一化が一時的なものになるからである（Bauman,1991, 1992における議論も見よ）。血縁の結びつきとローカリティや宗教への強い同一化とにもとづいた集団の排他的な成員資格という伝統的な意味でも、それより短期間の新しい部族の出現という意味でも、部族主義というテーマは近年公衆の関心をとても多く集めている（Maybury-Lewis, 1992a, 1992b）。

こうした関心も、観光産業の様々な力によって、グローバルな市場取引のプロセスに支配されてきた。観光産業は一九九六年までに世界の主要産業になるものと予言されている（Urry, 1992）。もちろん多くの観光旅行者にとって、今や世界のよりエキゾチックで遠く離れた場所へと旅することが容易になったので、「なにかがプラスされた故郷」を楽しむ観光予約へ踏み出すことにつながっていった。実際、彼らは地元民《ローカルズ》であり、観光地における別の地元民《ローカルズ》との出会いは高度に管理され、儀礼化されている。こうした類の観光旅行者は、あらゆる範囲の経験や地元民《ローカルズ》との直接の出会いを求める、より洗練されたポスト観光旅行者に取って代わられていると論じられてきた。そのようなポスト観光旅行者のなかには、自分たちが与えられるものがローカルな文化のシミュレーションであることを、まったく気にかけない人々がいる。彼らは、「シーンの裏にあるもの」や、演じられるもの《パフォーマンス》と舞台装置の構成といった装備一式に関心があるのである（Urry, 1990）。そうしたローカリティの舞台上のシミュレーションには様々なものがありうる。それらは、明らかにマンガのパロディを再認させるもの（マジックキングダムのジャングルクルーズ）にはじまって、一般的な想像力でナショナルな文化を代表すると考えられるような鍵となる建造物や類像《イコン》からなる小規模の「入って、見て、触る」シミュレーション（〔フロリダのディズニー・ワールドの一部であり、未来のコミュニティの実験的プロトタイプである〕EPCOT《エプコット》〔the Experimental Prototype Community of Tomorrow〕のワールドショーケース）、さらには、「過去」の生活や仕事の実物大の例を保存し再現しようとする文化遺産産業全般の努力にまでいたる（ウォルト・ディズニー・ワールドについての議論は Fjellman, 1992を見よ）。これは、モダニズム的建築を貫く抽象化と画一性の押しつけから、場所を再創作して都市空間を再び人間化しようとする、場所を求めるポストモダン的闘争へという、より大きな変化の一部であるとみなす論者もいるだろう（Ley, 1989）。

さらに別の状況では、観光旅行者のために、地元民たちが、本物らしさを演出するステージに上るように求められる。この場合、観光旅行者は生きて動くローカリティのまわりを歩く特権を与えられるが、そこでは本当の居住者たちが観光旅行者のために演技をすることになる。こうして、マキャネル（MacCannell, 1992: Ch. 8）は、カリフォルニア州ロックの事例を論じる。そこは企業の町であり、最後に残った中国系農業労働者たちの故郷である。町全体は一九七七年に観光開発業者に売却されたが、業者はそれを「アメリカで唯一の、無傷の田舎のチャイナタウン」として売り出した。ここでは、町とならんで居住者も博物館の資料扱いにされ、「もはや存在しない生活様式」の最後の生きた例として提示された。

マキャネル（MacCannell, 1992: 18）はまた、「上演される、ステージ上の野蛮」の例についても論じている。たとえば、通信会社ＭＣＩとケニアのマサイ族の間で交わされた取り決めは、賃金率、入場料、テレビ放映権や映画化権などにまで及び、マサイ族が永久にマサイ族を演じることによって生計を立てることを可能にした。また、この文脈で興味深いのは、デニス・オルークの映画『カニバル・ツアー』（一九八七年）である。この映画は、裕福なヨーロッパと北アメリカの観光旅行者の集団を追いかけ、豪華な巡航客船に乗ってパプア・ニューギニアのセピック川を上っていく（Lutkehaus, 1989によるオルークのインタビュー、Bruner, 1989によるレビュー、MacCannell, 1992での議論を見よ）。そのような状況は、観光旅行者の目的においても、関係する一行の総体的権力においても、著しく多様である。ニューギニアの場合、部族民は、裕福な観光旅行者たちがいつも突きつけてくる不平等な交換や悪条件の取引のことを十分わかっている。しかも、仲介業者と旅行代理店の現地担当者は法外な金を儲けていることも知っている。ここでの部族民は、自分たち自身によってローカリティの境界をどの程度開いたり閉じたりするかを操作できるだけの権力のリソースをもっていない。他の場合には、マキャネル（MacCannel, 1992: 31）の言うところの「敵対的インディアンの行為」にまでいたることもある。この行為の典型では、かつての未開人たちは、敵意、不機嫌な沈黙、無視といった態度を取る。他方、カニバル・ツアーの観客の側では、「闇の奥」を自分が体験しているかのようなスリルがいっぱいながらも、安全なパッケージツアーを実現することで、「他者」の場所を訪れるというポピュラーな想像力をテーマとしている――それはもちろん、毎日の終わりには、巡航客船で得られる快適さと慣れ親しんだ西洋の環境に戻れるという但し書き付きではあるけれども。

けれども、アラスカにあるイヌイットのいくつかのコミュニティの場合のように、観光旅行者が完全に部族の生活に参加できる場合がある。この場合、観光旅行者はその部族とともに暮らし、広範な活動に参加する――逃げ込むことのできる旅客船はなく、政府機関の監視のもとで厳格に規制されているために、個人や少人数の集団だけがその部族へ立ち入ることが許される。部分的に近代化されてはいるが、自分たちの伝統的な生活様式を独立して維持していくために、イヌイットは自分たちが得たお金を（猟銃の弾丸などの）必需品や装備を買うために使う。自分たちのコミュニティの境界を自分たちに都合よく操作して文化的アイデンティティの感覚を維持できるだけの十分な権力のリソースを、イヌイットは保持している。これが彼らの現状である。さらなる例はアイヌのものであろう。「狩猟採集」の民である彼らは、主に日本北部の島、北海道に居住している。北海道は明治維新（一八六八年）の後にようやく正式に日本に統合された。一九七〇年代に、アイヌの文化運動は発展し、自分たちの言語や文化を教えるための学校を設立しただけでなく、ある区域では、手工芸品を生産するための伝統的な村の組織を作り上げた。その結果、観光旅行者は彼らの伝統的な生活スタイルを目にすることができるようになった（Friedman, 1990: 320）。それゆえ、観光はアイヌの文化的アイデンティティを再構成するために、意識的に操作されたのだった。

他の文化運動にとっては、観光は資源だとみなされなくなり、ローカリズムやエスニックアイデンティティを破壊するプロセスの主要因だとみなされるだろう。一九七〇年代以来発展したハワイの文化運動は、ハワイをアメリカ経済に組み込んできた長期プロセスに抵抗してきた。このプロセスは多民族的《マルチエスニック》なハワイを発展させてきたが、そのなかで、ハワイ人は自分たち自身の土地で少数者となってしまった。彼らの数は、外部と接触があった最初の世紀の間に六〇万人から四万人に減少し、しかも彼らの言語と慣習は傷つけられ、解体されてしまった。観光産業は、大農園《プランテーション》経済が衰退して以来、支配的原動力であったが、土地を取り上げて、ハワイの文化をエキゾチックなものとして商品化し、陳腐化してしまった。西洋の近代主義的アイデンティティの同質的モデルが頂点にあり、遅れた奇異なハワイ人たちが底辺にいて、この人々は同化の脅威にさらされている、そういった古いシステムに代わって、多極的《ポリセントリック》なシステムが出現してきたと主張されている（Friedman, 1992）。新しいモデルは、観光による発展に反対するハワイの文化運動をめぐって展開され、本物の過去の感覚と、より新しい、より高級志向の観光とを確立し、擁護しようとする。新しい高級志向の観光は、行く手をさえぎる人々を近代化して成長させ、彼らが怠惰で遅れていることをはっきりさせようとするだけでなく、過去の大農園のハワイというノスタルジックなビジョンを回復しようとさえするのである。しかしそのようなビジョンは、ハワイの運動からはほとんど容認されないものである。ハワイの運動は、他の誰かのまなざしの対象になるという企て全体に抵抗する、特定のアイデンティティや生活スタイルを発達させたいと願っているからである（ハワイのローカル化されたアイデンティティの複雑さに関するさらなる説明は Kirkpatrick, 1989を見よ）。

アンソニー・キング（King, 1995）は、すべての「グローバリゼーション理論は支配的な特殊なものの自己表象である」と述べた。彼は理論家の位置の問題を鋭く指摘している。理論家は必然的に特定の場所から、特定の言説の伝統のなかで書くことになる。言説の伝統こそが、語ることができるだけでなく声を聞いてももらえる権力のリソースの格差を、理論家に与えるのである。我々西洋人が当然だと思う、世界についての想定の多くが巨大な権力を有するのは、まったくの自明性というそれらの特質が対話の可能性を広げないからである。それゆえ、西洋が「エキゾチックな他者」という特定のイメージを世界の遠く離れた地域に押しつけるやり方について、我々はいくつもの理論をもっている。しかしながら、我々の表象は幻想だらけのイメージ投影による特殊主義に陥ったままにならざるをえないと考える見解にとらわれ続けることは、許されてはならない。なぜなら、証拠の問題を完全に無視してしまうわけにはいかないからである。

そうした理由から、スリランカ出身のあるアメリカ人人類学者は、太平洋地域についての西洋の強力な神話のひとつに疑問を投げかけた。その神話とは、クック船長がハワイ人によって神格化されたというものである。オベーセーカラ（Obeyesekere, 1992）は入念な調査によって、クック船長を神格化したのはハワイ人ではなく、自分たち自身の文明化の神話を強化するために、ネイティブによる神格化という神話をハワイ人に投影したヨーロッパ人であった。この逆転の発見が可能となったのは、ひとつにはオベーセーカラのアジア社会に関する知識——過度に信じやすいネイティブによって西洋人が神格化されるという想定を支持するローカルな証拠を彼は見出すことができなかった——によるものであり、また他方ではハワイ人に常識的な実際的合理性があると彼が考えたことによるものであった。オベーセーカラは、ハワイ人の宇宙論的カテゴリーの不変性をもって彼らの文化が持続する強度を強調する人々とは対照的である。「その他の地域」の成員がますます西洋に住むようになり、彼らの声が聞いてもらえるようになって、「支配的な特殊なものの自己表象」に異議を申し立てる説明がもっと増えるだろうと、我々は期待することができる。同時に、脱概念化に向けての運動は重要ではあるが、再概念化の問題が相変わらず存在している。つまり、より高次でより抽象的な、地球《グローブ》についての一般的モデルを構築する可能性の問題である。ここで、我々はいくつかの論点をあげることができる。

最初になすべきことは、いかにして地球を概念化できるかである。それを単一の場所とみなすことは、おそらくそれに擬似的な具体性と統一の感覚を与えるはずである（Tagg, 1991を見よ）。世界の多くの人々にとって、グローバリゼーションのプロセスについての意識、すなわち皆が同じ場所に住むという意識は、もともと存在しないか限定されたものであって、ただ発作のように生じてくるだけである。いくらかでもこれを表象するのに適当なモデルは、積み重ね、堆積、寄せ集めといったものかもしれない（Elias, 1987c; Moore, S. F., 1989を見よ）。これは明らかに、グローバルな文化の観念を理解するひとつの方法である。同じフィールドや境界づけられた空間に文化の個別性を並置して、積み重ね、堆積し、寄せ集める感覚は、それぞれが異なり、互いに折り合いがつかないし、折り合いをつけたいとも思わないという事実によって認知可能となり、実践的問題の源泉となる。文化研究、すなわち個別性や差異を正当に記述するという我々の関心は、必然的に個別理解的なやり方に我々を導く。そこでこそ我々は本質化や過剰な一般化の危険に敏感に気づくのである。

それと同時に、経済プロセスの拡張力や統合力と特定の国民国家やブロックのヘゲモニー追求の努力とから生じる、明白に組織的な諸傾向が、社会生活には存在する。この視座からすれば、体系的にモデル化され、技術面で役に立つ情報や合理的な計画をもたらす実用的知識が必要となる。ここで必要となるモデルにおいては、差異がうまく受容されて、さらなる統合のための変数にならなくてはならない。この意味では、世界が諸々の組織的な営みによってより統合され、組織的な特性を帯びるにつれて、世界のある種の側面がシステム分析にとってより扱いやすいものになりつつある。しかし、システムと文化との関係性を考えると、システムに対する強力なヘゲモニー的統制から離れていくシフトは、文化のカテゴリーにおける付随的な移行をともなうこともありうるのではないか。たとえば、フリードマン(Friedman, 1988)が主張したところによると、起源という観点からはすべての文化が多元的でクレオール的であるけれども、そうした文化がそれ自体をそういうものとして自己確認するかどうかは、さらなるプロセスによって決まるものである。それゆえ、多元主義や個別性擁護に注目し、それらを探し求め、促進し、あるいは代弁する我々の能力は、これらの特徴が実際にどの程度なのかで決まるわけではおそらくあるまい。その能力は、今それらを見る「許可」を与えてくれる我々の状況における相対的変化の関数なのであろう。

実際、次のように論じてもかまわないであろう。すなわち、世界についての多元主義的構想は、現在生じているシステムの断片化、我々自身のアイデンティティ空間の混乱を把握する、すぐれて西洋的な方法なのである。ヘゲモニーが強力であったり、文化的空間の増大がそっくりに同質化してしまう場合、スパゲッティがイタリア料理になり、複数の方言が一つの国語となる。そこでは、文化的差異が正しいものと正しくないもの、標準的なものと非標準的なもののなだらかな連続体に翻訳されてしまう（Friedman, 1988: 458）。

いくつかの点で、この構想はエリアスが発展させた構想に似ている。エリアスの構想では、エスタブリッシュメントの集団がしっかり支配権を握っている状況では、アウトサイダー集団との関係性はよりヒエラルヒー的であり、支配者集団は自分たち自身の行動パターンで弱者を植民地化することができる。エスタブリッシュメントたちは、優越感や「集団のカリスマ」にもとづいて集合的な「我々イメージ」を発達させることができる。そのイメージは、「集団の不名誉」の感覚、つまりアウトサイダー集団がスティグマとなる不評や劣等性の感覚を押しつけられ、内面化させられることとは切り離すことができない。アウトサイダーは決まって「汚く、道徳的に信用できず、怠惰」と特徴づけられる（Mennell, 1989: 122）。エスタブリッシュメント側とアウトサイダーとの関係性に関するこの植民地化の局面は、相互依存と相対的権力バランスに変化が生じるとともに、第二の局面へ、つまり「機能的民主化」の局面へと移り変わってしまう。分化と解放のこの第二局面では、人々は相互依存という、より長期的で目の詰んだ網へと織り込まれる。その網をエスタブリッシュメント集団が支配するのは困難になる。アウトサイダー集団は、社会的権力と自信は得られるが、社会における対立《コントラスト》の様相と緊張は増大する。付け加えておくなら、この第二局面では、個別性や複雑性を正当に評価しているとみなされる統一的モデルの多くが、批判と拒否にさらされる。折衷主義、複雑性、そしておそらく任意で恣意的なパターンといった観念を斟酌するモデルや理論を構築することに関心が集まる（Serres, 1991）。これらの結論的所見は、当然ながら思弁的なものである。だから、グローバルな「ゲーム」への参加者数が増加しており、集団間の境界が侵害されたり無視されたりすることがある状況で、エスタブリッシュメント—アウトサイダーというモデルを利用しようとすることには、多くの困難がある。しかし、少なくとも、おそらくそのことが示唆しているのは、社会関係の理論は一切不要だなどと性急になりすぎてはならないということである。

注

(1) ローカリズムとローカリティに関する議論は、クック (Cooke, 1990b)、ベルとニュービー (Bell and Newby, 1971)、そしてコーエン (Cohen, 1985) を見よ。

(2) 興味深いことに、「ウィガン波止場」という言葉は、ジョージ・フォームビーによる造語である。彼は皮肉にも、炭鉱町の煤ぼこりを海沿いのリゾートの楽しみと混同している (Richards, 1984: 191)。

(3) これらの批判のいくつかは、ギデンズのモダニティに関する最近の著作 (Giddens, 1990, 1991) に当てはまる。彼が文化的次元を無視して、グローバリゼーションは単にモダニティを拡大したものにすぎないと想定したことへの批判は、ロバートソン (Robertson, 1992b) を見よ。

(4) たとえば、カネヴァッチ (Canevacci, 1992) は、イグアスの滝周辺に住むブラジルのインディオたちが、どんなふうにイタリアのサッカーファンとなり、ACミランのルート・フリットと同一化していたかだけでなく、自分たちの間でコミュニケーションをとるとともに外部世界のイメージを作り出すために、どんなふうにビデオカメラを活用していたかに、言及している。

(5) このことは、中心としての西洋と周縁である「その他の地域」との間のフローにかぎった問題ではない。アブー＝ルゴドが示したように、複数の中核の急増、とりわけ、アジアで勃興する中核の文化がアジア内の回路においてどのように広がったかを、我々は考察しなくてはならない。このことはまた、受け入れ側とこれらの新しい中核——たとえば日本——に入ってくる移住者との関係について、問題を提起することでもある。

第8章　旅、移住、そして社会生活のイメージ

ロバート・パークはかつてこう言った。人間は、高等動物——「実際は牡蠣より高等なすべての生き物」——と同じように、「移動と行動のために作られている」と。

（Park, 1923: 157; Suttles, 1991: xi からの引用）

私が求めるものは、上空の天国と目前の道だけだ。

（Vaughan Williams, *Songs of Travel*, 1904の「放浪者」）

歴史が書かれるのはいつでも、定住民の観点から、統一的な国家装置の名のもとにおいてである。少なくとも、できるかぎりそういう装置がもちだされる。話題が遊牧民《ノマド》のことである場合でさえそうである。欠けているのは遊牧論《ノマドロジー》であり、それは歴史の対立物である。

（Deleuze and Guattari, 1987: 23）

私は旅や探険家が嫌いだ。

（Lévi-Strauss, 1976: 15）

ポストモダニズムの文学においては、固定的なアイデンティティという考えは批判され、無秩序、折

衷主義、雑種性《ハイブリディティ》が称揚される。ある人々にとっては、後者の特質は社会生活に本質的なものだと想定されている——どういうわけか、「反基礎づけ的」レトリックにもかかわらず、それは閉塞してしまった文化のより基本的で基礎的な面なのである。その一方で、現在の局面は過去とは区別されると想定している隠れた歴史物語がある——それはもっとも大げさなかたちでは新しい時代、つまりポストモダニティとして提示される。どちらの場合も、我々の既存のモデルの多くは、ますます複雑化し流動的になっている現代生活を、もはや扱うことができないという想定に立っている。そうしたモデルが批判されるのは、普遍的なカテゴリー、単一的なアイデンティティ、およびシステムのモデルに依拠しているか、それらを確立しようとしているためである。ここには硬直性や非柔軟性が認められる。そこでは、理論はあらゆる場所のあらゆる人物について、彼らを代表して語ろうとする。けれどもそれとは対照的に、ポストモダンの諸理論は、我々の限られた地平と、あらゆる種類のローカルな知識の保全を強調する。

この文脈でとりわけ興味深いのは、移住や境界性《マージナリティ》という比喩を盛んに用いることである。旅、ノマディズム、移民性《マイグランシー》、越境、境界《ボーダー》上の生活といったことがいわれる。ノマディズムと移民性は、現代のグローバルな条件の特徴としてだけでなく、言語にとっても重要であるとみなされている。たとえば、チェンバーズ（Chambers, 1990, 1994）は、正確性と明瞭性の道具であるのをやめた言語の遊牧民《ノマド》的経験という言い方をしている。むしろ、思考はあてなくめぐり、移り替わっ《マイグレイト》ていく。しっかりした基礎《ベース》や拠り所《ホーム》をもつ代わりに、思考は、非連続なものや断片化した経験を生み出す、移動する住み処《か》に住まう。遊牧民《ノマド》は、このタイプのカルチュラル・スタディーズの文学では、重要なカテゴリーとなった。ガブリエル（Gabriel, 1990: 396）が思い出させてくれるのは、遊牧民《ノマド》的生活様式や芸術形式がふたつの主要な面をもつことである。第一は、「すべての生命、経験、存在が国境や境界をもたないという基本思想」である。第二は、「領土や資源という観点から達成を誇らないという基本思想」である。遊牧民《ノマド》の一時的な暮らしは、国家装置とその法を拒否することをともなう。また、放浪生活は、形式と内容の絶えざる変化をともなった放浪の美学を生み出すことも想定されている。

この文脈で特に影響の強かった理論家は、ドゥルーズとガタリ（Deleuze and Guattari, 1983, 1987）である。その影響力は、彼らが「遊牧民《ノマド》的思考」や「遊牧民《ノマド》的芸術」について論じただけでなく、固定的なカテゴリーやアイデンティティを全般的に批判したことによる。ドゥルーズとガタリは、認識以前の経験に立ち戻ることを称揚し、「フロー」という概念を用いたが、そのことがカルチュラル・スタディーズの若い世代の理論家たちに特に影響が大きかった。こうしたことは、サイバースペースや「インターネット」（コンピュータ情報ネットワーク）について書かれたもののいくつかに見出される。そのような文献は、分散した権力、リゾーム、フローといった彼らの考えに影響を受けてきた（Featherstone, 1995; Featherstone and Burrows, 1995を見よ）。ある視座からすると、ドゥルーズとガタリは、次のような知的および芸術的思考の伝統に位置づけられる、もっとも新しい著作家だとみなしうる。その伝統とは、形式よりも直接の経験に価値を置く点でベルグソンとニーチェの哲学に影響を受けながら、十九世紀以来の芸術のモダニズムの伝統のなかに見出されうる逸脱的な前衛《アヴァン＝ギャルド》派とボヘミアンの衝動に依存するような伝統である。この伝統は、モダニティが達成したものとその生活スタイルへの批判をしばしば提供しようと努めてきたため、アウトサイダーに対して強い共感をもつ。たとえば、ボヘミアンはジプシーの放浪生活とすっかり同一視されるようになったが、十九世紀中葉のボヘミアン神話の成立には、ミュルジェールの小説とビゼーのオペラ『カルメン』が主要な影響を及ぼしたのだった（Pels and Crebas, 1988）。

しかし、それよりはるかにさかのぼることができる先行例が明らかに存在する。たとえば、教育上の自己形成のプロジェクト（人間形成過程《ビルドゥングスプロツェッセ》）の場合のように、経験としての旅に対する評価の高まりは、西洋の伝統のなかでは、十八世紀に目立つようになる大陸巡遊旅行《グランドツアー》に見出すことができる。経験としての旅というこのアイデアは、旅する学者、芸術家、そして放浪者の人生に価値を置く態度とともに、少なくともルネサンス時代や中世にまでさかのぼることができる。このことはまた、魂の／創造的な旅路とされる英雄の冒険的人生（宗教的および世俗的なかたちの巡礼の旅）という古いアイデアと関連させてもよい(1)。それゆえ、遊牧民《ノマド》的なテーマと経験は、芸術家たちや知識人たちによって価値を認められることが多かった。さらに、数を増やしつつあるボヘミアンたちや、十九世紀以来彼らの生活スタイルを真似ようとして生活の美学化への関心を強めた他の同調者たちも、芸術家や知識人とならんで、そうした価値を認めてきたのである。

　移動と旅の再生力との結合は、西洋文化、なかでも芸術と文学における重大なテーマであった。旅は、惰性化したカテゴリーを脇に押しやるのに役立つもの、文化的無秩序との戯れの一種、つまりはポストモダンの理論にも見出しうるものだとみなされることが多かった。ポストモダニズムはこれらの新ロマン主義的テーマを引き継ぐものとみなしうるが、他方で、現代の生活には、ポストコロニアル理論とともにポストモダニズムが注目している移動の側面がさらにいくつか存在する。第一は、世界中で人々のフローが増大していることに関連している。すなわち、逗留者、難民、移民労働者の数を見ると、「他者」は、冒険家や文字通りの旅人や観光旅行者によって、世界の遠く離れた場所にある異国の所在地で発見されるべきものではもはやないことがわかる。つまり、他者たちは大都市《メトロポリタン》エリアのなかで我々の隣で働き、暮らしている。第二は、情報とイメージのフローと関連しており、それらもまたグローバルな圧縮のプロセスを促進している。我々はもはや他者を見て理解するために旅をする必要はない。イメージは我々の居間まで流れ込んできて、他者についての限られた情報にアクセスすることが問題ではなくなっている。むしろ問題となっているのは選択という問題であり、情報の過負荷をどうコントロールして秩序づけるかという問題なのである。仮想現実《ヴァーチャル・リアリティ》やサイバースペースの方向へと新しい情報テクノロジーを発達させてきた結果、人類史上のすべての情報やイメージにアクセスするという、まもなく実現されそうな潜在的可能性によって、こうした問題がますます大きくなってきた。他者についてのイメージや情報に加えて、テクノロジーはまた他者との対話を増加させるポテンシャルも秘めている。世界の様々な他者が今や、西洋に向かって語り返し、西洋の様々な説明、象徴のヒエラルヒー、普遍主義的主張に論争を挑んでいる。ついには、移動する主体だけでなく移動する客体によっても構成されている世界に、我々は直面しているのだと主張される。あるいはむしろそれは、ますます流動的になった情報の領域で主体と客体が合流したり分散したりするにつれて、主体と客体の区別が狭まり、浸食されていく世界である（Lash and Urry, 1993）。

それゆえ、我々はいくつかのカテゴリーの混同を受け入れることになる。なぜなら、移動、移住、越境といった考えは、比較的確立された分類法、規準《カノン》、象徴のヒエラルヒーと対峙し、それらを脇に押しやるために用いられるからである。こうしたことのきわめて高度な形態は、カルチュラル・スタディーズの学問分野群に見出すことができる（Grossberg *et al.*, 1992を見よ）。しかし、それはまた人類学（Clifford and Marcus, 1986; Clifford 1988）、政治理論（Connolly, 1994）、社会学（Game, 1991）、心理学（Shotter, 1993）、地理学（Soja, 1989）、女性学（Nicholson, 1990）およびビジネス研究（Clegg, 1989）にも見出すことができる。なぜなら、文化の複雑性の問題がもつ含意は、ポストモダニズムという何でもありの用語の下に寄せ集められていて、さらなる探究が続いているからである。

社会生活における移動の地位について吟味しようとすればするほど、移動がいかに文化的に表象されてきたか、また、旅や移住の比喩がモダニズムの文化的伝統にとっていかに重要な部分をなしているかを、無視できなくなる(van den Abbeele, 1992)。このことが示唆しているのは、これらの比喩のフレーミングの能力と、我々の視線を方向づけるだけでなく、世界の特定のイメージを形成することもできるという、そうした比喩がもつ能力を、我々は吟味しなくてはならないということである。実際、我々は現在の局面という観点から理論形成のプロセスを吟味しなくてはならないだけでなく、過去における社会生活のイメージの形成を考察することも必要である。たとえば、なぜ社会学は移動と移民にほとんど注目しないのか。なぜ社会学はそれほど長い間、そしてある部分では現在でさえも、定住的なヨーロッパのイメージや、伝統社会は境界をもった安定的なゲマインシャフトによってできあがっていたという考えを、延々と保持しているのだろうか。次のように主張する研究者もいるだろう。すなわち、社会学をモダニティの研究に限定してしまうことが危険なのは、社会学が前近代的なものを初期段階の伝統社会という状態に限定してしまうことが危険なのと同じことである。実際に社会学は、エリアス(Elias, 1987a)が「現在への社会学者の閉じこもり」と呼んだものが有するあらゆる限界を例証してしまっているのである。

社会、そして社会生活の定住的イメージ

社会学において鍵となる用語のひとつは「社会」である。しかし、それは必ずしも精細な吟味を受け

てこなかった用語である。影響力の強いニスベットの『社会学的発想の系譜』（Nisbet, 1967）では、コミュニティ、権威、地位、聖なるもの、疎外は社会学の鍵となる基本観念のリストに入れられることになったが、社会はリストに加えられなかった。ニスベットが告げるところによると、その理由はこうである。基本観念は弁別的でなくてはならず、それらはある学問分野を他の学問分野から区別するのに役立たなくてはならないが、「『個人』『社会』『秩序』のような」観念は「ここでは無用である。……というのも、これらは社会を考えるあらゆる学問分野にわたる要素となっているからである」（Nisbet, 1967: 5）。しかし、おそらくニスベットは、次のような想定のために、これらの観念の普遍的妥当性を過大視している。彼が想定したのは、それらの観念が実に本質的で基本的であるために、それらは当然のものとみなすことができ、分析を受ける必要などないということである。そのような観念には歴史がある。それらは生まれ、おそらく消えていく。少なくともそうしたことが、我々は今「社会の終焉」（Touraine, 1986; Baudrillard, 1993）に立ち会っているのだという、近年の議論の含意であろうと思われる。このような議論がなされる際には、グローバリゼーションについて、これといった言及がないことが多い。たとえば、ボードリヤールの場合、テクノロジーの発達と結びついて、今日の消費文化における商品記号の過剰を導いたのは、商品形態の発達であるとされる。テクノロジーの発達のなかでも、特にマスメディアはシミュレーションを生み出す能力を増大させてきた。「現実からの現実感の喪失」は、社会の断片化を生み出し、規範性と社会構造を脅かすものとみなされる。実際のところ、規範を強化する対面的な社会的相互作用にある社会的紐帯という確固とした基盤は、社会生活が全般的に希薄化するなかで失われてきた。トゥレーヌ（Touraine, 1986）にとっては、ポスト産業社会へと移行するプロセスは、全否定的なものとみなす必要はない。というのも、そのプロセスによって行為の可能性が拡大するからである。実際に、社会学的な世界観では、政治は社会的なものの派生物に長い間おとしめられてきたけれども、長らく存続した社会構造の断片化が起こり、個人や集団や社会運動にとっての行為の機会と可能性が増したことによって、政治が再生している。

先に述べたように、ニスベットは「社会」という概念の歴史を探究するのを嫌がったが、その一方で彼は次のように強く主張する。『社会的（social）』の指示対象はほぼ決まって共同的なものであった。より非個人的な意味を暗示するソキエタスではなく、コミュニタスこそが、社会学者がパーソナリティ、親族関係、経済、政治組織を研究する際に用いる『社会的』という語の本当の語源である」(Nisbet, 1967: 56)。このことは、社会学を確立する上での重要人物の一人であったオーギュスト・コントの著作では明白である。社会生活に関するコントの見解は、伝統的な様式の共同秩序に代わる新しい制度形態を案出するという目標を優先しているところが非常に大きかった。彼の見解は、フランス革命に対する保守的な反動という文脈から理解すべきである。なぜなら、そこから社会学が生まれてきたからである。このことはまた、活動と進歩への積極的関与《コミットメント》をともなった啓蒙の楽観主義に対する反動をも引き起こした。そのことから、中世の荘園や村のような伝統的な秩序形態への関心が復活したのだった。デュルケムは、社会をコミュニティの規模を大きくしたものとみなした点で、コントに倣っている。もちろんデュルケムは卓越した社会学者であり、彼は社会の力と社会的なものの現実性を強調した。集合意識、聖なるもの、社会的紐帯といった彼の概念は、社会統合を促進すると考えられる共通の信念や情感を強調する。社会は、通常は高度に抽象化されたレベルで分析される、境界をもつ実在として把握された。もし所与の社会の個別性がさらに広く理解される必要があるとすれば、その社会を他の社会と比較すればよい。社会は社会生活の基本単位として把握された。そして、社会生活を理解するのに、それまで蓄積された社会に関する諸概念が用いられた。

社会的なものは、政治組織よりも社会生活にとって基礎的であるとみなされた。実際、社会科学の分業が生じつつあるなかで、権力と活動、ナショナリズムと国際主義《インターナショナリズム》を強調する政治科学に、著しい敵意が向けられた。以下で見るように、社会学の焦点は（国民国家）社会の内的連関に主として向けられたにもかかわらず、社会学者が存在価値を与える立場は、しばしば反ナショナリスト的であった——場合によっては人類という考えへの国際主義的傾倒とセットになることもあった。一部の社会学者にとっては、ナショナリズムと戦争は、今や急速に乗り越えられつつある、発展の初期段階に属するものであった（たとえば、スペンサーによる軍事型社会から産業型社会へという移行図式のように）。そうした発想は、第一次世界大戦という地殻変動級の出来事が起こって、一部の社会学者が自分たちのカテゴリーを再考するまで続いた。それゆえ、社会は、社会生活の包括的で基礎的な単位だとみなされるようになり、歴史が事実上社会の発展として把握されたために、その意味で社会は歴史を必要としなくなった。

同時に、我々は時間と同様に、社会の空間に対する関係にも焦点を当てる必要がある。ようするに、社会の「在り処《ありか》（the where）」はどこなのか。答えのひとつは、社会はコミュニティを拡大したものだというコントやデュルケムの暗黙の想定から得られるだろう。次のことも付け加えてよいだろう。すなわち、もし社会が統合されておらず、モダニティの社会解体の餌食になっているなら、社会は統合されるべきであり、また、統合の様式が協同組合組織（デュルケム）であろうが社会主義（テンニース）であろうが、そうした統合が断固必要である。それゆえ、社会は、統合された社会構造と文化をもつ、単一の境界づけられた空間を占めていなくてはならない。この文脈で重要なのは、テンニース（Tönnies, 1955）による、影響力の大きな『ゲマインシャフトとゲゼルシャフト』(2)である。そのなかでは、名目上、社会生活に関するふたつの基礎的な理念型が提示されている。しかし、テンニースはコミュニティとアソシエーションを発展図式をなすものとみなしており、ゲマインシャフトのほうに共感を抱いていたということは明らかである。テンニースはゲゼルシャフトをモナド化した二次的関係性、社会の解体、文化の断片化として描いたが、こうした記述はたいてい否定的なものであり、コミュニティの視座から構築されたものである。ここでの彼の見解は、ドイツにおける十九世紀後半のニーチェの再流行、とりわけ新しいディオニュソスの時代のための議論を含む『悲劇の誕生』に影響を受けている（Liebersohn, 1988）。彼のゲマインシャフトのイメージは中世ドイツの理想像にもとづいている。そこでは、家族世帯が基本単位であり、血縁と親族の絆の強さが、人々をより大きな村落や地域集団にまとめていた。後に見るように、これは共通文化をもつ定住的な場所のイメージにほかならない。

高度なレベルの規範的統合および秩序をもつ伝統的コミュニティというこのイメージは、社会のイメージを構築する上で大きな影響力をもち続けてきたが、もちろんきわめて懐古的なものである。昔の調和と純朴さという伝統的コミュニティの見方は、高潔さからの転落というイメージを与える。こうしたイメージは、失われた無垢の段階として子供時代を描写する流行と共鳴したのだが、そのような子供時代の描写は、十九世紀のロマン主義運動の結果として流行したのであった。ロマン主義は前近代の社会を平板で固定的なものにおとしめてしまった。高度なレベルの規範的統合と共通の価値がなくても社会単位は十分存続できるかもしれないなどということは、まったく考えられていない。

テンニース（Tönnies, 1955: 261）が強調したのは、ゲマインシャフトは、共通の習俗、道徳規範、宗教によって与えられる意志統一や意見の一致にもとづいているため、権力闘争、暴力、戦争の余地がほとんどないのは明らかだった。しかしこれらは、ノルベルト・エリアス、ル・ゴフ、レイモンド・ウィリアムズ、その他の人々が行った産業化以前の社会生活の探究において中心的な特徴となっていた。たとえば、エリアス（Elias, 1978, 1982）が強調するのは、国家形成プロセスの一部として、戦士がだんだんと宮廷人になるように仕向けられていくにつれて、暴力の衝動が飼い馴らされていくという漸進的なプロセスである。日常生活についてのエリアスの説明は、より小さく、より弱く、さほど訓練を受けていない人々（女性や子供）は、より力の強い人々（大人や男性、とりわけ戦士のような暴力の専門家）が抱く、さほど抑制されない暴力の衝動にやられてしまうというものだった。「伝統社会」の調和的描写を打ち砕く、いっそうノスタルジーを欠いた説明は、レイモンド・ウィリアムズ（Williams, 1975）によって提示されたものである。彼は、後継世代が危機にさらされて消え去ろうとしているものとみなした、古きイングランドの「有機的コミュニティ」が、事あるごとに参照されるのを、容赦なく批判している（無秩序で暴力的だとされている現代とはっきりした対照をなすように構築された、家族的価値の黄金時代という描写を批判したピアソン［Pearson, 1985］も参照せよ）。

暴力や対立や戦争を無視したことに加えて、こうした社会生活の調和的な共同的イメージは、移動にほとんど注目していない。戦争による人々の強制退去だけでなく、徒歩の旅人、移民労働者、巡礼者、旅行者、物乞い、その他のもっと日常的な移住も視野に入っていないのである（Jusserand, 1973）。心のなかには調和的な村落があり、誰もが定住地の境界内で暮らして死んでいくことを思い描いているが、それとは対照的に、モク（Moch, 1992: 1）はこう論じている。

定住民のヨーロッパという我々のイメージには……深刻な誤りがある。人々は移動していた。そして、彼らがどこへ、なぜ旅したのかということから、我々は過去について、また、我々が慣れ親しんでいる世界を生み出した圧力とプロセスについて、多くを知ることができる。人間の移住は西ヨーロッパの生活のあらゆるレベルと関連をもっている――どうやって現金を稼ぐかについての家族の決定という親密な事柄から、グローバルな規模にいたるまでである。ちなみに、グローバルな規模の事柄には、ヨーロッパの世界経済における地位が反映している。要するに、移民はヨーロッパ史における変化を過去の人々の生活と関連づけるのである。

もちろん、西ヨーロッパは世界そのものではない。また、移住のパターンの特殊性は家族構造と関連していたことに我々は気づくべきである。その家族構造は、配偶者関係を中心としており、結婚をして独立世帯を作ることを推奨しただけでなく、青年期の段階で独立して、若者（特に男性）が長い旅路を経て仕事に就くことを推奨したのである。これは南ヨーロッパや南東ヨーロッパのパターンや、世界の他の多くの地域のパターンとは対照的である。そうした地域では、若者は結婚前も結婚後も、出生地の家族のもとにとどまった（Mitterauer, 1992: 22を見よ）。けれども、強調しておくべき重要な点は、社会学者が発展させた社会のモデルは、主として西ヨーロッパの経験にもとづいたものであり、社会を過度に統合された定住的なものとして描写する点で、移動を無視しているということである。ここに見られるイメージは、コミュニティを基礎とする産業化以前の社会というノスタルジックな構築物であり、そのような社会はモダニティの対極として描かれる。そして、モダニティは仮借なき変化と社会解体を含むものと認識されるのである。

このモデルは、規範的な合意を導き出す共通の価値の組み合わせによって、社会はそれ自体を再生産すると想定している。その想定は、そのパーソンズ主義的変種やネオマルクス主義的変種も含め、アバークロムビー、ヒル、ターナーによって、彼らの本『支配的イデオロギーのテーゼ』(Abercrombie and Turner, 1980) のなかで痛烈に批判されてしまった。封建制でも、市場資本主義でも、後期資本主義でも、共通の価値体系や支配的なイデオロギーの証拠は、ほとんど見つけられなかった。共通文化は社会生活を可能にする社会のセメントであるという想定はまた、人類学においても影響力が大きかった。人類学には、孤立して統合された部族社会という神話がある。そうした社会については後で手短に議論しようと思う (Featherstone, 1991a: 13ff. を見よ)。いずれの場合も、社会生活のイメージは、高度なレベルで社会的および文化的に統合された境界をもつ実在についてのものである。これはすなわち、社会は、他の社会に対する高度な統一性と独立性とともに、様々な部分の間の高度な機能的相互依存をもつと想定するモデルである。権力関係、対立、異種混交《ハイブリディティ》についての感覚はほとんどない。人々や文化が境界を破って漏れ出すことへの感覚はほとんどない。実際のところ、文化の曖昧性や対立の問題や二重のアイデンティティがほとんどないくらいに、社会生活や文化生活のすべての要素はまとまっている。典型的なもの、平均的なもの、通常《ノーマル》のものを追究する社会学は、一般に、特異なものや例外的なものにはほとんど関心をもたなかった。もし不平等があれば、問題は、どのようにして不平等が再生産され、世代を経て受け継がれるかということになってしまう。それは要するに、行為《アクション》と対立するものとしての行動《ビヘイビア》により一般的な関心をもつことへとつながる。このことを強調したのはラッシュ (Lasch, C.,1991: 135) であった。彼はノスタルジアについての議論で次のように論じる。

> 小さな町の生活を文章で表現しようとすると、しばしば一種の社会学的思考様式に陥ってしまい、誕生、結婚、死という反復的サイクルに関わることになる。言い換えると、そうした表象は、行為

と対立するものとしての行動に関わる。アーレントが示したように、行動という概念は、今度は社会という概念と密接に結びつく。というのも、意識的決定が行われず、元来の意義が記憶から失われてしまった慣習や儀礼に固執し、変化にしつこく抵抗する習慣に重きを置くことによって、社会領域は政治領域から区別されるからである。十八世紀の自由主義への反動のなかで、根深い習慣や偏見は急には変えることができない、少なくとも回復不可能なほどの打撃を与えることなしには無理だという理由から革命を非難した人々にとって、「社会」はスローガンとなった。保守主義者にとっても社会主義者にとっても、社会の発見は政治の価値の引き下げを意味した。

また次のような議論もある。学問の分業は社会科学では十九世紀に確立したが、その結果、社会学は行為や国家の分析だけでなく、国際関係の分析までも政治学に譲り渡すことになったというのである(Wallerstein, 1987)。国際分野に関しては、おそらくこの見解は少々単純化しすぎである。その見解が当てはまるのは、おそらく国際政治くらいであろう。なぜならその見解は、(主としてフランスの影響を受けた)ヨーロッパ社会学で発展した、人類に焦点を当てる伝統を無視しているからである。サン゠シモン、コント、デュルケムは、社会に焦点を当てただけでなく、それぞれ別のやり方で、産業化と我々が今グローバリゼーションと呼ぶものとの関連に気づいていた(Turner, 1990a)。実際、産業化にともなう社会解体と個人主義が、普遍妥当性をもつような新しい道徳的紐帯の発達によって制約されうる方法について、彼らは心をくだいていた。社会に関する分析の焦点とグローバルな分析の焦点との緊張関係は、デュルケムの社会学においてもっともはっきりと現れた。一方で、彼は道徳的個人主義の新しい様式の可能性を探究した。実際のところ道徳的個人主義は、高度に分化した人類にとっての唯一の公分母となるような新しい宗教となり得るかもしれなかった（Durkheim, 1969）。他方で、社会秩序と連帯への彼の関心は、一八七〇年に普仏戦争でフランスが敗退した後に大きくなったナショナリズム的感情に影響されたものだと主張されることもあった。この文脈では、次のようなことが示唆されてきた。すなわち、ナショナリズムは集合意識の源であり、ネーションは近代世界における聖なるものの源だとみなされる。ナショナリズムとネーションの潜在的可能性は、成熟期のデュルケムの仕事を貫く重要なテーマとなった（Turner, 1990a: 347）。

実のところ、デュルケムは人々の間の強い感情的紐帯および近代世界における聖なるものの回復力を論じたが、彼の議論は、現代のナショナリズムの復活、新しい宗教運動、そして消費文化の局面を理解するのに、今なお意義をもち続けているように思われる（Featherstone, 1991a: Ch. 8; Alexander, 1988）。同時に、デュルケムは、社会生活を秩序づけて諸社会の間の関係を統制する何らかの新しい手段を見出すことが、知識人の道徳的および文化的な使命であると、真剣に考えていた。だからこそ、彼は人類に焦点を当てたのである。しかし、人類やグローバルな次元をこのように強調しても、出現しつつあった社会の後の《ポストソシエタル》、あるいは超社会的《スプラソシエタル》な実在についての社会学が、それにはともなわなかった。このことがデュルケムの関心事であったわけではなかったように思われる。むしろ、焦点が当てられていたのは道徳的および文化的なレベルであって、相異なる人々の間で共通のアイデンティティを生み出す様式を可能にし、エゴイズムや利己的な個人主義と同様に外人嫌い《ゼノフォビア》をも諌めるような連帯の新しい形式を養い育てることに、強調点があったのである。それゆえ、デュルケムの仕事には緊張関係が存在する。彼は一方では、社会生活の基本単位としての社会と、規範的で道徳的な統制のための社会のメカニズムの輪郭を描くこととに焦点を当てたが、他方では、十九世紀末から二十世紀初頭にかけて起こった激しいグローバリゼーションと国家間競争の局面において、国民国家社会によって生み出された忠誠心の代わりとなる、新しいタイプの道徳的統合を発見する必要性に迫られて、人類に焦点を当てたのである。

偉大な古典的社会学者たちに明白に存在したこの緊張関係は、彼らの後を継いだ社会学者たちの間ではもはや意義を失ったと論じられてきた。たとえば、古典的社会学者たちのようにもう一度問題関心を広げることを強く願ったムーア（Moore, W. E., 1966）は、社会へと焦点を狭めてしまっているとして社会学のアメリカ化を批判した。社会学の暗黙の主題は、我々が論じてきたように、境界をもつ国民国家となっている。社会を社会学の基本的な包括カテゴリーだとみなすようなやり方で、社会生活の決定的単位として社会に焦点を当てることへの批判は、テンブルック（Tenbruck, 1994）によって詳細に論じられた。彼の議論によると、

社会学は、実在としての社会という観念を暗示して、それを独自の対象として研究することを要求する傾向があり、その構造を単に内的なものだととらえる。このようにして、社会学は、事実の一面的な選択や考察や説明しか許さない人工的な対象を確立してしまう（Tenbruck, 1994: 78）。

「下位システム」「下位文化」「レベル」「次元」といった概念は、統合された全体論的実体としての社会が優位に立つこの視座に残存している。同じように、「構造」「文化」「複雑性」などの社会学のなかでしばしば使われる一般的なカテゴリーは、いかなる時代や場所にも有効な一般的変数であると想定されている。

このように社会内の次元に焦点を当てることから、社会間の、あるいは社会を横断するプロセスを無

視することになってしまう。たとえば、社会が及ぼし合う相互的な影響、境界を超えて生じる宗教的、政治的、経済的、文化的なプロセス、移住者や亡命や難民のフロー、軍事的、文化的、経済的な拡張が無視されるのである。上記のような現象の諸側面を研究するところでは、社会学内部の傾向としては、それらを社会内の連関や作用というパースペクティブから見がちである——たとえば、移民はホスト社会への同化や統合というパースペクティブから検討される。社会変動を考察する場合には、社会の内的構成に焦点が当てられる傾向があり、変動を生み出す主要な構造的メカニズムという観点から、社会はお互いに平行関係にあると想定されている。それゆえ、近代化の諸理論は、諸社会の変動は内的発展の共通線をたどるという想定にもとづいている。このパースペクティブからすると、国家間の差異は、ひとつのプロセスの異なった様相にすぎず、このプロセスはいかなるところでも、通常の発展というような考えに向かって方向づけられ進行していくものであるとみなされる（発展という観念への批判としてはTenbruck, 1990を見よ）。しかし、これが見落としているのは、相互に関連する国民国家社会のネットワーク、あるいは形勢というユニークな条件において、ヨーロッパの近代化がどのように起こったかということである。国民国家社会もまた、形成の初期段階から相互依存と権力闘争のなかに巻き込まれていたのである。いうまでもなく、歴史的にユニークな準拠集団の特殊性は、他の時代や場所で再現可能であると想定されることは、ほとんどあり得ない。

ウェーバーに従って、テンブルックは、社会はいつも外的な状況によって形作られることを強調している。[(3)] ここで重要なのは、戦争と国境警備のための永続的な戦備である。徳川時代の日本のような、孤立を維持しようとした社会でさえ、住民を統制するために、また貿易や戦争や移住などを通じてアウトサイダーとのやり取りが生じる「弁《バルブ》」を操作するために、軍備や監視を行うという観点から、大きな努力を払うことになってしまった。実のところ、日本の最大の重要な他者であった中国との長期にわたる関係性に注意を払わなければ、日本社会の発展を理解することはできない。まもなく文化についての議論で確認することになるが、このプロセスから生じた文化の借用と折衷主義は、社会学や人類学のなかで長らく維持されてきた、有機的ないし美学的な統一体を強調する文化の観念に対して、大きな疑問符を付さないではいられない。

このことが示唆しているのは、特定の準拠集団内で「社会」として知られるようになったものの位置づけがどのように変化してきたかを関係論的に理解するだけでなく、「社会」を一時的な現象と考える、長期にわたる過程的パースペクティブをも採用する必要が、社会学にはあるということである。したがって、過程的実在としての社会は、常に形成と変形のプロセスにあるものと考えるべきである。すなわち、社会関係が生じるために社会が必ずしも存在している必要はないし、社会は生まれ、消えていく——これは、ウェーバーだけでなく、ジンメルやエリアスの書いたものからも取り出すことができるパースペクティブである。けれども、形成と変形のプロセスにあるのは社会だけではない。社会がそのなかで生まれ、成長し、変化する、より大きな準拠集団もまた重要である。これは、国民や国民国家間の権力バランスに焦点を当てることによって、ウェーバーやエリアスが明らかに意識していたプロセスである。実のところ、彼らが社会学的準拠枠から出発して、歴史的な個別性に常に敏感なパースペクティブから政治的、経済学的、（そしてエリアスの場合には）心理学的なデータを別々に扱うべき事柄として論じるように移行できたのだとすれば、彼らを社会学的帝国主義者だと考えるべきではない。このために、彼らの分析様式はつねにグローバルなものへと向かっていた。すなわち、世界にあるすべての国民国家やその他の形態のアソシエーションは、ますますひとつに結びついて、権力闘争と相互依存に巻き込まれていくだろうという意識が彼らにはあった。エリアスが『文明化の過程』(Elias, 1982) の概要のなかで示しているように、より大きな国民国家やブロックの創発と、それらの間の、あるいはそれらを横断する権力バランスや相互依存やリンケージの特質が、世界の様々な地域で発展するアイデンティティ形成やパーソナリティ構造のタイプに影響を及ぼすことになる。

比較的最近になって、グローバルな競争と相互依存が強まった現段階への反応として、ようやく我々はここに社会学的な問題があるかもしれないと考え始めた。その問題とは、このプロセスを理解するのに適切な一連の概念をどのように発展させればよいかということである。第一に、「社会」という大きな概念の下にいろんな想定を寄せ集めたものにもとづかない概念であること。その結果、国民国家をモデルにして、「世界社会」をある種の興りつつある「統一力をもつ大きなもの」として語る人々の視座は拒否される。第二に、これらのプロセスの文化的および社会的次元に敏感であり、そうした次元を経済的なものの派生物やそれに対する反応に還元してしまわない概念であること。したがって、グローバリゼーションのプロセスは、社会の準拠集団がますます増えていくことだと理解することができる。そうした準拠集団は接触のプロセスのなかで確立されるのであるが、接触のプロセスは必然的にひとつの世界を創り出す。そうした世界は、我々が住む有限で既知の世界という意味と比べれば、まだ生まればかりで限定的なものであるが、いかにそうであろうとも、それは世界なのである。このより大きな、社会を横断し社会を超えるプロセスが、社会の発展を可能にする文脈を形成する。たとえば、ヨーロッパの国家形成のプロセスは、一連の権力闘争、対立関係、同盟、排除競争を生み出した。これらの闘争において当てにして利用できる、さらなる権力資源を求める争いは、ますます拡大して、世界全体を取り込んだ。次のことを付け加えておかなくてはならない。すなわち、モダニティの発展を社会のなかにある内的論理の展開からとらえようとする傾向があるとはいえ、モダニティの発展はこの〔グローバルな〕プロセスと切り離しては理解できないのである。そこで我々は、人類学のなかで発展してきた文化と社会のイメージについて考察してから、モダニティの議論へと手短に立ち戻ることにしよう。

文化統合と土着性

人類学はその成立以来、つねに「人間」一般（つまり「人類」、ここに哲学的人間学とのつながりが残っていると今日ではいわれている）の特徴を語ろうとしてきた。同時に、人類学は、研究対象となっている部族集団の個別性に敏感であろうとしてきた。ドイツのロマン主義や十九世紀後半の解釈学の影響を受けて（たとえばディルタイはボアズに影響を与えた）、次のようなことが想定された。すなわち、部族は、独自の複合体を形成している弁別的な文化をもっており、その文化は自分たち自身の言葉で解釈される必要があるという想定である。部族社会は、ヨーロッパ人や北アメリカ人に「発見」されるまでは、世界の遠く隔たった地域に散在していたために、部族社会は孤立していると想定されていた。部族社会の孤立によって、「汚染」の問題は減少し、凝集して統合的全体をなすと考えうる独自の諸特徴がより純粋なかたちで維持されていると想定された。「文化」という用語は、社会生活や文化生活を包括する全体性を言い表すために使われることが多い。この意味で、文化はしばしば、ある民族の「生活様式全体」を指示するために用いられてきた。[4] 他の民族がもつ文化実践の弁別性は、他の文化を「見知らぬもの《ストレンジ》」として構築し、また人類学者を「驚きを売る商人」として表象することと結びつけられてきた。人類学者は、我々の感受性を刺激するために、世界の文化を並べたショーケースに手を突っ込むからである（Friedman, 1987）。
文化とはユニークで独立した全体性であり、そのなかでは、複雑で奇妙な様々の部分がすべてうまく組み合わさって統一的な全体をなしている。このような考えは、たとえばルース・ベネディクトの著作に見出される。ベネディクト（Benedict, 1934）はボアズの著作に影響を受けている。ボアズは、文化を創造する主要な力は一貫性へと向かう傾向であり、それはさらに情緒的な一貫性を求める衝動から引き出されていると想定していた（Hatch, 1973: 81）。文化間の差異は人々の間の差異と同様のものだと考えられている。文化とは、組織化の特徴を示す全般的な型《パターン》のなかで諸要素を組み合わせたものである。この型《パターン》は事実上それぞれの文化編成を独特で共約不可能なものにする。こうした文化に対する態度は、『菊と刀』から引いた次の意見からひろいあげることができる。

私はまた文化人類学者として、どんなに孤立した行動であっても、互いに何らかの体系的な関係をもっているという前提から出発した。何百もの細部が全般的な型《パターン》へとどのように組み込まれているかを、私は大切に取り扱った。人間社会は生活するための何らかの見取り図を独力で作り出さなくてはならない。人間社会は状況に対処する何らかの方法、状況を判断する何らかの方法を認定する。そうした社会の人々はこれらの解決法を世界の基礎とみなす。彼らは、いかなる困難があろうと、それらを統合する。生きていくための価値体系を受け入れた人々は、その体系と反対の一連の価値に従って考え行動するような部分を、他とは切り離したかたちであっても、自分たちの生活のなかに設けておくと、いずれきっと非能率と混乱を招いてしまうことになる。彼らはより多くの斉一性を実現しようとする。彼らは自分たち自身に何らかの共通の理由づけと共通の動機を与える。一定

程度の一貫性が必要であり、さもなければ、体系全体がばらばらになってしまう。(Benedict, 1946: 12)

文化の統一性と隔離性についてのベネディクトの想定は、現代の人類学者の多くからはほとんど共感を得られないだろう。不統一、断片化、係争、多元主義、そして文化の過程的性質といったものに、彼らはより敏感だからである。[5] エリック・ウォルフ (Wolff, 1990: 110) が教えるように、「人類学は、主として、型《パターン》、編成《コンフィギュレーション》、エートス、形相《エイドス》、エピステーメー、パラダイム、文化構造といった文化的統一体を包含するという観点から、意味を扱ってきた」。これらの統一体は、論理美学的《ロジコ＝エステティック》統合のプロセスの結果だととらえられる傾向があった。ここで想定されているのは、統合と再統合に向かう衝動には、何らかの論理的または美学的な力が根底に働いているということである。それはあたかも、これらの認知プロセスがそれ自身のテロス〔目的、終着点〕に導かれているかのようである。この視座は、一様性を再現することを想定しているが、「多様性の組織化」という問題を見ていない。したがって、文化にはなんらかの固有の型形成《パターニング》があるという想定は、閉じられた社会に対する開かれた社会、あるいは統一的な社会に対する多元的で分化した社会という対比において、後者にだけ適用が困難であるわけではない〔本来は前者に対しても困難なのである〕。

ウォルフ (Wolff, 1990) が我々に気づかせてくれるのは、ウォーレス (Wallace, 1970) の著作の参照には重要な意味があるということである。その著作では、すべての社会は根本的な意味で多元的な社会である。それらは、成人男性《マン》や成人女性《ウーマン》や子ども、男《メイル》や女《フィーメイル》、主人と奴隷、戦士と司祭といった多様な認知的視座で構成されている。それらのすべてが社会生活の異なったモデルをもっている。これは、男性と女性は同じ文化理解を共有しているわけではないというフェミニスト人類学者の見解に共鳴している。そのような視座の不一致は、文化の論理に従ったある種の包括的な枠組みに、何らかのやり方で調和的に統合されるものだと想定するのは間違いである。むしろ、我々は次のように問う必要がある。「社会的世界を整合的で一貫したものだと表象したがるのはどの集団なのか」、そして、「なぜ、またどのようにして、その集団は、世界についての自分たちの特定の表象を発展させ、周知させようとするのか」。文化の専門家（祭司、芸術家、知識人、学者、文化の仲介者）が一貫性を強調する社会生活のモデルを様々に生み出そうとしながら、別の時（たとえばポストモダニズムへの関心という現在流行している風潮）には解体と無秩序に力点を置く理論を発展させる理由を、我々は吟味する必要がある（Featherstone, 1991a を見よ）。社会的世界は比較的統合され中心化されているという認識から、基礎は消散し、「中心は持続しない」とする認識へと変化したことは、文化の専門家の様々な集団の間の権力バランスと相互依存における変化とおそらく関連している。後者の変化は、集団内部の、アウトサイダーとエスタブリッシュメントの人々との闘争によっても、雇い主《マスター》や公衆として、彼らに雇用、保護、賞賛、推薦、さらには無関心や軽蔑さえも与えてくれる、他のより権力のある、または権力のない集団とのかなり一般的な関係によっても生じてくる。エスタブリッシュメントが動揺する時には、世界の特定の見方とエスタブリッシュメントの概念装置が、選択されたものにすぎないことが明らかとなる。なぜなら、あわただしくひそみから浮上し復活しつつある代替図式に沿って整理されると、その普遍性ではなく特殊性が露呈してくるからである。それゆえ、ウォルフ（Wolff, 1990）が我々に気づかせてくれるように、権力は意味作用の外部にあるものとして、すなわち後から介入してくるにすぎないものとして、決してとらえるべきではない。なぜなら、権力はもともと意味に宿っているからである。ここで、我々はノルベルト・エリアス（Elias, 1987a）のアプローチについても語っておいたほうがよい。彼はプロセス社会学を唱えた。プロセス社会学は、長期にわたる変化に焦点を当てることを通して、様々な社会集団の間で相互依存と権力バランスが変化するなかで、知識群の形成と変形が起きることへの感受性を高める。

文化は統一されたものであるという見解に関わるさらなる問題は、レナート・ロサルド（Rosaldo, 1993: 91ff.）によって強調されている。ここで問題にされているのは、秩序と混沌の間の、硬直したマニ教的な二元論的選択の一方の極に文化を置く傾向である。したがって、文化はしばしば、潜在する暴力や利己的エゴイズムに対して必要な強制的、規範的統制として提示される。彼の論じるところでは、ギアーツやターナーといった現代の影響力のある人類学者は、この位置取りをデュルケムから受け継いでいる。ロサルドにとって、デュルケム社会学の基本的な問題は、「もし〜ならどうなるか」という混沌の見方を食い止めるべく、統合と統制という双子の命令のうえに彼の社会学が築かれているところにある。そうした混沌の見方が何であるかについては、ほとんど説明されていない。実際のところ、デュルケムは秩序と混沌の間にはほとんど余地を残しておらず、人々は曖昧さ、不確かさ、自発性、即興とともに生きることができるという意識がほとんどない。社会の一義的理論を発展させようというデュルケムの関心は、曖昧さを排除した世界という体系的で秩序だった見解を生み出すための、モダニティ内のより一般的な運動の一部だとみなすことができる（Levine, 1985）。フーコーの著作は、人間諸科学の発展が、人間の社会生活を秩序づけ、詳細に調べ、統制しようとするプロジェクトの一部であると指摘している。

しかし、新時代の幕開けだと解されるポストモダニティという概念にいかに懐疑的であるべきだとしても、我々は次のことを承知しておくべきである。すなわち、ポストモダニティが発展させる理論とモデルも、ポストモダニティが社会生活の新しい潮流の証拠として構築する現代世界の特徴も、どちらも、無秩序が常にどの程度社会生活の特徴であったのか、また、秩序／無秩序は世界の歴史と場所の様々な地点でどのくらい異なっているのかといった疑問に、我々の注意を向けさせてくれる。象徴によって世界は構造化されるだけでなく、〔象徴にともなう〕当たり前とされる価値評価で区別され、分類までされるわけだが、人間の社会生活がそうした象徴の使用に依拠していることに異議を唱えるのはおそらく難しそうである。分類は境界の利用をともなうが、境界は日常世界をわたっていくときには当たり前だとみなされていても、その絶対性と硬直性の程度や曖昧さを寛容する程度は異なっている（Zerubavel, 1991を見よ）。我々はポストモダニティという新しい時代に差しかかっていると提唱する人々の議論に適合しているように思われるのは、以下のような想定である。その想定とは、我々はグローバルに条件づけられた世代を目の当たりにしていて、そうした条件においては、人々の集団のいくつかは、より柔軟な分類が必要となる状況、すなわち曖昧さをともなわない調停を行う上でもっとも強力な一連の文化ルールを引き合いに出すことができない状況に、巻き込まれていっている。だからといって、参加者が平等にアクセスできる開かれた公共圏をもつ社会に、我々は暮らしているのだといいたいわけではない。そんなこととはほど遠い。むしろ、主張しようとしているのは、より多くの人々が公共の活動基盤を求め、少数者集団やアウトサイダー集団のための市民権を要求しているのだということである。多文化主義の政治はある程度の敬意と寛容を要求するが、それ自体アポリアをもっている（Taylor, 1992）。しかしながら、多文化主義の政治は、他の集団を分類しカテゴライズする仕組みの作動様態に疑問を投げかけることへとつながるのである。

社会や文化として部族生活を構築することに反省を深めるように求める議論は、民族誌の実践の綿密な問い直しを中心として発展してきた。民族誌においては、民族誌学者は見えない《インビジブル》存在でいることを許されなくなっており、解釈およびカテゴリーの構築のプロセス全体は、民族誌が本質的に「文化を書く」ひとつの様式であることを強調する批判にさらされている。「文化を書く」ことは、これらは統一性と閉じた物語という効果を生み出すようにテクストのなかで作用する。文筆の技巧、言葉のあや、喩えによって制限を受ける。人類学におけるこの「ポストモダン的転回」は、クリフォード（Clifford, 1988）、クリフォードとマーカス（Clifford and Marcus, 1986）、マーカスとフィッシャー（Marcus and Fischer, 1986）、マーカス（Marcus, 1992b）、クラパンザーノ（Crapanzano, 1980, 1992）、タウシッグ（Taussig, 1980, 1987）、その他による著作に見られる。たとえば、マーカスとフィッシャー（Marcus and Fischer, 1986）は、自分たちのプロジェクトを「表象の危機」によって動機づけられたものだと自認している。それは文化的差異を適切に描くことの問題を強く打ち出している。このなかで彼らは、サイード（Said, 1978）、ホワイト（White, 1973）、その他、異文化の適切な回復——人類学においてあれほど長く影響力をもった「救済のパラダイム」——の可能性を問題にした人々の著作に依拠しようとした。文化を「複合的全体」（Kroeber, 1948: 60からの引用）としたE・B・タイラーの有名な定義以来機能してきた文化のモデルは、文化の有機的あるいは機械論的イメージを示唆してきただけではない。それはまた、「初めのうちは気づかない一貫性、驚くべき意味の豊富さ、隠れた合理性がある」（Thornton, 1992: 22）という想定を前提にしている。ここでの目的は、社会や文化のこの理想化されたイメージを構築するのに利用されるレトリックの技巧を明るみに出すことである。そうしたイメージは人類学者に一貫した現実という意識を与え、人類学者はその現実をとらえて精製する権限をもっているわけである（この議論は歴史にも同じく適用することができるため、White, 1973に加えて、我々はBann, 1984の著作も指摘しておくべきである）。

人類学というジャンルの慣習となっている、世界全体もしくは生活形式全体の現実を包括して表象しようとする意図をもった写実主義（realism）とは違って、マーカスとフィッシャー（Marcus and Fischer, 1986: 23）はより実験的なアプローチを選ぶ。このアプローチでは、意図的に公然と不完全であるテクストを創り出すために、いくつものレトリックの技巧が用いられる。そのようなテクストは、それ自体が構築されるプロセスを暴露し、最終的なかたちに取り込まれたり、それから排除されたりする様々な要素を明るみに出す。たとえば、クラパンザーノ（Crapanzano, 1980）は『精霊と結婚した男――モロッコ人トゥハーミの肖像』において、統一的な物語や、文化の一貫性という意味を生産することを拒否している。インタビューを起こして編集したものを、読者の解釈が必要なパズルとして提示するモダニズム的テクニックを自覚的に用いることによって、その本は伝統的な生活史の枠組みとは決別している。断片化した、ほとんどシュールレアリスム〔超現実主義〕的なテクストを生産するために、彼は、気分や空想や感情をとらえる形式を故意に操作することによって、民族誌学者の権限を抑え込む（Marcus and Fischer, 1986: 71ff. の議論を見よ）。

そのような技巧を用いることは特に新しいものではない。また、そのような技巧は明らかに、ポストモダニズムよりもむしろモダニズムに起源をもっている。このことを強調したのはクリフォード（Clifford, 1988）である。彼はシュールレアリスムが人類学に与えた衝撃を論じている。シュールレアリスムが評価するのは、断片化されたもの、予想しない並列、そして、無意識や夢のイメージや途方もない経験とありふれた日常生活との混和といったものがもつ美的特徴である。この文脈でとりわけ興味深いのは、「社会学研究会」の影響を受けたフランスの民族誌学者たちである。その研究会は、バタイユの著作を中心として一九三〇年代のパリで結成された、知識人のゆるやかな非公式の集まりである

(Richardson, 1992を見よ)。彼らは、侵犯、過剰、供犠といったものの儀礼的表現と結びついた聖なるものへの新デュルケム主義的関心を発展させた。実際、文化は統一されたものとみなされるべきではなく、きわめて両義的な構造をもっていると論じられた。文化は規則と侵犯の両方に関する教えを含んでいる。このグループの一員であったマルセル・グリオールは、民族誌のシュールレアリストは文化の不純さと攪乱的な折衷主義を喜ぶべきであると主張した(Clifford, 1988: 131)。ミシェル・レリスもそのグループのメンバーであったが、彼は自分が集めた素材に適した語りの形式をめぐる問題にすっかり気を取られ、その結果としてついに『幻のアフリカ』が生まれた。これは結末の定まらない「非―本《アンチ・ブック》」であり、確かに事実やイメージからなる事項の連続であったが、そこに出てくる事実やイメージというのは、彼がそれらに想像力を働かせて統一することを拒否したものだった。読者に対する彼の勧告はこうなっていた。「注意せよ、この本は読み取れない」(Clifford, 1988: 167からの引用)。

それゆえ、シュールレアリスムはコラージュ、切り抜き、寄せ集め《アッサンブラージュ》といったテクニックを用いた。切り取られた素材はそれとわかるままにされて、統一的な表象へと混合されることはなかった。シュールレアリスムは、芸術家/科学者/語り手の権威を揺るがし、我々のもとへ現実のより基本的な知識をもち帰ることができる、才能ある特別の人物という神話を揺さぶろうとした。単一の声による自信に満ちた独白《モノローグ》は、ごちゃごちゃの多声《ポリフォニー》に屈する。また、大部の『パサージュ論』に取り組んだヴァルター・ベンヤミン(Benjamin, 1982)が、一九三〇年代後半に「社会学研究会」に参加していたことに言及しておくのも面白い。『パサージュ論』は、十九世紀半ばのパリに花開いた大衆文化と消費者の夢の世界を、シュールレアリスムに触発されて断章によって説明したものである。ベンヤミンの著作はポストモダンの理論家たちの間で特に影響が強く、民族誌においても用いられてきた(たとえばTaussig, 1980, 1987)。

次のように付け加えるのは強引かもしれないが、堅固な概念的統一性に反対してより柔軟な枠組みを採択するのは、芸術運動や知識人の活動のなかで長らく伝統となってきた（たとえば世紀の転換期の生の哲学があげられるが、生の哲学がゲオルク・ジンメルの著作に対してもった意義についての議論が Featherstone, 1991b にあるので、それを見よ）。ちなみに、より柔軟な枠組みのほうが、無媒介の生それ自体により近いと考えられなくもない。ともかく、そうした伝統が一九六〇年代のポストモダニズムにおいて復活した。ここでは、『スリープ』（一九六三年、男が眠っているのを六時間撮った映画）や『マリオ・バナナ』（一九六四年、異性装の男がバナナを食べている［映画についての議論は O'Pray, 1989を見よ］）といったアンディ・ウォーホルの「非活動的」映画を考えるだけでよい。生の無媒介な個別性に対するそのような崇敬や、論評なき文化的表象の再—提示《リ＝プレゼンティング》は、社会科学内にもともとある緊張関係を示している。すなわち、一方には一般化への圧力があり、他方には特殊化する傾向がある。言い換えると、前者はできるだけ普遍的な意義をもつ一般理論を構築することへの圧力であるのに対して、後者は個別化に向かう傾向であって、人々や制度や文化に想定されるユニークな特殊性を正当に評価して、これらの個別なものが共有しているとされるアイデンティティの解体を、それらに潜んでいる複数の声や対立する視座が明らかになるまで、さらに進めていく傾向である。

人類学における文化統合という想定について議論を終わらせる前に、次の疑問を提示しておく価値があるだろう。すなわち、「孤立する文化をもつ、統合された部族社会という考えは、我々にとって何の役に立つのか」という疑問である。ひとつの答えはボードリヤール（Baudrillard, 1993）によって与えられている。彼は、フィリピンで未知の部族が発見されたのをめぐって、とんでもない大騒ぎが起こったことを論評している。彼の議論によると、彼らが他の社会と接触しないように、（その部族には知らされないまま）ある種の保護を設けようとあらゆる努力がなされた。その理由は、我々はますますシミュレーション的な文化に呑み込まれていて、現実的なものの喪失を嘆いているため、地上のどこかに一揃えの「現実の」人間たちが存在することで、我々は（再び）より人間的な気持ちになれるからだというのである。

以前からいわれてきたことであるが、マリノフスキー以後、人類学は境界づけられた居住地として村落に焦点を当てる傾向があり、その場合効果的に使われたのは、部分（村落）が全体（文化）を代表する、提喩というレトリックの技巧であった（Clifford, 1992）。焦点が当てられているのは、ローカルな居住場所としての村落である。移住や移動についてのいかなる考えも、「フィールド」として構築される村落とその周辺地域に縛られる傾向がある。しかし、クリフォード（Clifford, 1992: 100）によると、これについてはいくつもの要素が見過ごされ、構築された説明から欠落してしまっている。まず初めに、輸送とコミュニケーションの手段があげられる。たとえば、村落と外部世界をつなぐボート、車、電話である。第二に、首都やナショナルな文脈との関係性があげられる――つまり、その村落を訪れる許可をもらうために民族誌学者が訪れなくてはならない場所である。第三に、研究者にはホームとなる大学があるし、ネイティブも研究者も、フィールドを出たり入ったりと往来する。そうした往来は現代世界では比較的簡単に起こっている。さらに、「インフォーマント」の中心的役割がある。それは過去にはしばしば目を閉ざされ、十分に理論化されてこなかったが、より中心に位置づけられることが必要である。そうすることによって、インフォーマントは、フィールドに住んでいる受け身の筆者／記録者ではなく、同時に旅行者だとも考えられるべきである。それゆえに、非西洋の人々の生活の一部を固定化してとらえ、それを使って全体を代表させることによって、「ネイティブ」として彼らをその場所だけの存在にしてしまうのは、決して適切なことではない。現地の人々を彼らのローカルな地域に限定してしまうこの静態的記述は、ほとんど虚構である。実のところ、アパデュライ（Appadurai, 1988: 37）は「幽閉された（incarcerated）」という強い語を用いて、続けてこのように注意を促している。「ネイティブ、自分たちの属している土地に縛られた人々、より広い世界との接触によって汚されていない集団、そんなものはおそらく存在したことがない」（Appadurai, 1988: 39）。

しかし、たとえネイティブという記述が虚構だとしても、それは社会生活にしっかりと根づいてしまった非常に強力な虚構である。ここで、それはふたつの並行するプロセスに関係するものだと理解するべきである。第一は、十六世紀以降、新世界の幕開けとともに起こった現地民族の「発見」と、これが既存の分類体系に引き起こした諸問題である。もしコロニアリズムと商業資本主義の発達からなるこのプロセスによって、民族と商品とカテゴリーの大いなる旅、移動、混合の局面が始まったのだとすれば、そのプロセスはまた第二のプロセス、つまりネーションの発展と並置されるべきである。ある領域にいる人々をネーションに組織することは、国家形成プロセスの一部であった。戦争、植民地の拡大、経済競争を通じて、諸国家がより緊密な形勢へ一緒に巻き込まれていくにつれて、国家形成のプロセスは、敵対関係の強まりとともに、はずみを増していく。十八世紀後半と十九世紀には、芸術家や知識人が、ナショナル・アイデンティティを発展させるのに役立つエスニックな歴史やナショナルな伝統を再発見し、発明した（Burke, 1978を見よ）。おそらくこのことが、文化は統合され、境界づけられ、弁別的なものだという有機体の比喩を案出するのに役立ったのであろう。ナショナル・アイデンティティは血と大地を強調してきた。キース・トマス（Thomas, 1983: 220）は、イギリス人の象徴《エンブレム》であるオークの木の歴史をたどった（Malkki, 1992: 27を見よ）。ルーツ、大地、母国《マザーランド》や祖国《ファザーランド》といった自然の比喩を強調することによって強められるナショナル・アイデンティティは、土着の意識だけではなく、排他主義の意識をも提供してきた——唯一可能なのは、ひとつのネーションの系統樹に属することである[6]。これらの手短な所見からおそらくわかるのは、国民国家の成長や、市民と臣民の権利と義務に関する想定の発展と並行する我々のアイデンティティの領土化においても、定着民の比喩の形成を再構成できるということである。「故国《ホームランド》」としてのネーション、人がそこから冒険に出かけても常に帰ろうとする居住場所としての故郷といった考えが、これに関連する強力な比喩となっている。この点は、モダニティが「故郷喪失《ホームレスネス》」という不幸な状態を引き起こすという正反対の考えとも関連するのだが、これについては以下で論じることにしよう。

　ここでは、一八七〇年以後、国民国家間で競争が強まった段階において、堅固なナショナル・アイデンティティを生み出すプロセスと移住との関係性をめぐる重要問題を考察する余裕がない。一八七〇年以後というのは、ネーションがそれぞれにそれ自体の故国と継承すべき遺産をもち、「想像の共同体」という強いイメージを生み出していた時代である。「大群（great swarmings）」、つまり一八八〇年から一九二〇年にかけての期間に移住が激増したことはまた、国民国家が「移住受け入れの危機」についてパニックを拡大させ、堅固な境界とアイデンティティを構築する必要性を高めた局面であった（Zolberg, 1995を見よ）。アメリカ国内では十九世紀後半に、同化モデルの長所について、民族的多様性の寛容というより多元的なモデルとの対立で、激しい議論が起こった（Lasch, 1991）。それゆえ、移動が増える局面は、「故郷」やアイデンティティが関心事となる局面でもあった。しかしながら、移動や移住の肯定的なイメージに出会うのは難しい。けれども、そうしたイメージは疑いなく存在している。いくらかそうしたイメージの源を提供していたのはモダニティの様々なカウンターカルチャー的動向であるが、それはたとえば、旅やアウトサイダーに興味を示し、移住者、奴隷、難民の話に関心をもっていた芸術のモダニズムやボヘミアンなどである。

旅と故郷との関係性は複雑にからみあったものである。ある種の民族は、国民国家の形成と並行して、旅について、また国民国家が境界によってどの程度閉じられているかについて、肯定的なものも否定的なものも含めて様々な描写を発達させる。たとえば、ポルトガル人は十五世紀と十六世紀の探険航海以来、国民国家と対立するものとして、空間的単位としての世界という意識をいっそう強く発達させた。サウダージ（saudade）という語は、大まかに訳せば憧れやノスタルジアとなるが、ポルトガル人にとっては長い間、尽きることなき漂白の思いを連想させてきた（Feldman-Bianco, 1992）。それが言い表しているのは、旅や放浪への関心と、想像の共同体としてのポルトガルの集合的記憶との二重の意識である。世界の他の地域でも、移住や移動としてのナショナル・アイデンティティというこの意識は存在している。それは王賡武（Wang, 1993）が東南アジアについて当てはまると主張したとおりである。これは東アジアときわめて対照的である。東アジアでは、儒教的敬虔主義と官僚制的構造によって補強された変化の乏しい農耕社会が背景となって、移動と移住者は限定的であまり重要性をもたないとみなされる。これらの所見に照らして、様々な西洋の国民がもつナショナル・アイデンティティの諸側面を再構成するのは、興味深いことであろう。ロード・ムービーにもとづいた「道《ザ・ロード》」の魅力に対する態度という観点から、アメリカとスウェーデンとを予備的に対比するには、アイアーマンとロフグレン（Eyerman and Lofgren, 1995）を参照してほしい。

モダニティに戻る前に、重要な点をもうひとつ指摘しておく必要がある。その点というのは、（部族的なものであれ産業化以前のものであれ）コミュニティ、社会、ネーションは空間的に分け隔てられた実在だという想定のことである。すでに言及したとおり、この想定は、これらの実在が組み入れられている地盤を欠いている。実際、それらのアイデンティティはコミュニティや社会の間の形勢のなかで形成される。しかし、このアプローチがもつ危険性は、基本単位となる集団が固定したレベルで一貫性を保ち、アイデンティティを形成すると想定していることである。ある国家が他の国家と交戦状態にあって、国民国家が国際舞台のアクターだととらえられる場合にも、同様のことがいえる。ベルゲセン(Bergesen, 1990)がウォーラーステインの著作を批判するなかで指摘したように、国民国家は世界システムに参入する以前にその特性を獲得しているとする彼の想定には、明白に方法論的個人主義の想定がある。実際には、国民国家は「全体として生まれる」ように思われる。

しかし、国民国家は、それらが活躍する地盤となり制約ともなる形勢のなかで発展したにすぎない。教会、王朝のつながり、その他の形態のアソシエーションを通じて、初期の原型的国民国家の間にはあらゆる種類の接触が生じていた。そのことが交換や取引の文化的複合体を発達させるのに役立った。そして、このことが発展しつつある場《フィールド》もしくは地盤として作用し、そのなかでこそ国民国家はアイデンティティを形成し始めることが可能になった。十九世紀と二十世紀に興った国民国家の大多数にとって、この国際的な文化的複合体、もしくはトランスナショナルな場は、徐々に拡大していく世界を形成し、その意義は接触が激しくなるとともにますます顕著になっていった。ローカルなコミュニティ、社会、国民国家が発展する空間は、これらの実在がまさに形成されていくにつれて必然的に発達しつつあった権力バランスと相互依存を通じて、常にヒエラルヒー構造をなしながら相互につながっていた。「伝統」という語の用法に疑いをもつように警戒したのと同じやり方で、民族や共同体や社会の自律という原初の状態があり、それがモダニティや資本主義やコロニアリズムによって踏みにじられたと想定することにも、警戒すべきである。グプタとファーガソン（Gupta and Ferguson, 1992: 8）はこう述べている。「原初のコミュニティの自律を想定しないで、我々はまず第一に、それがどのようにしてコミュニティとして形成されたのかを調べる必要がある」。

ローカルなコミュニティ、社会、国民国家を定住的な故国として構築することに意識的であるとしても、人間の通常状態は誰もが「遊牧民《ノマド》」や「旅行者」の状態である、あるいはそうであるべきである、という逆の想定に鞍替えすべきだということにはならない。むしろ、我々に必要なのは、文化の過程的で関係的な側面を正しく評価する文化の理論を発展させることである。我々に必要なのは、ローカリティは統合的で定着的なコミュニティであるとするイメージの持続とともに、世界は故郷を追われた遊牧民《ノマド》が移動によって混成しているとするイメージの形成について、それらの根拠を吟味することである。今日、理論化を行う上での課題は、ローカリティにおける共同的な生についての理論をいかに構築するかということである。そうした理論は、単に規範として定住していることを表象するだけでなく、心象的な故郷／故国のイメージに追いやられてしまうことも含めて、共同的な生の様々な様相を考察しようとする。そのような理論はまた、様々な関わり方で旅をしている住民たちが、いかにして自分たちの様々な団体帰属やアイデンティティをどうにか構築し、実現しているかを、考慮に入れる必要がある。(7)

グローバル・モダニティーズ

今日、モダニティという語は社会諸科学において広く用いられている。これには多くの理由がある。まず、資本主義のような他の語句は、現代の社会生活のすべての面を取り扱うには力不足であった。というのも、一九八〇年代には、いろいろなかたちのマルクス主義やネオマルクス主義から興味が失われていったからである。次に、ポストモダニズムへの関心の拡大があげられよう。ポストモダニズムは、モダニティの限界を指摘することによってモダニティの限界を画定し、モダニティとは何であったのかという問題に我々の注意を引き戻す。それにより、文化について、現代および近代の経験の本質について関心が高まった。社会学的なパースペクティブからは、モダニティはふつう「ポスト伝統的な秩序」だと定義される（Giddens, 1991: 2）。その主な特徴には次のものが含まれる。すなわち、機械生産にもとづく産業主義、商品生産と労働力の商品化にもとづく資本主義、住民の監視にもとづく組織的権力の大規模な増大、暴力手段の統制と戦争の産業化、すなわち我々が「社会」と呼ぶものの基本的な指示対象である国民国家の発展である（Giddens, 1990: 15ff.; 1991, 10ff.; 少し違ったリストとしては Hall, S., 1992a; Turner, B. S., 1990b を見よ）。ギデンズにとって、これらの要素は近代の諸制度にあるダイナミズムについての特徴的な感覚を生み出すのに役立つ。それはつまり、近代の世界は暴走する世界だという感覚である。これは以下のことにもとづいている。まず、時間と空間の分離である。これが意味しているところは、諸活動がもはや場所に制限されないこと、また同時的コミュニケーションが距離を超えて起こりうることである。次に、貨幣のような抽象的システムやメディアを利用した、伝統からの社会制度の脱埋め込みがある。そして、反省的《リフレクシブ》知識の利用の増大である。

ギデンズはモダニティの制度的次元に議論を集中させており、文化的次元にはあまり注意を払っていない。彼は実際に次のように述べている（Giddens, 1991: 137ff.）。モダニティについてのふたつのイメージが社会学的な文献を支配してきた。第一はウェーバーに由来するもので、「鉄の檻」としての生活の官僚制化というイメージであり、第二はマルクスに由来するもので、怪物としてのモダニティというイメージである。ただしこの怪物は、資本主義という形態をとると、非合理的ではあるが原理的には手なずけることが可能である。これらのイメージに対して、ギデンズが提案する彼独自のイメージはこうである。「大型車両《ジャガーノート》――それは巨大なパワーで暴走する機関車両で、人間が集まれば、ある程度は御することができるけれども、また一方ではコントロールを失って軌道を外れる危険性があり、ひょっとするとバラバラに壊れてしまうかもしれない」。これらのイメージすべてに共通するのは、世界を伝統から離脱させる単一のモダニティがあるという想定である。実際、モダニティを生じさせる基本的メカニズムは、世界中で多かれ少なかれ同様の効果を生み出すものである。文化はこれらのより基本的な、経済的、政治的、制度的プロセスに従い、適応するものである。

モダニティの様々な側面の間の関係性は非常に複雑である。一方で、鍵となるいくつかの諸次元（社会的、経済的、政治的、文化的次元）から見れば、モダニティの輪郭を描くことの妥当性には問題がある。なぜならそれらの諸次元は別々に分析され、その上で相互に結びつきを示されるからである。エリアス（Elias, 1984）が教えてくれるように、我々は、それぞれに別個の学問分野をもっている別個の領域へと社会生活を分割することが物事の道理であると想定することはできない。むしろ、それらの諸領域は〔社会の〕形成プロセスに依拠して現れたカテゴリーであるとみなされるべきである。エリアスは十八世紀の経済学の発達を、弁別的な経済という領域が出現したことを前提にした、社会に関する最初の科学として考察している。そうした領域の出現は、同様に、経済の専門家の人数と権力のポテンシャルの両方が蓄積されていることにも依拠していたのである。私は本書の第2章「文化領域の自律化」で、同じようにして、文化領域の発達を検討することに向けて試験的に考察を進めてみた。

二番目のポイントは、モダニティの制度的次元と文化的次元の間の関係性に関連している。ふたつの側面は必ずしも区別が容易であるとはかぎらないが、たとえばティビ（Tibi, 1995）は、制度的次元については、すでに論じたようにギデンズ（Giddens, 1990, 1991）が概略を示した特徴から見ており、また文化的複合体については、ハーバーマス（Habermas, 1988）が述べたようなモダニティの未完のプロジェクトとして見ているようである。ギデンズは、前者の制度的次元を、特にグローバリゼーションが進展するものと想定している。実際彼は、グローバリゼーションのプロセスにおける文化的要素の独立した力を考慮せずに、モダニティがグローバリゼーションを生み出すと想定しており、重要な点において、決めつけられた因果関係は逆転することがあり得て、グローバリゼーションがモダニティを生み出すかもしれないとは見ていない（この議論については Robertson, 1992a, 1992b を見よ）。ハーバーマスのモダニティのプロジェクトは、啓蒙の良き社会についての展望を実現することを含んでいる。この展望においては、伝統的なドグマ的権威の構造が批判され、廃棄されてきただけでなく、近代の科学、テクノロジー、道具的理性（人間による自然支配と人間による人間支配、これらは実際に啓蒙の「暗部」であった）の否定的な面も、反省的で責任ある人々からなる活動的な公衆によって抑制され、阻止されてきたことになっている。

ティビ（Tibi, 1995）や他の多くの論者が、ハーバーマスの述べたことに「西洋中心的」な性質をかぎつけたが、同じことがギデンズに対しても言えよう。彼は、「ハイ・モダニティ」に移行していくにつれて加速した制度的な変化がもとで、近代の生活における経験的、文化的、主観的諸変化が生じると想定しているからである。さらにギデンズは、文化／権力の複合に対してあまり感受性が高いところを示さない。すなわち、「他者」と西洋という様々なイメージはコロニアリズムのプロセスによって生み出されたものだが、ギデンズは、こうしたイメージが一定の範囲内でのモダニティの選択的領有にどのようにつながっているかをあまり顧慮しなかった。モダニティには一連の様々な参入可能点があること（Therborn, 1995）が、我々に理解できるだけではない。制度的な媒介変数の選択的領有を要求するのと同じやり方で、一連の様々なプロジェクトもまた発展したのである。たとえば、ティビ（Tibi, 1995）は、現代のムスリムが抱えるジレンマを「セミ－モダニティというイスラムの夢」と呼んだ。日本について言えば、「『近代』という記号表現は、西洋だけにかぎられた地域語だとみなされるべきである」と、ミヨシとハルートゥニアン（Miyoshi and Harootunian, 1989a: 146）は述べた。

時空間についてギデンズが論じたすべてのことにもかかわらず、モダニティの空間的次元は重要視されていない。我々はモダニティの空間的次元の問題を問うことが必要である。すなわち、「モダニティはどこにあるのか」という問いであるが、それを、西洋の中心から生じる何らかの優越した論理（ウェーバーの合理化テーゼの変種）という観点だけではなく、非西洋の西洋に対する空間的関係性という観点からも問うべきである。だとすると、モダニティは時間的観点から、つまり時代としてのみ理解されるべきではなく、空間的および関係的な観点からも理解されるべきである。後者の観点は、ある権力関係を含んでいる。この権力関係は、非西洋の反論に対して西洋に耳を傾けさせるだけの権力のリソースを蓄積したことで、今ようやく浮かび上がり始めたカテゴリーの組み合わせをまさに構築し、発効させることに潜むものである。ポストモダンおよびポストコロニアルの諸理論はこうしたプロセスの兆候である。その兆候が権力バランスのこのような変化を示しているのである。そうした諸理論を（たとえばポストモダニティのように）時間的ないし時代的なカテゴリーを実体化しているとして退けると、そのプロセスのこの重要な文化的次元を見落とすことになる。

これは西洋の中心から見た見解にほかならない。統合し統一する諸傾向にもかかわらず、複数のグローバルなモダニティーズの発展が生じるかもしれない可能性、そしてまた、(ハーバーマスの言い方を借用するとすれば)モダニティの多数の未完のプロジェクトがあるかもしれない可能性を、そうした見解は度外視している。ようするに、モダニティの空間的次元と、その特有の西洋における文化的な埋め込みに、我々は注意を向けることが必要なのである。西洋を世界のその他の地域から切り離し、その結果、西洋版のモダニティのプロジェクトを世界のその他の地域に押しつけることが企図される。こうしたプロセスが示唆しているのは、コミュニケーションと人々のフローをヒエラルヒー化して統制する能力が西洋にあると信じる状態から、その他の地域と西洋との交流がもはや規制できない以上は混住、移住、移転が規範になると信じる状態への移行である。しかし、おそらく、これらふたつの側面を順次に起こる段階としてしかとらえないのは誤りである。おそらく、それらは西洋のモダニティの発展のなかで長い間並存したと理解すべきであろう。

モダニティの第一のイメージは秩序のイメージであり、合理的知識の適用によって自然的世界と社会的世界を進歩的に管理し、支配し、統制することを含んでいる。このイメージにおいては、科学とテクノロジーに対する啓蒙の信仰は欠点をもっているとみなされる。というのも、良き社会や人類の幸福を語るのではなく、歴史の隠れた内的論理は、凋落の物語、つまり理想郷《ユートピア》よりもむしろ暗黒郷《ディストピア》の実現を暗示する物語だからである。このことを特に重大なテーマとしてきたのは、ドイツの社会思想と、ニーチェの著作に影響を受けた人々である。社会関係の再封建化と世界の官僚制化というウェーバーの見解は、機械的な習慣的行動が人間を支配し、すべての創造性を駆逐してしまうというものだが、それがホルクハイマーとアドルノの「完全に管理された世界」というイメージに反映している。この見解はまた、監視や一望監視方式や規律を増大させるために人間科学に由来する知識を応用することを強調したフー

コーにも、影響を及ぼしている。(8)

ジグムント・バウマン(Bauman, 1991)も同様に、モダニティの中心的特徴は秩序を生み出すことだと強調した。しかし彼は、このプロセスには限界があり、そのプロジェクトを完遂することはできないと指摘する。モダニティは、自然、社会的世界、自己の秩序づけとみっつすべての間のつながりが反省される時代である。しかし、秩序の探求は、秩序とは反対の考え、つまり混沌を糧とする必要がある。これは、矛盾、不調和、非合理性、曖昧さ、偶然性、多義性、混乱、葛藤によって我々が脅かされているという意識である。実際のところ、近代的生活には、我々が管理力を求めて躍起になっているように、「我々がいなければどうなるかわからない」という感情が浸透している(Bauman, 1991: 7)。近代的意識は、外に向かって拡大しよう、地図を作り分類しようという衝動に支配されている。それはすなわち、果てしなく無駄を繰り返す不安を慰めるために、近代的意識は、構築された秩序の下から新しい混沌の層を絶えず発見もしくは暴露しなくてはならないということである。実際、バウマンはモダニティの限界と矛盾を精査して探り出す際に、ポストモダンの理論の観点からモダニティを読み解いている。ここで、秩序と混沌というモダニティのふたつのイメージがどのように関連しているかに注目させるには、バウマンの反省は有益である。

第一のイメージが、固定的で、静態的で、閉じられたものというモダニティのイメージを提示するために、啓蒙と理性の暗部を強調するとすれば、第二のイメージは、モダニティを、それが探し出しも生み出しもする無秩序に対処する必要性に衝き動かされる不断の変化として強調する。この第二のイメージは、終わりなき分裂と社会の解体を生み出すモダニティというものである。なぜならモダニティは、人間の目的のために自然を鎮めてコントロールし、新しいものに道を譲るように社会生活の古い構造を打ち壊すからである。それは、ゲーテが『ファウスト』第二部で描いた、英雄的で独創的な人間の生というイメージである。そこでは、社会と自然が織りなす風景が進歩の名のもとに変容を被っている（Berman, 1982を見よ）。このイメージは、十九世紀後半と二十世紀初頭のドイツとアメリカの社会思想に対して、特に影響が強くなった。その当時、両国は、急速な産業化と、ベルリンやシカゴが大都市《メトロポリス》になるといった都市の拡大を経験した。ロバート・パークと彼の同僚たちは社会学のシカゴ学派として有名になったが、彼らによって示されたシカゴのイメージは、その都市によって生み出されざるを得なかった移住者の絶えざる流入というイメージであった。その都市のモデルは人間生態学にもとづいており、その都市が拡大してより多くの移住者を引き入れるために起こる、居住地をめぐる競合と定期的に繰返される転居に重点を置いた。そして、移住者の同化のプロセスは、彼らの人生におけるシフトにあわせて、その都市の自然の領域を空間的に移り住んでいくことをともなう。したがって、社会の解体（スラム、犯罪、非行、浮浪者《ホーボー》）は、近代の都市生活の動態の避けがたい部分だとみなされた。近代の都市生活についてのパークの考えは、十九世紀の最後の十年間、ベルリン·でゲオルク・ジンメルと仕事をして過ごした時間に影響を受けている。ベルリンは急速な成長という〔シカゴと〕並行的な段階を経験した都市であった。

我々がモダニティの経験的および文化的次元のイメージを描くことができる出発点は、ジンメルである。貨幣や大都市《メトロポリス》に関するジンメルの著作は有名であり、彼は近代的生活へのノスタルジックでないアプローチを発展させ、それによって「モダニティに取り組んだ最初の社会学者」（Frisby, 1985b）になったと論じられてきた。(9) ジンメルが強調したのは、近代的生活の断片的で動態的な性質であった。大きな都市の人々は、彼らを圧倒する恐れのある印象や気持ちのあれこれに攻め立てられていたからである。

このことから神経衰弱になってもおかしくなかった。これは都市生活者の無関心な態度への防衛機制であり、それについてジンメル（Simmel, 1971d）は、大都市《メトロポリス》と精神生活に関する有名な論文のなかで語っている。近代的生活の中心にあるのは、固定された内容が解体してしまう傾向とこうして闘うこと、すなわち、過度に流動し運動するものを適切に統一し、枠づけ、あるいはそれに形式を与える何らかの能力を発見することである。ジンメル（Simmel, 1923, ここは Frisby, 1985b: 46からの引用）が述べているように、

モダニティそれ自体の本質は心理主義である。それはすなわち、我々の内的生活の反応という観点から、そして実際それは内的世界なのだが、その観点から世界を経験し（*das Erleben*）解釈することである。そうした経験や解釈は、魂の流動的要素における固定された内容が解体するという観点から行われるが、そうしたところから実質的なものがすべて濾過され、その形式が単なる運動の形式となるのである。

流動や運動とモダニティとの連関に手短に立ち戻ることにして、強調しておく価値があるのは、ジンメルの著作から引き出すことができる近代文化のさらなる側面である。それは文化の悲劇的蓄積である。客観的文化の蓄積、様々なメディアにおける知識の生産は、近代という時代において途方もなく拡大し、個人が自分たちの主観的文化へ同化する能力を超えてしまっている。ゲーテの時代には、おそらく、主観的文化と客観的文化の間でよりうまく釣り合いがとれていただろう。しかし、この釣り合いを我々は失ってしまっているとジンメルは考える。したがって、モダニティにおいて我々は、文化が断片化しており、選択肢が増えすぎた生活は確実性や指針を欠いているという意識をもち続ける。それゆえ、いか

なる選択も、我々の生活にとって究極的な意味枠組みを与えてくれるだろうと希望を託した特定の文化への賭けになってしまう。大都市《メトロポリス》のストリートにおける日常生活の経験の断片化は、知識の基礎の断片化に反映されている。何らかの永続的で筋の通ったパースペクティブを見出そう、自分たちの生活に束の間の一貫性以上のものを与えようと努力するなかで、我々は知識の基礎を絶え間なく吟味するからである。儚さというとりわけ近代的なこの経験は、ファッションの現象に特に顕著であった。新しいファッションが次々と登場するために、変化をいつまでも意識し続けることになった。そして、そうした変化のなかで、新しいスタイルが衝撃を与え、生活のテンポが加速しているという意識が生まれた（Simmel, 1995; Lichtblau, 1995を見よ）。

もちろんジンメルが近代文化のアポリアの見取り図を描こうとした最初の人物だったわけではない。彼の関心は、モダニティの経験が儚いものであるという意識と「日常生活の美学化」（Featherstone, 1991a: 第5章を見よ）の見取り図を描くことに向かっていたが、その関心は、ボードレールの著作に見られるモチーフのいくつかを発展させたものなのではないだろうか。広くいって、モデルニテ（modernité）という概念を導入した功績はボードレールのものである。ボードレール（Baudelaire, 1972）にとって、近代的生活という経験の鍵となる特徴は、「新しさ」の意識であった。近代社会は、商品、建物、ファッション、社会類型、文化運動といったものを止めどなく次々と生み出したが、それらはすべてすぐに他のものに取って代わられる運命であったという事実は、現在の瞬間の儚さという意識を強化した（Benjamin, 1973; Frisby, 1985b; Osborne, 1992を見よ）。大都市の公共空間における遊歩者《フラヌール》、つまりそぞろ歩きの人は、これらの万華鏡のように移り変わるイメージや断片を経験することができた。そうしたイメージや断片の斬新さ、直接性、鮮明さは、それらが移ろいやすさという性質をもっていたり、しばしば奇妙な並置を生じさせたりすることとあいまって、ある美的な感覚作用や経験を与えた（この議論のためにはMazlish, 1994を見よ）。ボードレールはときどき、芸術のモダニズムの創始者だとみなされる。芸術のモダニズムは古典主義とロマン主義への反応として生じた。モダニズムは、日常生活のあらゆる陳腐さや醜悪さのなかに近代的生活の断片化した特質をとらえようとしただけではない。またそれは、ブルジョワ的生活スタイルへのボヘミアンの批判を発展させた、対抗文化的で逸脱的な衝動とも結びつくようにもなった。それはまた、形式の革新やアヴァンギャルドの強い衝動とも結びついていた。表象の問題や、モダニズムに見出される統一性というより複雑な考えが、社会学や人類学やカルチュラル・スタディーズにおけるポストモダニズムの様々な翻案でどのように取り上げられてきたかについては、すでに述べた。ヴァルター・ベンヤミン（Benjamin, 1973）は、ボードレールのパリと大衆消費社会の誕生に相当な紙幅をさいただけでなく、著作のなかで表象の様式として写実主義ではなくモダニズム的様式（たとえばモンタージュや並置）を用いたことで、方法論における鋭敏さも示したのである[10]（Buck-Morss, 1989を見よ）。

もし我々がモダニティの文化を理解したいと願うなら、我々は次のふたつを同時に考慮する必要がある。すなわち、無秩序として定義される世界を植民地化し飼い馴らすことを通じて秩序の文化を生み出そうとする衝動と、モダニズムに見出すことのできる無秩序や断片化や混交と共に生きる能力の称揚を通じた、そうした秩序づけの衝動の批判とのふたつである。第一のアプローチは、秩序を無秩序に対置させようとするだけではなく（Bauman, 1991）、厳密な分類を創出するために、混交と異種混交に分離と純粋化を対置させようとする（Latour, 1993）。第二のアプローチは、近代の都市で発展するタイプの経験や生活様式への関心を拡大して、そのような経験を芸術という観点から適切に表現したり、理論的言説によって理解可能なものにしたりできるように、表象の問題に取り組もうとする。したがって、芸術的モダニズムの成長とモダニティの文化は（驚くべくもなく）不可分に結びついている。

しかし、文化的無秩序の意識、感覚的印象と記号の戯れの過剰《オーバーロード》はモダニティに限られたものだとすることはできない――それらの先駆となっていたのが、中世のカーニヴァルや定期市《フェア》の混沌とした世界や記号の戯れである[11]（Featherstone, 1991a: Ch. 5）。記号の戯れとスペクタクルという消費文化はまた、美学化とスペクタクルを生み出そうとした十七世紀ヨーロッパの絶対主義国家（とりわけ顕著なのはスペインだが）のデザインにさかのぼることができ、このデザインはバロックの文化として知られるようになったものである（Maravall, 1986）。同じような感受性は、記号の戯れ、コードの混同、束の間の印象、そして、十七世紀から十九世紀の間の徳川時代の日本で発展した江戸や京都といった都市の「浮世」における美学化や様式や流行への関心についても、見出すことができるのではないだろうか。それゆえ、もし文化的モダニズムの未解決問題と関連したモダニティの経験の要素のいくつかを分析しようとすれば、たとえ形態は異なっても別の時代や場所でもそれらが存在したということがわかるだろう。

十八世紀のロンドン、十九世紀のパリやベルリンのような近代のヨーロッパの都市で発展した創世期の消費文化は、世界の様々な場所から商品、新しい異国風の物品、情報、人々が流れ込む場所であった。それらは社会および文化の混交の場所であったが、そうした場所が生み出されたのは、不断に変化するモダニティの内的原動力から生じた働きによるだけでなく、自国の田舎地域であれ世界全体であれ、外からの物を取り込む受容力によるものでもあった。しかし、モダニティのたいていの説明は、モダニティの年代順の展開と特定の経験的、文化的特質に焦点を当てるものであって、（その著者や読者を考えてみればすぐにわかるが）それが西洋か、もしくはヨーロッパの都市ないし国民国家に起こったという漠然とした、あるいは暗黙の想定以外には、空間的位置についての言及がなかった。西洋と世界の他の地域との関係が形成されるという意味でのこのプロセスについては、その関係の基礎をなすものがほとんど顧慮されていない。たとえば、『資本の文化――芸術、権力、そして十九世紀の中産階級』（Seed and Wolff, 1988）と題された論集は、主としてマンチェスターの芸術と階級構造に焦点を当てているが、木綿がやってくる国々や、マンチェスターを世界に結びつけた植民地関係や貿易関係には、ほとんど言及しない。マンチェスターが最初の産業資本主義の都市だと教えられている場所であるにもかかわらずである。[12] それゆえ、モダニティの空間的次元を、それと並行的に展開したグローバリゼーションのプロセスという観点から考察することは重要である。しかし、まず我々はいったん立ち戻って、モダニティという経験について簡単に考察しておかなくてはならない。

　ボードレール、ベンヤミン、そしてジンメルは大都市をぶらつく人々や何もしないでいる人々を遊歩者《フラヌール》と呼んだが、遊歩者は群衆（the crowd）のなかに浸っていることを楽しんだ。群衆とはすなわち、様々な顔、体型、ファッションだけでなく、広告掲示板、ウィンドウの陳列、百貨店、展示会、国際見本市に浮かぶイメージの氾濫などであるが、そうしたものが都会の風景をなしていたのである。彼または彼女は、それ以前は分け隔てられていた人々や文化の諸カテゴリーが並置されて、うろ覚えの記憶や寓喩を呼び起こすとき、混交と記号の戯れの感覚を経験した。遊歩者はふつう既知の都市世界を歩き回るけれども、そうした世界には、古いものや現存するものが解体されて新しいものに道を譲るにつれて、モダニティの原動力が新しい物や人々や場所にもたらされるために、新しい出会いのショックが潜在的にではあれ現存している。遊歩者は、生の直接性に浸ることと、よそよそしく観淫者的にそれを見つめることとの間を揺れ動く経験をした。そうしたのぞき屋的な凝視は、人々が他者たちの間を歩き回るときの、一見何気ないような見方で行われたが、その他者たちも過剰な刺激（神経衰弱）に対する防衛の働きをする「よそよそしい」無感動な態度をとった。遊歩者は、その意味に制限があるとしても、旅行者であった。彼らは本当の経験とその美的回復という考えをもてあそんだのであった。

旅とは経験の範例であると理解できる。そこで我々が思い出すべきなのは、「経験（experience）」という語の語根がperである点である。それはやってみること、試すこと、危険を冒すことを意味する。もちろん旅は決まりきった平凡なもの、あるいは、故郷に戻って落ちつくまでは障害として耐え抜かなくてはならないものかもしれない。たとえば、セネカはローマ人の旅を分別のない放浪だとみなし、家にいたほうがましだと考えた。自己発見の航海として旅が賞賛されるようになったのはようやく近代であるとする議論もあった（Leed, 1991: 7）。しかし、旅の経験的側面と発見や新たな感覚の喜びとを近代の産物とみなすのは、あまりに単純である。なぜなら、その関係性を逆転させて、我々が近代の特殊な経験だとみなしているものが、前近代に旅人たちによってすでに経験されていたと論じることも可能だからである。これはリード（Leed, 1991: 6-7）の主張であるが、彼は次のような問いを立てた。「旅の変容が旅行者の心を、すなわち、ルネサンス以後《ポスト＝ルネサンス》のものとして『近代』としばしば名づけられたけれども、文明化した旅と同じだけ古いある種の精神性を、いかにして生み出したのか」。それゆえ、旅は新しいものを生活のただなかにこじいれる。それは偶然性に向かって生活を開き、「エキゾチックなもの」（場所を離れたもの）を創出するのである。

旅はモダニティという考えと密接につながっている。十六世紀以来起こったルネッサンス時代の航海によって、ヨーロッパ人はエスニシティの異なる人々と出会うことができ、自分たち自身と他者を比較するようになった。数々の出会いと比較が役立って、ヨーロッパについてのヨーロッパ人の自己イメージは、古代の中心に対する周縁というイメージから、それ自体として「近代」の最先端に位置する中心であるというイメージへと変化した（Leed, 1991: 21）。このように接触が増えたことが、差異の産出と交流を生み出すのに役立った。トドロフ（Todorov, 1984: 49）が教えてくれているように、新世界の発見はふたつの明らかに矛盾する神話を生み出した。すなわち、「他者」を「高貴なる野蛮人（noble savage）」とする神話と、「下劣なやつ（dirty dog）」、つまり潜在的な奴隷とする神話である[13]。事実コロンブスは、異なるものに自分自身の価値を押しつけ、他者を他者自体の観点から知ろうとはしなかった。しかし、コロンブスがスペインにもって帰った財宝と標本、動植物や人々、そして航海についての様々な説明は、当時の知識群や分類様式に重大な衝撃を与えた。グラフトン（Grafton, 1992）の議論によると、一五五〇年から一六五〇年の間に、西洋の思想家たちは、もっとも重要な真実は古代の本のなかに見出すことができるという想定を放棄して、経験的な知識へと向かっていった。一貫し秩序だった世界《ユニヴァース》という古代の見方は、今や無数の不適当な事実に直面することになった。フランシス・ベーコンの『大革新』（一六二〇年）は、もはや古代の諸権威に頼らない知識を生み出そうとしていた。彼が様々な航海から得られた多数の情報を利用したのは、我々は自分たちの諸理論をテストし、実験と観察を基礎として知識を確立すべきだと主張するためであった。その本の見出しページには、航行と知識の古代の限界であったヘラクレスの柱〔ジブラルタル海峡の両岸〕を表す古典様式の支柱を通過して航海する船が描かれている。そんなに遠くへ行かないように用心する読者に対して、ベーコンは駆り立てた。「遠すぎるだけでは十分ではないのだ[14]」と（Grafton, 1992: 198）。

　このプロセスの帰結として、空間の差異は時間の差異と関連するようになった。この差異の時間化は進化論的ヒエラルヒーを生み出すのに用いられた。今度はこのことから、ヨーロッパ人が搾取の道徳的正当化、つまり不可欠の「人格形成過程《ビルドゥングスプロツェス》（*Bildungsprozess*）」だと今ではみなされている事柄を生み出した。子供、もしくは「未成年者」だと指定された人々が、もし少しでも成長して啓蒙を達成しようとするなら、このプロセスを経験することは至上命令となった。他者の文化を過去の歴史へと、つまり同じ歴史の発展段階のより低い段階へとこのように閉じ込めることこそが、先端を進んでいるヨーロッパ諸国民の現在性という意識、現実には閉塞空間における非西洋的他者との出会いから発展したモダニティの意識を高めたのである。

もちろんながら、人類が統一的に、先進する西欧のモダニティに踏み固められた共通の道程をいずれ歩むことになるという意識は、芸術のモダニズムの諸要素によって激しく批判された。芸術のモダニズムが共感したのは、このプロセスの犠牲となった人々であった。我々はすでに、人類学やその他の諸理論がコラージュやモンタージュといった芸術のモダニズムの技法のいくつかを取り入れた様子について議論した。それらの理論がそうしたのは、ローカリティの境界づけが脱構築される、より複雑で多義的なプロセスについて意識させるためであった。しかし、より重要なシフトが起こるのは、文化形成のプロセスを問題化する人類学者／著述家とともに、他者の視座や声が考慮されるだけでなく、さらに世界の他の地域から西洋の説明について論じるモダニティの諸理論が生み出される時である。日本や東アジアのような世界の地域が、グローバルな権力バランスの変化のなかで急速に権力のポテンシャルを獲得しているのなら、将来このことが長期にわたって確立された概念のセットを修正することにつながるかもしれないと想定してもよいだろう。その概念のセットとは、伝統とモダニティであり、そこに我々はポストモダニティを付け加えることができる[15]。それゆえ、ヨーロッパのコロニアリズムは、西洋近代の空間的全体化に重要な役割を果たした[16]。そうした空間的全体化の結果として、モダニティは歴史的全体化のための見地、そこから他のすべての文化が判断され、ヒエラルヒー的に秩序づけられることになった見地を提供した（Osborne, 1992を見よ）。

近代化理論は単にこの論理の延長を表現しているにすぎない。二十世紀後半のグローバルな権力バランスの変化に合わせ、ヨーロッパ化の代わりに、この理論では進歩をアメリカ化と規定しているのである。しかし、この第二次世界大戦後の時代は、脱コロニアリズムの局面が始まり、近代世界の相対化のプロセスに導かれた非西洋のグローバルな力が成長する局面の始まった時代でもあった。すなわち、近代世界とは西洋世界のことであって、たくさんある世界のなかのひとつの世界にすぎないことが暴露された。このことは、西洋や他の諸国民の様々な「我々イメージ」と「彼らイメージ」を再形成するプロセスの始まりであった。酒井（Sakai, 1989: 106）は次のように書いている。

> この単純だが否定できない認識が示していたのは、歴史が単に時間的、年代的なものではなく、空間的で関係的なものだということであった。歴史を出来事の直線的で進化論的な連続ととらえることが可能になる条件は、歴史をこれまではまだ主題化されていない他の諸々の歴史、つまり他の共存する諸々の時間性と関係づけることにある。一元論的な歴史は……それが他の諸々の歴史に暗黙のうちに依存していることを知らず、それ自体が自律した全体であると考えた。それに対し、「世界」史はそれ自体を諸々の歴史に対する空間的関係としてとらえた。それゆえ、世界史においては、もっぱらその同一の歴史だけを参照し返すような観点から歴史を考えることはできなかった。世界はまず第一に異質性と他者の領域なので、一元論的歴史は、世界史において了解されたように世界を扱うことができなかったのである。

「我々イメージと彼らイメージ」という幻想の基礎からの移行を引き起こすのは、国民国家間の国際的および国家横断的《トランスナショナル》な接触の様々な次元における一連の異議申し立てであって、より権力をもつ西洋の諸ネーションの側の好意的な態度ではない。これは西洋の諸ネーションに強制的に耳を傾けさせることの始まりである。モダニティは、かつてはヨーロッパの自己認識のプロセスとして始まった。その自己認識のなかで、オリエントや世界の他の諸地域が前近代的な伝統主義というイメージに閉じ込められてしまった。コロニアリズム、その結果として流入した商品、人々、情報によってヨーロッパが空間的に拡大したことが、一定範囲の社会的および文化的な生活形式と実践のなかで、様々な様式の混交と無秩序を生み出すのに役立った。そして、そうした生活形式や実践は、「新しいもの」「現在性《プレゼントネス》」、そして時間の儚さという意識を高めるのに役立った。文化的生活の一領域におけるこの無秩序と混交は、新しい象徴のヒエラルヒーとして再構成された。そこでは、世界の様々な民族が、想定にすぎない普遍的な進化論的歴史の部分として階層的に秩序づけられた。モダニティのプロジェクトのこの側面は、ふたつの主要な要素によって相対化された。すなわち、二十世紀の後半にグローバルな権力バランスが西洋から移行してしまったこと、そして国民国家の境界を飛び越えてしまっている商品、人々、イメージ、情報のトランスナショナルなフローが激しさを増していることである（Lash and Urry, 1993）。この後者の面、とりわけグローバルな移住の拡大こそが、かつての安定した、幻想にもとづいた「我々イメージと彼らイメージ」を掘り崩してしまい、より移動性の高い生活を送り、より流動的なアイデンティティに安らぐ人々というカテゴリーが出現するほどに、アイデンティティ形成の性質を変えてしまっている。移動と移住のこのプロセスは、ある人々によってポストモダンのレッテルを貼られているが、このプロセスこそが、方法論的な鍵でもあり、現代世界の現実性《アクチュアリティ》でもあると考えられる。

注

(1) もちろんこれは主として男性的な理念である。ジャネット・ウォルフ (Wolff, 1993) が教えるように、ほとんど旅をしたのは男性であって、家にいるのは女性であった。

(2) この本の初版は一八八七年に出版された。『ゲマインシャフトとゲゼルシャフト』は「近代社会学の設立宣言」だと言われてきた (Lasch, 1991: 139)。アメリカでの社会学の発展 (特にシカゴ学派) において影響力が大きかった、伝統とモダニティの間の、またコミュニティと都市生活の間の対比を組み立てる上で、その本は重要であった。加えて、それはタルコット・パーソンズの「パターン変数」の主要な起源のひとつだとみなされてきた。

(3) テンブルックのパースペクティブもまたジンメルの影響を受けている。ジンメルはウェーバーと同じく、社会のような理念化された包括的概念から社会生活を理解しようとする人々に反対する論を立てた。そのような包括的概念は予備的な「緊急避難所」の役割をもっているものとみなされるが、そんなものはすぐに廃棄されるべきなのである。ジンメルにとって、注目するべき焦点は個人間の結合と相互行為の形式である (Frisby and Sayer, 1986: 54ff. を見よ)。比較方法の批判という文脈におけるテンブルックの思想についての議論に関しては、アクストマン (Axtman, 1993) を見よ。

(4) 人類学における「文化」という用語の異なった用法についての議論に関しては、ブーン (Boon, 1973) を見よ。ある民族の「生活様式全体」としての文化という考えは、レイモンド・ウィリアムズ (Williams, 1981) によって定式化され、カルチュラル・スタディーズの分野に影響を及ぼしてきた (Turner, G., 1990を見よ)。

(5) ベネディクトの本 (Benedict, 1946) は、今日の世代の日本研究者たちによって強い批判を受けてきた。これらの研究者たちは、我々が議論してきたポストモダニズムと関連する断片化と多元主義についての想定のいくつかに従っているだけでなく、これらの変化を一九六〇年代以降の消費文化の産物にすぎないとみなすことも拒否している。したがって、社会運動家だけでなく学者たちまでもが、日本らしさに編入され、混合されたアウトサイダーたちを発見し、またそのようなアウトサイダーたちについての見方を表明できるようになったために、日本のエスニックな同質性や文化的同質性とされているものは、今や異議を申し立てられるようになっている。だからといって、日本人論（日本人の独自性）が日本のもっとも強力な民族イメージでなくなったと言いたいわけではない――決してそうではない。むしろ、在日朝鮮人のような長期間在留している集団とともに、沖縄やアイヌのような集団が、今では公共圏での発言機会を見出し、エスタブリッシュメント／アウトサイダーという権力バランスにわずかな変化をもたらすきっかけになっているといいたいのである。

（6）ドゥルーズとガタリ（Deleuze and Guattari, 1987: 18）はこう述べた。「奇妙なことに、いかにして樹木が、西洋の現実と西洋思想のすべて、植物学から生物学、解剖学だけでなく、知識哲学、神学、存在論、すべての哲学……にいたるまでを支配してきたのか。the root-foundation, Grund, racine, fondement など〔いずれも木の根と同時に基礎や根拠などを表す語〕を見よ。西洋は森と森林破壊に特別な関係をもっている」（Malkki, 1992: 28からの引用）。ドイツの知識人の思想や大衆文化における森林の位置は特に重要である。

（7）現代世界における複数の同一化《アイデンティフィケーション》はきわめて遠い地域にも見出されるはずのものであるが、それをめぐる諸問題は『黒い収穫』（ロビン・アンダーソン／ボブ・コノリー、一九九二年）という映画に収められている。この映画が描いているのは、コーヒーの収穫を増やすために部族を組織した、半ばオーストラリアのビジネスマンで半ばニューギニアの部族民である人物の、最初のうちの成功と最終的な失敗である。

（8）フーコーの場合、人口圧力が増大することによって、国家は身体の過剰を管理し、統制するようになるとする。初期の『狂気の歴史』（Foucault, 1971）で、彼は前近代の狂人の肯定的なイメージをロマン主義的に描いたということに触れておくのは興味深いことである。前近代の狂人は、幽閉されたり治療されたりすることを恐れずに歩きまわり、社会生活に割り込んだ。幽閉も治療もともに近代に登場したものである。ニーチェの影響を受けて、前近代についてのフーコーのイメージは、個性、差異、移動性といったものであったが、近代的生活は、極端に個別化したせいで本当の差異が最小限になってしまった人々からなる、ますます同質化した大衆に飲みこまれてしまっている。ウェーバーとアドルノの著作は同様の軌跡でニーチェの影響を示している。

（9）すでに述べたように、ゲマインシャフトの喪失は、テンニースや他のドイツ人社会学者の著作だけでなく、文学や人文諸科学においても同様に重要なテーマであった。しかし、テンニースは伝統的なゲマインシャフトにまで逆戻りしただけではなかった。彼のゲゼルシャフトという近代社会のイメージは、まさにその儚さや新しさから、それが確定した最終状態だとは考えられないということを強調しているのである。実際のところ、ゲゼルシャフトそれ自体は単に一時的で表面的な現象だと考えるべきである（Frisby, 1985b: 13）。テンニースは、ヘーゲル哲学やマルクス主義の伝統の影響を受けた他のドイツ人理論家と同じく、近代を超えた何ものかを予見することができたけれども、ポストモダンという用語は使わなかった。この何ものかは典型的には資本主義的モダニティの止揚のことであった。それは、社会的および文化的な統合と、自由と個性の実現を提供してくれる、ある種の共同的な暮らしを創出するために、科学技術の発展を利用しようとした。

（10）「近代」という用語の使用は、十九世紀の大都市《メトロポリス》や十八世紀の啓蒙をはるかに超えて、古典主義者（the Ancients）と当代主義者（the Moderns）との論争である「書物合戦」にまでさかのぼることができる。ハーバーマス（Habermas, 1981）が教えるように、「近代」という用語は *modernus*（当世風の）という五世紀後半のラテン語に由来するが、それは異教的過去からキリスト教的現在を切り離すために使われた（Smart, 1990: 17）。この文脈では、それが言い表しているのは連続性の断絶であり、新しいものの出現である。ここで、近代というものがカテゴリーの動揺と、新しい出発や新しい時代という意識を示唆しているらしいということがわかる。ヴァッティモ（Vattimo, 1988）は、進歩というモダニティの鍵となる考えは、救済や贖罪といったユダヤ‐キリスト教的な考えを世俗化したものだと述べる。ポストモダニティは、科学やテクノロジーの進歩による発展と完成可能性へのこうした信仰を放棄することになるのである。

（11）ある人々がポストモダニズムの中心的特徴とみなしたがる記号の戯れと文化的断片化は、モデルニテ（modernité）の描写にきわめてはっきりと表れると論じられてきた。我々はそうしたモデルニテを、ベンヤミンやボードレールやジンメルの著作に出てくる近代都市の経験の説明に見出すのだとされる（Featherstone, 1991a: Ch. 5）。この視座からすると、リオタールが論じたように、モダニズムとポストモダニズムの間には強い連続性がある。しばしば引用されるリオタールの見解（Lyotard, 1984: 79）を見ると、ポストモダニズムは「終着点に来たモダニズムではなく、初期状態にあり、この状態が不断に続くのである」。このことが述べているのは、新しいものの儚さであり、芸術のモダニズムの特徴であるアヴァンギャルドの衝動である（Frisby, 1985b; Lichtblau, 1995も見よ）。けれども、この立場はポストモダン理論における「歴史の終焉」論を十分強調していない。この議論では、スタイルやイメージが限りなく登場するけれども、これらは諸々の文化や歴史の想像の博物館から借りてきたイメージを繰り返し再生したものにすぎない（このパースペクティブの別解釈についてはVattimo, 1988を見よ）。

（12）このことはその本の評価を下げようとするものではない。それは入念な学術の成果である。むしろ、いわんとしているのは、おそらくそれが歴史に対する特定のアプローチの終点を表しているということである。そのアプローチは、その境界線がローカリティや国民国家をなしている厳密にローカルな観点から、社会的、文化的ないしはローカルな歴史を把握しようとする。明らかだと思われるのは、一九八〇年代の間に加速した、ポストコロニアル理論、世界システム論、そしてポストモダニズムを志向する運動が、グローバルなものに向かって参照枠を拡大し、より関係論的な焦点を浮かび上がらせたことである。ほんの四年後にキャサリン・ホールによって出版された『白人、男性、そして中産階級』（Hall, C., 1992）という本は、シードとウォルフが集めた事例と同様に、ジェンダー関係に焦点を当てるだけでなく、イギリスのアイデンティティが帝国的権力にどのように根を下ろしてきたかについても考察している。この文脈では、次のように言うこともできるのではないか。すなわち、世界システム論の創始者であるイマニュエル・ウォーラーステインは国民国家に焦点を当てることの偏狭さを非難したが、彼の論文（Wallerstein, 1990）は、シドニー・ミンツが砂糖について書いた本である『甘さと権力』（Mintz, 1988）からの引用で始まっている。木綿についても同様の本が思い浮かぶかもしれない。それはマンチェスターの資本主義と、インド亜大陸や他の植民地における帝国主義的進出との関係に焦点を当てようとする。あるいはむしろ、こうした同様の話題（チョコレートや茶など）は、カルチュラル・スタディーズやコミュニケーションのコースでの学生プロジェクトとして取り組まれていることを付け加えるべきであろう。我々はサイードの『文化と帝国主義』（Said, 1993）について述べることもできるであろう。サイードはこれに関連した解釈としてジェーン・オースティンの小説を取り上げ、十八世紀イギリスの田舎の邸宅《カントリー・ハウス》の社会が基礎を置いていた富の源泉が植民地にあったことに、彼女が目をふさいで、めったに言及しなかった点を際立たせている。実際のところ、自明視されていた世界の前提やカテゴリーが、これらのタイプの分析によって異議を申し立てられているのである。

(13) 奴隷貿易を行い、大西洋を渡って何百万もの黒人が輸送されたことの意味についての説明は、文化的アイデンティティの異種混交的な性質を強調し、黒人の強制的移民がモダニティに対するカウンターカルチャーを発達させたと論じるが、こうした説明についてはギルロイ(Gilroy, 1993)を見よ。これはモダニティにとって本質的なことであるが、慣例的説明からは必ず除外されている。慣例的説明は簡単にモダニティの自己イメージを出発点にしてしまって、奴隷制が異例ではなくむしろ不可欠であったということ、つまり「モダニティの暗黒面」に思いいたらない。

(14) ベーコンは、ホルクハイマーとアドルノの『啓蒙の弁証法』(Horkheimer and Adorno, 1972)において、近代科学の発展の鍵を握る人物の一人として登場している。彼は、科学的知識によって自然を支配し、世界を統制するという科学主義的な見解にとりつかれているとみなされる。フランクフルト学派の他のメンバーたちと共通して、ホルクハイマーとアドルノは道具的理性の優位という「内的な」(すなわち資本主義的モダニティ)物語に主に注意を向けていて、西洋の他地域に対する関係性というこのプロセスにおいて、場所には焦点を当てていない。

(15) ここで我々は、単に「日本の近代化」だけではなく、「西洋の日本化」の様々に可能な意味づけを含む一連のカテゴリーを通して考えようと試みるべきである(Miyoshi and Harootunian, 1989a)。

(16) 社会学は植民地の分析を長い間無視してきた。モダニティの形成を説明する上で、西洋社会が植民地に関係的に依存していたことはほとんど意識されていない(例外なのはKing, 1990b, 1995; Hall, 1992c)。『植民社会学』(Maunier, 1949: xi)において、モーニエは典型的に、トップダウンで国民国家に影響された視座をとっている。そこでは、彼は次のように論じている。「共同体間で同じ形態、同じ構成、同じ法をもたない場合、それゆえそれらの共同体は社会の発展段階の同じ段階にないということになるわけだが、そうした共同体間で集団や民族の接触が起こるケースでは、それは文明もしくは文化圏の接触となる。もしそれらが一緒に暮らさなくてはならないとすれば、それらが抱える問題は、多様性から画一性へと移行し、差異と類似性の折り合いをつけ、分断から出発して融合にいたるにはどうすればもっともよいのか、ということである。同化もしくは適応とは単一化へ向かう道筋をつけることである」。

訳者あとがき

本書は Mike Featherstone, 1995, *Undoing Culture: Globalization, Postmodernism and Identity*, London: SAGE Publications の全訳である。

著者のマイク・フェザーストンは、Theory, Culture & Society センターの所長であり、ノッティンガム・トレント大学で社会学およびコミュニケーション研究を担当する研究教授（Research Professor）である。彼はイギリスのダーラム大学で学士と修士の課程を修め、オランダのユトレヒト大学で博士号を得ている。

彼はまた、英語圏の社会学にポストモダニズムやグローバリゼーションといった革新的なテーマを取り入れる上で重要な役割を果たした雑誌 *Theory, Culture & Society*（1982-）の創設者であり、現在もそこで編集長を務めている。この雑誌は、世界でもっとも注目されている文化研究の専門学術誌のひとつである。ここには、アンソニー・ギデンズ以降のイギリス社会学を代表するジョン・アーリやスコット・ラッシュが、そのキャリアの初期からしばしば寄稿している。また、リスク社会論で有名なドイツの社会学者ウルリッヒ・ベックをはじめ、その時々で多彩なゲストが招かれることで、文化に関するアクチュアルな議論が展開されてきた。フェザーストンは、同じく彼が中心となって創刊した雑誌 *Body & Society*（1995-）でもブライアン・ターナーらと協力して共同編集者を務めているが、こちらでは今世紀における諸課題の焦点となりつつある身体を社会的なパースペクティブから検討する興味深い試みを続けている。

フェザーストンの主著には『消費文化とポストモダニズム』（原著初版一九九一、第二版二〇〇七）と本書『ほつれゆく文化』（原著初版一九九五）があげられる。この二冊に共通するのは、しばしば共時的に理解されがちな「文化」という概念の歴史に対する感受性の豊かさであるといえよう。とはいえ彼の歴史的アプローチは、西洋中心主義的な発展段階説を踏襲するものではない。モダニティを考える上でも、彼はその空間性に常に注意を払っている。ノルベルト・エリアスの影響を強く受けた彼は、関係諸勢力の形《フィギュレーション》勢の変遷をフォローすることで、「文化」という概念がこれまでどういう布置に置かれてきたか、そして今後どういう布置を背景にして使用されるかを見通す試みを続けてきた。誤解を恐れずに一言で説明すれば、それは文化を（あるいは社会を）古典生物学的な「個体」や「系統」のレトリックからではなく、（時空両面の）越境や折衷のダイナミズムで理解しようと努める〈脱中心的な近代化理論〉といえよう。

そんな彼の文化理解は本書のタイトル自体にも表現されている。Undoing という言葉は、日本人にはコンピュータ用語の Undo を思い起こさせるかもしれないが、かといって Undoing Culture が「文化のやり直し」を意味するわけではない。直接尋ねた際に、彼は「Undoing っていうのは、布地がすり切れて、構成要素としての糸が一本一本識別できるようになった状態を指すんだよ」と説明してくれた。西洋中心の認識という仮構によって、一時はそれぞれ一着の服としてのまとまりを保っていた（かに見えた）社会と文化は、グローバリゼーションという風雨にさらされ、今やぼろぼろにほころびてしまった。彼自身の表現を借りれば、「時代を超えて人々に慣習的に教え込まれ、やり慣れた社会的ルーティーンのなかに沈殿させられてしまったためにかつては不可視だった文化が、今や問題として表面化している。何をなすべきか、特定の人間集団に対してどう対応すべきか、そしてどのような趣味判断をすべきかにまつわる自明で暗黙の知識は、今はかつてより問題含みのものとなってしまった」（本書、八ページ）。イスラム金融が存在感を増し、「ミセス・ワタナベ」とあだ名される日本の個人投資家の動向が為替変動を左右する時代には、資本や労働の動きを考えるにも、その規定要因のひとつとして文化を問題にせざるを得ない。こうした認識も『ほつれゆく文化』というタイトルの意味するところである。

　実際、そうした狙いの下に彼が編纂した編著は、「解《ほつ》れた糸」としての文化を一本一本読み取ろうとするかのような多彩さをもっている。編著と共編著の一部をざっと紹介しても、*Postmodernism*（1988）、*Global Culture*（1990）、*Georg Simmel*（1991）、*Global Modernities*（1995）、*Cyberspace / Cyberbodies / Cyberpunk*（1995）、*Love and Eroticism*（1999）、*Body Modification*（2000）、*Recognition and Difference*（2002）、*Automobilities*（2005）、というように、とうてい同一人物の手によるものとは思えない話題の豊富さに驚かされる。そのほとんどが日本語に翻訳されていないのは、われわれ日本語使用者にとって著しい損失であるが、幸い*Automobilities*については、本書と同じ法政大学出版局から翻訳が出版される予定であることをここで報告しておきたい。

　日本語は別として、フェザーストンの編著書は合計一五カ国語に翻訳されているが、その事実は、彼が文化を単一国内の状況からではなく、グローバルなコンフリクトの中で読み解く努力を続けてきたことを傍証している。そうした努力の集大成として、彼は二〇〇六年に*Problematizing Global Knowledge*を刊行した。この編著は、彼がこれまで客員教授として滞在した、バルセロナ、ジェノバ、京都、レシフェ（ブラジル）、サンパウロ、東京の知己はもとより、Theory, Culture & Society センターが主催した数多くの国際会議で出会った人々のグローバルな叡智を結集している。それは〝ニュー・エンサイクロペディア・プロジェクト〟という野心的な事業の出発点をなすものであるが、このプロジェクトは（しばしば誤解されるように）二十一世紀の百科全書を目指すものではない。むしろ、近代を象徴する書籍というメディアに依拠した静態的な知の体系化が不可能になったことを実証するための「ポスト百科全書」を起動させる試みである。事実それは、ヨーロッパ、アジア、南北アメリカ、アフリカの研究者と大学を結ぶ（ヴァーチャルな次元を含む）ネットワークそのものであるといっていいだろう。これまでですでに世界中で大小二十数回の討議が重ねられてきたが、トピックをクラスター化した編著の出版やインターネットサイトの構築と合わせて、今後もこうした努力が長期にわたって継続される予定になっている。

訳者の西山哲郎と時安邦治は、ニュー・エンサイクロペディア・プロジェクトを含めたTheory, Culture & Societyセンターの企図に共感し、ささやかながら支援するためにこの翻訳を行った。しかし、マイク（ここではあえてファーストネームで呼びたい）の下で客員研究員として一年を過ごした経験をもつ西山にとっては、研究というものが本質的に共同作業であることをわからせてくれた彼に対して、個人的な謝意を示したいという気持ちも強かった。ニュー・エンサイクロペディア・プロジェクトに世界中から集う研究者にも、おそらくこの点に共感してくれる者が少なくないだろう。

なお、翻訳は第4章までの前半を西山が、第5章以降の後半を時安が担当した。訳文はお互いに交換してチェックをし、訳語の統一などをはかるとともに、できるだけ日本語として読みやすい訳文になるよう力を尽くしたつもりである。また誤植と思われる箇所は、一部は原著者に確認しながら、訳者の責任において修正した（修正箇所を訳注等で示すことはしていない）。とはいえ、マイクの博覧強記ぶりに訳者の知識が及ばないところもあるため、誤訳等が生じている箇所については読者諸氏のご教示をお願いしたい。

著　者

マイク・フェザーストン（Mike Featherstone）

ノッティンガム・トレント大学研究教授（社会学，コミュニケーション研究），Theory, Culture & Society センター所長．*Theory, Culture & Society* 編集長，*Body & Society* 共同編集者．

1946 年生まれ．本書以外の主著に *Consumer Culture and Postmodernism*（1991, 2nd edition 2007）がある．また，共著書，編著書など多数．

訳　者

西山哲郎（にしやま　てつお）

中京大学現代社会学部准教授．

1965 年生まれ．著書に『近代スポーツ文化とはなにか』（2006 年，世界思想社），共編著に『トヨティズムを生きる』（2008 年，せりか書房），『市民学の挑戦』（2008 年，梓出版社）など．

時安邦治（ときやす　くにはる）

学習院女子大学国際文化交流学部准教授．

1967 年生まれ．共著書に『知の 21 世紀的課題』（2001 年，ナカニシヤ出版），共編著に『シティズンシップと現代』（近刊，梓出版社），共訳書にウルリッヒ・ベック『グローバル化の社会学』（2005 年，国文社）など．

《叢書・ウニベルシタス 907》
ほつれゆく文化

2009年 2 月 5 日　初版第 1 刷発行

マイク・フェザーストン
西山哲郎／時安邦治訳
発行所　財団法人　法政大学出版局
〒102-0073 東京都千代田区九段北3-2-7
電話03(5214)5540 振替00160-6-95814
組版：アベル社　印刷：平文社　製本：誠製本

Printed in Japan

ISBN978-4-588-00907-5

索 引

アイデンティティ　identity
　集合的〜　collective　81, 190, 211
　〜の脱中心化　decentring of　75, 77
　複数の〜　multiple　16
　→文化的アイデンティティ、ナショナル・アイデンティティ
アイヌ　Ainu　215
アイヤー　Iyer, P.　204
アウトサイダー　outsiders　163, 172, 225
　〜との関係性　relationships with　194, 220
遊び　play　148, 169
新しい社会運動　new social movements　94
新しい部族主義　neo-tribalism　80-1, 212
アパデュライ　Appadurai, A.　40, 159, 208, 253
アメリカ化　Americanization　13-4, 15, 152, 160, 176-7, 273
アメリカ合衆国　United States of America
　中心としての〜　as centre　14-5
新たな財　new goods　37, 40
アルヴァックス　Halbwachs, M.　36, 190
アンダーソン　Anderson, Benedict　191
イェーツ　Yeats, W. B.　1, 7
イシャウッド　Isherwood, B.　35, 207
移住　migration　234, 254, 274
移住者（移民）　migrants
　支配的文化と〜　dominant culture and　210-1
移動　mobility　17, 224-8, 233-4, 254, 274
イヌイット　Inuit　215
イメージ　images　132, 142, 197, 228
イングランド　England
　十八世紀〜の中産階級　middle class in eighteenth century　44
印刷文化　print culture
　〜とナショナリズムの構築　and construction of nationalism　192
ヴァッティモ　Vattimo, G.　154
ウィトゲンシュタイン　Wittgenstein, Ludwig　58
ウィリアムズ　Williams, Raymond　34, 190, 232-3
ウェーバー　Weber, Max　23, 59-60, 86, 89-91, 144, 200
　〜と英雄的倫理　and heroic ethics　85, 107-111, 117
　〜と秩序立った生活　and ordered life　6, 60-1
　〜と美学的倫理　and ethics of aesthetics　64-70, 113-4
　〜と文化領域　and cultural sphere　25
　〜と労働者階級　and working class　122-3
ウェーバー　Weber, Marianne　67, 90, 109
ヴェロディ　Velody, I.　63
ウォーホール　Warhol, Andy　251
ウォーラーステイン　Wallerstein, I.　278
ウォルフ　Wolff, Eric　244-5
ウォルフ　Wolff, J.　269

ウルフ　Wolfe, Tom　117
映画　films
　労働者階級の文化を描く〜　presenting working class culture　184, 186-7
映画産業　film industry　192, 198
　〜のヒーロー　heroes of　119
英語　English
　大衆消費文化の言語としての〜　as language of mass consumer culture　14
英雄（ヒーロー）　heroes　105, 119
英雄的な生活　heroic life　6, 101-7, 110-4
　〜の批判　critique of　114-20
英雄的倫理　heroic ethics
　ウェーバーと〜　Weber and　61-2, 65, 67, 108-11
エゴイズム　egoism　113
エスニシティ　ethnicity　16, 172
エリアス　Elias, N.　58, 80, 98, 121, 232-3, 241, 245-6
　〜とアウトサイダー集団　and outsider groups　194, 219-20
　〜と宮廷社会　and court society　42, 43
　〜と自律領域　and autonomous spheres　48, 259
エロティシズム　eroticism
　ウェーバーと〜　Weber and　65-6
オーウェル　Orwell, George　185
オーストラリア　Australia　197
オープンユニバーシティ　Open University　33
オベーセーカラ　Obeyeskere, G.　217
オリエント　Orient　142, 156, 274
オルブロウ　Albrow, M.　60
囲い込まれた商品　enclaved commodities　37, 38, 48
仮想現実（ヴァーチャル・リアリティ）　virtual reality　134, 227)
カソン　Kasson, J. F.　119
ガタリ　Guattari, F.　225
価値　values　61, 129, 233, 234-5
『カニバル・ツアー』（映画）　*Cannibal Tours*　214
ガブリエル　Gabriel, T. H.　224
カリスマ　charisma　108
観光産業　tourist industry　212-6
観光旅行者　tourists　172
記号の戯れ　sign-play　131, 134, 143, 268, 277
規制緩和　deregulation　203
貴族（主義）　aristocracy　110, 112
　〜における消費　consumption in　41
　〜とポピュラー文化　and popularculture　46-7
　〜におけるロマン主義　romanticism in　42-3
ギデンズ　Giddens, A.　147-8, 178, 258-9, 260-1
客観的文化と主観的文化　objective and subjective culture　69, 265
キャラクター　character　119
キャンベル　Campbell, C.　40-1, 54
宮廷社会　court society　41, 42
競合する中心　competing centres　22
競争　competition　39, 176
共通文化　common culture　233-4
ギリシア的な倫理　Greek ethic　80, 81
ギリシアの英雄社会　Greek heroic

society　119-20, 122-3
ギルロイ　Gilroy, Paul　19
儀礼　rituals　165-6, 167, 198
キング　King, Anthony　216
近代化理論　modernization theory
アメリカ化と〜　Americanization and　153, 239
グールドナー　Gouldner, A.　100, 114
クノール＝セティナ　Knorr-Cetina, K.　200
グプタ　Gupta, A.　257
クラウス　Krauss, R.　123
クラパンザーノ　Crapanzano, V.　248
グラフトン　Grafton, A.　271
グリオール　Griaule, Marcel　250
クリフォード　Clifford, J.　249, 252
クレオール化　creolization　206
グローカリズム　glocalism　15, 208
グローバリズム　globalism
〜に対する多様な反応　different responses to　171-4
グローバリゼーション　globalization　10-12, 24, 199, 241
〜と文化的アイデンティティ and cultural identity　201-16
文化の〜　of culture　152-61
ポストモダニズムと〜 postmodernism and　139-47, 202
グローバル社会　global society　11
グローバルな権力バランス　global balance of power　144, 174-6, 180, 273
グローバルな文化への抵抗　resistance to global culture　205-6
グローバル・モダニティーズ　global modernities　257-74
文化的複雑性と〜　cultural complexity and　10-24
グロス　Gross, Otto　66
ゲイ　Gay, Peter　58
経験　experience
〜としての旅　travel as　226, 270
経済　economy　31
〜とグローバルな統合　and global integration　12
〜とパーソナリティの発達　and development of personality　112
文化と〜　culture and　39, 137
経済領域　economic sphere　48-50, 137-8, 259
芸術　art　6, 30, 70, 132, 140
芸術家　artists　49-50, 78
英雄としての〜　as heros　94, 110
冒険者としての〜　as adventures　102, 103
芸術のモダニズム　artistic modernism　140-1, 267, 272
啓蒙　Enlightenment　20, 125, 260, 262, 263
ゲーテ　Goethe, J. W.　264
ゲオルゲ　George, Stefan　78, 123
ゲマインシャフトとゲゼルシャフト Gemeinschaft und Gesellschaft　182, 231-2, 275, 276-7
現実　reality　32, 96, 248
幻想　illusion　134
建築　architecture
ポストモダン〜　postmodern　168
権力　power　5, 258
権力闘争　power struggles　26
アイデンティティと〜　identity

and　193, 194
権力のポテンシャル　power potential　9, 47
アウトサイダー集団の～　of outsider groups　114
女性の～　of women　117
東アジアの～　of East Asia　175
文化の専門家の～　of cultural specialists　5, 49, 51
交換価値　exchange value　30
講義　lectures　57
高貴の理念　Vornehmheitsideal　112
高級文化　high culture　26, 30, 36, 39
～と大衆文化　and mass culture　7, 31,33, 132
～の自律領域　autonomous sphere of　50-1
公共圏　public sphere　45, 247
広告　advertising　29, 30, 45, 132, 207-8
行動　behaviour　235
合理化　rationalization　97, 110, 111, 200
交流　interchanges　159, 163, 171
コーヒーハウス　coffee houses　45-6
ゴールドマン　Goldman, H.　84
黒人文化　black culture　19-20
国民国家　nation-states　21, 141, 143-5, 146
アイデンティティと～　identity and　196, 205, 256
～の相互作用　interactions of　198-9, 240-1
～の文化　culture of　157-8, 167
国民文化　national cultures　23, 159, 167, 192, 200
～と国家形成　and state formation　157, 159
故国　homeland　254, 257
個人主義　individualism　107
コスモポリタニズム　cosmopolitanism　160, 173-4
国家形成　state formation　144, 240, 241, 253, 256
～と国民文化　and national cultures　157, 159-60
コミュニケーション　communication
～・テクノロジー　technology of　12, 159, 179, 206
文化間～　intercultural　159-60, 202
コミュニティ　communities　256-7
～としてのネーション　nations as　190-200
～の研究　studies of　182
象徴的～　symbolic　181-190, 194
コミュニティ　community
社会と～　society and　231-2
娯楽産業　entertainment industry　29
ゴルトシャイト　Goldscheid, R.　73
コロニアリズム　colonialism　19, 272, 274
コロンブス　Columbus, Christopher　271
コント　Comte, Auguste　230, 236
差異　differences　199, 207
財　goods
～の象徴的側面　symbolic aspects of　35-9
サイード　Said, E.　21, 142, 278
再生産　reproduction　94,95
酒井直樹　Sakai, N.　156, 273
サッチャー　Thatcher, Margaret　196
サルトル　Sartre, J-P.　103

産業化　industrialization　236, 258
サン＝シモン　Saint-Simmon, L.　236
シード　Seed, J.　269
ジェイムソン　Jameson, Frederic　31, 75, 86, 136, 137
シェーラー　Scheler, Max　111
シェフ　Scheff, T. J.　123
シカゴ学派　Chicago School of Sociology　264
自己　self
　脱中心化した〜　decentred　77, 79, 104
　〜の断片化　fragmentation of　120
思考　thought　96, 224
市場　markets　26, 39, 48, 51
資本主義　capitalism　138, 159, 256, 257
シミュレーション　simulation　83, 133-4, 213, 229
社会　society　21, 144
　社会生活と〜　social life and　228-42
　文化と〜　culture and　3, 5
社会階級　social class
　消費実践と〜　consumption practices and　36, 41-7
社会学　sociology　228-40
社会学研究会　Collège de Sociologie　249, 250
社会関係　social relationships　57, 157
　儀礼と〜　rituals and　165-6
　財と〜　goods and　35
　トランスナショナルな〜　transnational　203
　ローカリズムと〜　localism and　182, 194
社会生活　social life　4-21
　社会と〜　society and　229, 230-1, 235
　ジンメルと〜　Simmel and　116, 193-4, 275
　文化と〜　culture and
社会的圧力　social pressures　29
社会的地位　social status　37, 38, 41
社会の断片化　social fragmentation　229
社会変動　social changes　128, 144, 181, 239
社交性　sociability　72, 115-6
シャスターマン　Shusterman, R.　77-8
集合的記憶　collective memory　163, 165, 189-90
重農主義者　Physiocrats　48
シュールレアリスム　surrealism　250
儒教　Confucianism　64, 86
シュッツ　Schutz, A.　96
小説　novels　45, 192
象徴資本　symbolic capital　36, 38
象徴的コミュニティ　symbolic communities　181-90, 194-5
象徴のヒエラルヒー　symbolic hierarchy　39, 153, 155, 168, 195
消費　consumption　28-34, 127, 131
　グローバルな〜　global　12-4
　象徴財と〜　symbolic goods and　35, 36-7, 38-9
　ロマン主義と〜　romanticism and　40-7
消費のテクノロジーのセット　technology set of consumption　36
消費の必需品のセット　staple set of consumption　36
消費文化　consumer culture　6, 7, 13-4, 72, 80, 268

フェミニズムと～　feminism and 117-9
ポストモダニズムと～ postmodernism and　128, 131-6, 168
モダニズムと～　modernism and 127-8
消費様式パースペクティブ　mode of consumption perspective　27, 40
商品化　commodificaton　30-4, 111, 112
商品記号　commodity signs　31, 131
→記号の戯れ
商品交換　exchange of commodities　37, 41
情報　information　35-6, 207, 226-7
女性　women
～と大衆文化　and mass culture 118, 120
ショッピングセンター　shopping centres 133
自律的な文化　autonomous culture　25, 26-7, 48, 49
人格　Persönlichkeit　113, 122-3
心情倫理　ethic of ultimate ends　60-1
進歩　progress　154
シンボリズム　symbolism　35
ジンメル　Simmel, G.　8, 141, 240
～と高貴　and distinction　112-4
～と社会生活　and social life　116, 193, 275
～と美学　and aesthetics　73-4, 111-2
～と文化　and culture　68-73, 264-5
～と冒険　on adventure 102-3
～とモダニティ　and modernity 72, 264-6
人類学　anthropology　242, 243-4, 247-53
神話　myths　192
スカッフ　Scaff, L. A.　66
スコットソン　Scotson, J. L.　194
スタイン　Stein, Gertrude　166
スペクタクル　spectacles　134, 167, 268
スミス　Smith, Adam　28
スミス　Smith, Anthony　191
生（生活）　life　79, 96-7, 116, 148
生（生活）の秩序　life-orders　109
パーソナリティと～　personality and　59-64, 65, 76
生活スタイル　lifestyle　44, 79-80
精神多重症的な強度　multi-phrenic intensities　75
贅沢規制法　sumptuary laws　37
聖なるもの　sacred　127, 165-6, 178, 189-90, 197-8, 237
西洋　West
～の支配　dominance of　144-6
～と「他者」　and ‘other’　22, 23
「西洋の中のその他の地域」　‘rest in the west’　18, 23, 210, 217
責任倫理　ethic of responsibility　60, 62, 65, 109
折衷主義　syncretism　15, 19, 21, 82, 128, 141, 168
セレス　Serres, M.　141
セロー　Theroux, Paul　204
専門家　specialists　98
→文化の専門家
相互依存　interdependencies　21, 194, 209, 220, 241
専門家の間の～　between specialists

51, 53
想像の共同体　imagined community　172, 191, 254
ゾーン化　zoning　15
ターナー　Turner, B.　188
ターナー　Turner, Charles　63
ダーレンドルフ　Dahrendorf, R.　60
第一次世界大戦　World War I
　～と英雄的な生活　and heroic life　122
対抗的エスニシティ　counter-ethnicites　211
第三の文化　third cultures　159-60, 173-4, 201
大衆文化　mass culture　26, 30, 31, 51, 52, 111
　女性と～　woman and　118, 120
　～と高級文化　and high culture　7, 33, 132
　～とポピュラー文化　and popular culture　34
　～と労働者階級の文化　and working-class culture　186
大量消費　mass consumption　29
卓越性　distinction　112
ダグラス　Douglas, Mary　35, 207
多元主義　pluralism　219
多国籍企業　multinational corporations　199, 207
「他者」　'other'　46-7, 127, 160
　エキゾチックな～　exotic　47, 210
　オリエントと～　Orient and　142, 156
　西洋と～　West and　22, 23, 156, 217, 260, 261
　ポストモダニズムと～　postmodernism and　138, 168, 174, 226-7
脱構築　deconstruction　83, 139
脱独占化　demonopolization　3, 26, 27, 85, 202
脱領域化した文化　deterritorialized cultures　203
旅　travel　224, 226
　故郷と～　home and　255
　モダニティと～　modernity and　270-1
ダビドフ　Davidoff, L.　44
多文化主義　multiculturalism　160, 173, 247
男性性　masculinity　115
ダンディズム　dandyism　78-9, 110
チェンバーズ　Chambers, I.　224
知識　knowledge　48, 50, 98, 218, 262, 265
　学術的知識　academic　129
　～の伝達　transmission of　129-30
知識人　intellecturals　39, 49
　英雄としての～　as heroes　110
　～とポストモダニズム　and postmodernism　81, 82, 85, 146
秩序　order　262, 263, 267-8
　グローバルな～　global　208
中産階級　middle class　174
　～の消費習慣　consumption habits of　42-7
ディズニー・ワールド　Disney World　134, 169
ティビ　Tibi, B.　260
デービス　Davis, M.　15
テーマパーク　theme parks　133, 169
テクノロジーの発達　technological

developments
～と文化のグローバリゼーション
and globalization of culture　11, 12
「鉄の檻」　'iron cage'　200, 258
デュルケム　Durkheim, E.　178, 189, 230, 236-7, 246
デリダ　Derrida, J.　148
テレビ　television　32, 132, 197, 206
伝統　tradition　164, 167
～とモダニティ　and modernity　145, 200
～の脱埋め込み　disembedding of　145
伝統的コミュニティ　traditional community　232, 234
テンニース　Tönnies, F.　182, 231, 276-7
テンブルック　Tenbruck, F.　238, 239
統一（統一性、統一体）　unity　6, 68-9, 70-1, 193-4
人生と仕事の～　of life and work　58
体系的な～　systematic　64
文化的～　cultural　10, 141, 244, 246, 248, 250
ポストモダニズムと～
postmodernism and　81, 83-4, 86
同質化　homogenization　10, 14, 97
文化の～　of culture　157, 177, 203, 207-8
ドゥルーズ　Deleuze, G.　225
トゥレーヌ　Touraine, A.　229
独自性　originality　123
特殊主義　paticularism　128
独占　monopolization　27, 48
都市　cities　126, 264, 265, 268
世界～　world　203, 209
ド・セルトー　De Certeau, M.　100
トドロフ　Todorov, T　271
ドナルドソン　Donaldson, Frances　185
トマス　Thomas, Keith　253
『土曜の夜と日曜の朝』（映画）
Saturday Night and Sunday Morning　186
奴隷制　slavery　19, 279
ナショナリズム　nationalism　192, 195, 237
ナショナル・アイデンティティ
national identities　192, 196-7, 253-5
ニーチェ　Nietzche, F.　106-7, 112, 119
二重都市　dual cities　15-6
ニスベット　Nisbet, R.　229
日常生活　everyday life　95-100
～の美学化　aestheticization of　75, 112-4,132
日本　Japan　239-40, 275-6
～におけるモダニティ
modernity　in　146, 149, 155-6, 195
日本化　Japanization　15
ネーション（国民）　nations
コミュニティとしての～
as communities　190-200
～の形成　formation of　196-8
能力　competences　36
ノスタルジア　nostalgia　164-5, 166-9, 188
ノマディズム　nomadism　224-6
ハーヴェイ　Harvey, David　137
バーク　Burke, P.　46

パーク　Park, Robert　264
パーソナリティ　personality　58-9, 68
　ウェーバーと～　Weber and　84-5, 90, 109
　～と生の秩序　and life-orders　59-64, 65, 76
ハーディー　Hardy, B.　104
バーバ　Bhabha, Homi　18, 19
ハーバーマス　Habermas, J.　97, 99, 260
バーミンガム現代文化研究センター　Birmingham Centre for Contemporary Cultural Studies　33
バウマン　Bauman, Z.　81, 82, 263
場所感覚　sense of place　164, 166, 170
発展　development
　モダニティと～　modernity and　153, 239
ハワイ　Hawaii　217
　～における観光と文化的アイデンティティ　tourism and cultural identity in　216
反英雄的エートス　anti-heroic ethos　93, 116, 124
ピアソン　Pearson, Geoffrey　188
非営利性　disinterestedness　39
美学　aesthetics　111-2
　～とポストモダニズム　and postmodernism　75-6, 77
　～の倫理　ethics of　64-74, 79-80, 81, 86
東アジア　East Asia　146, 255
美術館　museums　169
美的共同体　aesthetic communities　81
ヒュイッセン　Huyssen, A.　118, 124
ピューリタニズム　Puritanism　64-5, 109
ヒルシュ　Hirsch, F.　37
ファーガソン　Ferguson, J.　257
ファッション　fashion　38, 41, 45
フィールズ　Fields, Gracie　184
フィッシャー　Fisher, M. M. J.　248, 249
フーコー　Foucault, Michel　78-80, 246, 276
フェミニズム　feminism　147
　英雄的生活と～　heroic life and　114-20
　ポストモダニズムと～　postmodernism and　124
フォームビー　Formby, George　184
部族文化　tribal culture　242, 247, 251, 252
ブラジル化　Brazilianization　15-6
フランクフルト学派　Frankfurt School　29, 33, 97
フランス文化　French culture　51-2
フリードマン　Friedman, J.　219
フリードリヒ大王　Frederich the Great　47
フリスビー　Frisby, D.　59, 73
ブルデュー　Bourieu, P.　36, 38-9, 50
フロー　flows
　人々の～　of people　119, 128
　文化の～　of culture　5, 82, 90-1, 102, 118, 154
文化　culture
　ウェーバーと～　Weber and　69-70, 85
　ジンメルと～　Simmel and　68-9, 70, 72, 265
　～と社会生活　and social life　3, 21
　～の改編　deformation of　6, 242-4
　～の学術的研究　academic study of

4
〜のグローバリゼーション globalization of 152-61
〜の形成 formation of 157-8
〜の女性化 feminization of 117
〜の脱中心化 decentring of 24
〜の蓄積 accumulation of 265
〜の同質化 homogenization of 157, 177, 203, 207-8
〜のパッケージング packaging of 174, 206
→ローカルな文化、国民文化
分化（差異化） differentiation 46, 97-8, 109, 156
文化遺産産業 heritage industry 169, 213
文化工学 cultural engineering 204-6
文化産業 culture industry 29-30
文化資本 cultural capital 36, 41-7
文化生産 cultural production 5, 35, 50-1, 131-2
消費と〜 consumption and 29
文化帝国主義 cultural imperialism 14, 153, 199, 203-4
文化的アイデンティティ cultural identity 181, 194-5, 201-16
文化統合 cultural integration 10, 20-1, 23
文化の専門家 cultural specialists 25, 26, 98-9, 130, 245
〜と文化の危機 and cultural crisis 2
〜の権力のポテンシャル power potential of 5, 49, 51
→芸術家、知識人
文化の断片化 cultural fragmentation 1, 265
消費文化と〜 consumer culture and 131-2, 143
ポストモダニズムと〜 postmodernism and 24, 75, 76, 83, 128
文化の複雑性 cultural complexity 180
〜とグローバル・モダニティーズ and global modernities 5-24
ポストモダニズムと〜 postmodernism and 8-9, 21, 24, 139
文化領域 cultural spheres 5-6, 25, 110-1
〜の改編 deformation of 87
〜の自律化 autonomization of 47-54
文芸批評 literary criticism 45
分類 classifications 7-8, 247, 267
ベーコン Bacon, Francis 271, 279
ヘニス Hennis, W. 65, 86
ベネディクト Benedict, Ruth 243
ヘラー Heller, A. 96, 97, 121
ベル Bell, D. 52, 87, 127
ベルゲセン Bergesen, A. 256
ヘルダー Herder, J. G. 47
ベンディックス Bendix, R. 49, 54
ベンヤミン Benjamin, Walter 250, 267
ポーティス Portis, E. B. 62
ボードリヤール Baudrillard, Jean 31-2, 76, 133, 135, 136-7, 229, 251
ボードレール Baudelaire, Charles 72, 78, 126, 266-7
ホガート Hoggart, Richard 183, 186
ポスト観光旅行者 post-tourists 174, 213
ポストコロニアリズム postcolonialism

17, 19, 20-1, 260
ポストモダニズム　postmodernism　3, 74-84, 87, 93-4, 127-8
新しい部族主義と〜　neo-tribalism and　212
ウェーバーと〜　Weber and　63, 85
グローバリゼーションと〜　globalization and　20, 139-47, 202
消費文化と〜　consumer culture and　128, 131-6, 168
〜の説明　explanations of　136-9
文化の複雑性と〜　cultural complexity and　8-9, 21, 24, 139
モダニティと〜　modernity and　17, 258, 261
歴史と〜　history and　154, 155
ローカルな文化と〜　local cultures and　168-9, 174
ポピュラー文化　popular culture　39, 128
上流階級と〜　upper class and　46
大衆文化と〜　mass culture and　34
ナショナリズムと〜　nationalism　192
ホルクハイマー　Horkheimer, M.　29-30, 279
ポルトガル人　Portuguese　255
ボロー　Bologh, R.　114-5
マーカー　markers
〜としての財　goods as　35, 37
マーカス　Marcus, G.　248, 249
マーティン　Martin, B.　52, 187
『マイ・ビューティフル・ランドレット』（映画）　*My Beautiful Laundrette*　211
マキャネル　MacCannell, D.　213-4
マクドナルド化　McDonaldization　13-4
マスメディア　mass media　29, 186, 203
マッキンタイア　MacIntyre, A.　103-4, 105-7
マナッセ　Manasse, E. M.　61, 107
マフェゾリ　Mafesoli, M.　72, 80-1, 100, 178, 212
マラヴァール　Maravall, J. A.　51
マンチェスター　Manchester　269
マンデル　Mandel, E.　136
ミヨシ　Miyoshi, M.　260
民族誌　ethnography　242, 243-4, 247-53
ムーア　Moore, G. E.　77
ムーア　Moore, W. E.　238
無秩序　disorder　128, 263
文化的〜　cultural　37-9, 160, 226, 245, 268, 274
メルロ＝ポンティ　Merleau-Ponty, M.　104
メンネル　Mennell, S.　41
モース　Mauss, M.　178
モーニエ　Maunier, J.　279
モーリー　Morley, D.　207
モク　Moch, L. P.　233
モダニズム　modernism　79, 126-7
文化的〜　cultural　53
〜と消費文化　and consumer culture　127-8
モダニティ（近代）　modernity　9, 17, 19, 125, 272-4
グローバリゼーションと〜　globalization and　144-5, 180, 210, 257-74
伝統と〜　tradition and　145, 200
〜の空間的次元　spatial dimension

of　261, 269
文化と〜　culture and　70, 72, 264-8
ポストモダニズムと〜 postmodernism and　17, 258, 261
物語　narratives　104, 105
模倣対抗　emulation　45
モリス　Morris, M.　138
モンク　Monk, Ray　58
ヤスパース　Jaspers, K.　60, 90, 107-8
ヤッフェ　Jaffe, Else　66
遊歩者（フラヌール）flâneur　266, 269-70
有名人（セレブ）celebrities
〜のパーソナリティ　personality of 119
欲望　desire　41, 43
世論　public opinion　161
ラスマン　Lassman, P.　63
ラッシュ　Lasch, C.　235
ランボー　Rambo　204
リース　Leiss, W.　35
リード　Leed, E. J.　270
リーバーソン　Libersohn, H.　112, 123
リオタール　Lyotard, J-F.　63, 277-8
理性　reason　125
リッツア　Ritzer, George　13
ルフェーブル　Lefebvre, H.　99
歴史　history　262
空間的で関係的な〜　spatial and relational　156
ポストモダニズムと〜 postmodernism and　154, 155
レジャー　leisure　133
レックス　Rex, John　57, 88
レリス　Leiris, Michel　250
労働者階級の生活　working-class life
〜の研究　studies of　183-9
ローウェンタール　Lowenthal, L.　119
ローカリズム　localism　15, 128, 180, 181-90, 202, 212
ローカリティ　locality　189, 206-7
観光旅行者と〜　tourists and 212-6
ローカルな文化　local culture　161-71, 173, 179
アイデンティティと〜　identity and　193-4
ポストモダニズムと〜 postmodernism and　168-9, 174
〜への没入　immersion in　171
ローティ　Rorty, R.　77-8
ロート　Roth, G.　91
ロサルド　Rossaldo, R.　246
ロダン　Rodin, Auguste　71
ロック・フェスティバル　rock festivals　80, 212
ロバートソン　Robertson, Roland　59
ロマン主義　romanticism
消費と〜　consumption and　40-7
ワイルド　Wilde, O.　77-8
ワインガートナー　Weingartner, R. H.　69
若者　young people　76, 178
王賡武　Wang, Gungwu　255

参考文献

日本語版への序文

Beck, U. (2002) 'The cosmopolitan society and its enemies', in M. Featherstone, H. Patomäki, J. Tomlinson and C. Venn (eds.) special issue on Cosmopolis, *Theory, Culture & Society*, 19 (1–2).

Benedict, R. (1946) *The Chrysanthemum and the Sword*. Boston: Houghton Mifflin.
長谷川松治訳（2005）『菊と刀——日本文化の型』講談社学術文庫

Bogner, A. (1987) 'Elias and the Frankfurt school', *Theory, Culture & Society*, 4 (2–3).

Chakrabarty, D. (2000) *Provincializing Europe*. Princeton, NJ: Princeton University Press.

Chun, A. (1996) 'Discourses of identity in the changing spaces of public culture in Taiwan, Hong Kong and Singapore', *Theory, Culture & Society*, 13 (2): 51–75.

Elias, N. (1987) 'The retreat of sociologists into the present', *Theory, Culture & Society*, 4 (2–3).

Elias, N. (1994) *The Civilizing Process*. Oxford: Basil Blackwell.
赤井慧爾ほか訳（2004）『文明化の過程』上（ヨーロッパ上流階級の風俗の変遷）法政大学出版局
波田節夫ほか訳（2004）『文明化の過程』下（社会の変遷／文明化の理論のための見取図）法政大学出版局

Featherstone, M. (1991) *Consumer Cultur and Postmodernism*. London: Sage.

Featherstone, M. (2000) 'Archiving culture', *British Journal of Sociology*, special issue on the Millennium, 51 (1).

Featherstone, M. (2006a) 'Genealogies of the global', in special issue on Problematizing Global Knowledge (edited by M. Featherstone, C. Venn, R. Bishop and J. Phillips), *Theory, Culture & Society*, 23 (2–3).

Featherstone, M. (2006b) 'Archive', in special issue on Problematizing Global Knowledge (edited by M. Featherstone, C. Venn, R. Bishop and J. Phillips), *Theory, Culture & Society*, 23 (2–3).

Featherstone, M. (2007) 'Modernity and the cultural question', in *Consumer Culture and Postmodernism*, 2nd Edition. London: Sage.

Featherstone, M. and Venn, C. (2006) 'Problematizing global knowledge: an introduction', in special issue on Problematizing Global Knowledge, *Theory, Culture & Society*, 23 (2–3).

Featherstone, M., Venn, C., Bishop, R. and Phillips, J. (eds.) (2006) Problematizing

Global Knowledge Special Issue, *Theory, Culture & Society*, 23 (2–3).
Fraser, N. (2007) 'Transnationalizing the public sphere: on the legitimacy and efficacy of public opinion in a postwestphalian world', *Theory, Culture & Society*, 24 (6).
Friedman, J. (1994) *Cultural Identity and Global Process*. London: Sage.
Gaonkar, D. (1999) 'On Alternative Modernities', *Public Culture*, 11 (1).
Giddens, A. (1990) *The Consequences of Modernity*. Cambridge: Polity Press.
松尾精文・小幡正敏訳（1993）『近代とはいかなる時代か？』而立書房
Giddens, A. (1991) *Modernity and Self-Identity*. Cambridge: Polity Press.
秋吉美都・安藤太郎・筒井淳也訳（2005）『モダニティと自己アイデンティティ』ハーベスト社
Gluck, C. (1998) 'The invention of Edo', in S. Vlastos (ed.) *Mirror of Modernity: Invented Traditions of Modern Japan*. Berkeley: University of California Press.
Goody, J. (2004) *Capitalism and Modernity: the Great Debate*. Cambridge: Polity Press.
Gunder Frank, A. (1998) *Re-ORIENT: Global Economy in the Asian Age*. Berkeley: University of California Press.
山下範久訳（2000）『リオリエント――アジア時代のグローバル・エコノミー』藤原書店
Habermas, J. (1989) *The Structural Transformation of the Public Sphere*. Cambridge: Polity Press.
細谷貞雄訳（1973）『公共性の構造転換』未來社
Hobson, J. M. (2004) *The Eastern Origins of Western Civilisation*. Cambridge: Cambridge University Press.
Hobson, J. M. (2006) 'East and west in global knowledge', *Theory, Culture & Society*, 23 (2–3).
Horkheimer, M. and Adorno, T. (1972) *Dialectic of Enlightenment*. New York: Herder & Herder.
徳永恂訳（2007）『啓蒙の弁証法』岩波文庫
Hountondji, P. J. (1983) *African Philosophy: Myth and Reality*. Bloomington: Indiana University Press.
Hountondji, P. J. (2002) *The Struggle for Meaning: Reflections on Philosophy, Culture, and Democracy in Africa*. Athens: Ohio University Press.
Hutnyk, J. (2006) 'Culture', in special issue on Problematizing Global Knowledge, *Theory, Culture & Society*, 23 (2–3).
Ishihara, S. (1991) *The Japan That Can Say No*. New York: Simon and Schuster.
盛田昭夫・石原慎太郎（1989）『「NO《ノー》」と言える日本――新日米関係の方策《カード》』光文社

Kamata, S. (1983) *Japan in the Passing Line*. New York: Pantheon.
鎌田慧（1973）『自動車絶望工場』現代史出版会
Mbembe, A. (2001) *On the Postcolony*. Berkeley, CA: University of California Press.
Mennell, S. (1989) *Norbert Elias: Civilization and the Human Self-Image*. Oxford: Blackwell.
Patomäki, H. (2006) 'Global Democracy', in special issue on Problematizing Global Knowledge, *Theory, Culture & Society*, 23 (2–3).
Pomeranz, K. (2000) *The Great Divergence: China, Europe, and the making of the modern world economy*. Princeton University Press.
Randeria, S. (2007) 'The state of globalization: legal plurality, overlapping sovereignties and ambiguous alliances between civil society and the cunning state in India', *Theory, Culture & Society*, 24 (1): 1–33.
Sakai, N. (1989) 'Modernity and its critique: the problem of universalism and particularism', in M. Miyoshi and H. D. Harootunian (eds.) *Postmodernism and Japan*. Durham, NC: Duke University Press.
Sakai, N. (1997) *Translation and Subjectivity: on Japan and Cultural Nationalism*. Minneapolis: University of Minnesota Press.
酒井直樹（1997）『日本思想という問題――翻訳と主体』岩波書店
Sakai, N. (2001) 'Introduction', *Traces*, No.1.
Santos, B. S. (2006) 'Globalizations', in special issue on Problematizing Global Knowledge, *Theory, Culture & Society*, 23 (2–3).
Spivak, G. (2006) 'Cultural alive' in special issue on Problematizing Global Knowledge, *Theory, Culture & Society*, 23 (2–3).
Tenbruck, F. (1994) 'Internal history of society or universal history', *Theory, Culture & Society*, 11 (1).
Weber, M. (1948a) 'Science as a vocation' in H.H. Gerth and C. W. Mills (eds.) *From Max Weber*. London: Routledge.
尾高邦雄訳（1982）『職業としての学問』岩波文庫
Weber, M. (1948b) 'Politics as a vocation' in H.H. Gerth and C. W. Mills (eds.) *From Max Weber*. London: Routledge.
脇圭平訳（1984）『職業としての政治』岩波文庫
Wernick, A. (2006) 'Comte and the Encyclopedia', *Theory, Culture & Society*, 23 (4): 27–48.

本　文

Abercrombie, N., Hill, S. and Turner, B. S. (1980) *The Dominant Ideology Thesis*. London:

Allen & Unwin.
Abu-Lughod, J. (1991) 'Going beyond the global babble', in A. D. King (ed.) *Culture, Globalization and the World-system*. London: Macmillan.
山中弘・安藤充・保呂篤彦訳（1999）『文化とグローバル化』玉川大学出版部
Albrow, M. (1990) *Max Weber's Construction of Social Theory*. London: Macmillan.
Alexander, J. (ed.) (1988) *Durkheimian Sociology*. Cambridge: Cambridge University Press.
Anderson, B. (1991) *Imagined Communities*, revised edn. London: Verso.
白石さや・白石隆訳（1997）『増補　想像の共同体』NTT 出版
Appadurai, A. (1986) 'Introduction: commodities and the politics of value', in A. Appadurai (ed.) *The Social Life of Things*. Cambridge: Cambridge University Press.
Appadurai, A. (1988) 'Putting hierarchy in its place', *Cultural Anthropology*, 3 (1).
Appadurai, A. (1990) 'Disjunction and difference in the global cultural economy', *Theory, Culture & Society*, 7 (2–3).
門田健一郎訳（2004）「グローバル文化経済における乖離構造と差異」，『さまよえる近代――グローバル化の文化研究』平凡社
Arensberg, C. M. (1968) *The Irish Countrymen*. Garden City, NY: Natural History Press, orig. publ. in 1937.
Arensberg, C. M. and Kimball, S. T. (1940) *Family and Community in Ireland*. London: Peter Smith.
Arnason, J. (1987a) 'The modern constellation and the Japanese enigma', Part I, *Thesis Eleven*, 17.
Arnason, J. (1987b) 'The modern constellation and the Japanese enigma', Part II, *Thesis Eleven*, 18.
Arnason, J. (1990) 'Nationalism, globalization and modernity', in M. Featherstone (ed.) *Global Culture*. London: Sage.
Axtman, R. (1993) 'Society, globalization and the comparative method', *History of the Human Sciences*, 6 (2).
Banck, G. A. (1994) 'Mass consumption and urban contest in Brazil: some reflections on lifestyle and class', *Bulletin of Latin American Research*, 13 (1): 45–60.
Bann, S. (1984) *The Clothing of Clio: A Study of Representations of History in Nineteenth Century Britain and France*. Cambridge: Cambridge University Press.
Barthes, R. (1982) *Empire of Signs*. London: Cape.
宗左近訳（1996）『表徴の帝国』ちくま学芸文庫
Battersby, C. (1989) *Gender and Genius*. London: Women's Press.
Baudelaire,C. (1972) 'The painter of modern life', in Selected Writings on Art and

Literature. Trans. with an introduction by P. E. Charvet. Harmondsworth: Penguin.
Baudrillard, J. (1970) *La société de consommation*. Paris: Gallimard.
今村仁司・塚原史訳（1995）『消費社会の神話と構造』紀伊國屋書店
Baudrillard, J. (1983a) *Simulations*. New York: Semiotext(e).
Baudrillard, J. (1983b) *In the Shadow of the Silent Majorities*. New York: Semiotext(e).
Baudrillard, J. (1993) *Symbolic Exchange and Death*. London: Sage.
今村仁司・塚原史訳（1992）『象徴交換と死』筑摩書房
Bauman, Z. (1973) *Culture as Praxis*. London: Routledge.
Bauman, Z. (1988a) 'Is there a postmodern sociology?', *Theory, Culture & Society*, 5 (2–3).
Bauman, Z. (1988b) *Legislators and Interpreters*. Cambridge: Polity.
向山恭一ほか訳（1995）『立法者と解釈者』昭和堂
Bauman, Z. (1990) 'Philosophical affinities of postmodern sociology', *Sociological Review*, 38(3).
Bauman, Z. (1991) *Modernity and Ambivalence*. Cambridge: Polity.
Bauman, Z. (1992) *Intimations of Postmodernity*. London: Routledge.
Bell, D. (1976) *The Cultural Contradictions of Capitalism*. London: Heinemann.
林雄二郎訳（1976–1977）『資本主義の文化的矛盾』（上・中・下）講談社学術文庫
Bell, D. (1980) 'Beyond modernism, beyond self', in *Sociological Journeys: Essays 1960–1980*. London: Routledge.
Bell, C. and Newby, H. (1971) *Community Studies*. London: Allen & Unwin.
Bendix, R. (1970) 'Culture, social structure and change', in *Embattled Reason: Essays on Social Knowledge*. New York: Oxford University Press.
Benedict, R. (1934) *Patterns of Culture*. Boston: Houghton Mifflin.
米山俊直訳（1973）『文化の型』社会思想社
Benedict, R. (1946) *The Chrysanthemum and the Sword*. Boston: Houghton Mifflin.
長谷川松治訳（2005）『菊と刀——日本文化の型』講談社学術文庫
Benjamin, W. (1973) *Charles Baudelaire: A Lyric Poet in the Era of High Capitalism*. London: New Left Books.
川村二郎・野村修監編（1975）『ボードレール』晶文社
Benjamin, W. (1977) *The Origin of German Tragic Drama*. London: New Left Books.
岡部仁訳（2001）『ドイツ悲哀劇の根源』講談社学術文庫
Benjamin, W. (1982) *Das Passagenwerk*. 2 vols, ed. R. Tiedermann, Frankfurt: Suhrkamp.
今村仁司ほか訳（1993–1995）『パサージュ論』岩波書店
Bennett, T. *et al*. (1977) *The Study of Culture*. Milton Keynes: Open University Press.
Bennett, T., Martin, G., Mercer, C. and Woollacott, T. (eds.) (1981) *Culture, Identity and*

Social Process. London: Batsford.
Bergesen, A. (1990) 'Turning world-system theory on its head', in M. Featherstone (ed.) *Global Culture*. London: Sage.
Berman, M. (1982) *All That is Solid Melts into Air*. New York: Simon & Schuster.
Berner, E. and Korff, R. (1992) 'Strategies and counterstrategies: globalization and localization from the perspective of the sociology of group conflict', University of Bielefeld, mimeo.
Bhabha, H. K. (1991) '"Race", time and the revision of modernity', *Oxford Literary Review*, 13.
Bhabha, H. K. (1994) *The Location of Culture*. London: Routledge.
本橋哲也ほか訳（2005）『文化の場所』法政大学出版局
Blundell, V., Shepherd, J. and Taylor, I. (eds.) (1993) *Relocationg Cultural Studies*. London: Routledge.
Bologh, R. W. (1990) *Love or Greatness. Max Weber and Masculine Thinking – a Feminist Inquiry*. London: Unwin Hyman.
Boon, J. (1973) 'Further operations of culture in anthropology', in L. Schneider and C. Bonjean (eds.) *The Ideas of Culture in the Social Sciences*. Cambridge: Cambridge University Press.
Bourdieu, P. (1977) *Outline of a Theory of Practice*. trans. Richard Nice. Cambridge: Cambridge University Press.
Bourdieu, P. (1979) 'The production of belief: contribution to an economy of symbolic goods', *Media, Culture & Society*, 2: 261–93.
Bourdieu, P. (1980) 'Sartre, or the invention of the total intellectual', *London Review of Books*, 2 (22), 20 Nov–3 Dec.
Bourdieu, P. (1983a) 'The field of cultural production', *Poetics*, 12: 311–56.
Bourdieu, P. (1983b) 'The philosophical institution', in A. Montefiore (ed.) *Philosophy in France*. Cambridge: Cambridge University Press.
Bourdieu, P. (1984) *Distinction: A Social Critique of the Judgement of Taste*, trans. R. Nice. London: Routledge.
石井洋二郎訳（1990）『ディスタンクシオン』（I・II）藤原書店
Bourdieu, P. (1985) 'The market of symbolic goods', *Poetics*, 14: 13–44.
Bourdieu, P. (1992) 'Thinking about limits', in M. Featherstone (ed.) *Cultural Theory and Cultural Change*. London; Sage.
Bourdieu, P. and Darbel, A. (1966) *L'Amour de l'art*. Paris: Minuit.
山下雅之訳（1994）『美術愛好：ヨーロッパの美術館と観衆』木鐸社
Bourdieu, P. and Passeron, J. C. (1971) *La Reproduction*. Paris: Minuit.

宮島喬訳（1991）『再生産——教育・社会・文化』藤原書店
Bourdieu, P., Boltanski, L., Castel, R. and Chamboredon, J. C. (1965) *Un Art moyen*. Paris: Minuit.
Bovone, L. (1989) 'Theories of everyday life: a search for meaning or a negation of meaning', *Current Sociology*, 37 (1).
Bradbury, M. and McFarlane, J. (eds.) (1976) *Modenism, 1890–1930*. Harmondsworth: Penguin.
Brennan, T. (1990) 'The national longing for form', in H. Bhabha (ed.) *Nation and Narration*. London: Routledge.
Brombert, V. (1960) *The Intellectual Hero: Studies in the French Novel 1880–1955*. London: Faber & Faber.
Bruner, E. M. (1989) 'Of cannibals, tourists and ethnographers', *Cultural Anthropology*, 4 (4).
Buci-Glucksmann, C. (1994) *Baroque Reason*. London: Sage.
杉本紀子訳（1987）『バロック的理性と女性原理』筑摩書房
Buck-Morss, S. (1989) *The Dialectics of Seeing: Walter Bejamin and the Arcades Project*. Cambridge, MA: MIT Press.
Burger, P. (1984) *Theory of the Avant-Garde*. Manchester: Manchester University Press.
浅井健二郎訳（1987）『アヴァンギャルドの理論』ありな書房
Burke, P. (1978) *Popular Culture in Early Modern Europe*. London : Temple Smith.
中村賢二郎・谷泰訳（1988）『ヨーロッパの民衆文化』人文書院
Burke, P. (1989) 'New reflections on world history', *Culture and History*, 5.
Campbell, C. (1987) *The Romantic Ethic and the Spirit of Modern Consumerism*. Oxford: Blackwell.
Canevacci, M. (1992) 'Image accumulation and cultural syncretism', *Theory, Culture & Society*, 9 (3).
Castells, M. (1994) 'European cities, the informational society and the global economy', *New Left Review*, Issue 204: 19–32.
Chambers, I. (1987) 'Maps for the metropolis: a possible guide for the postmodern', *Cultural Studies*, 1 (1).
Chambers, I. (1990) *Border Dialogues: Journeys in Postmodernity*. London: Routledge.
Chambers, I. (1994) *Migrancy, Culture and Identity*. London: Routledge.
Chaney, D. (1986) 'The symbolic form of ritual in mass communication', in P. Golding (ed.) *Communicating Politics*. Leicester: Leicester University Press.
Chatterjee, P. (1993) *The Nation and its Fragments*. Princeton: Princeton University Press.
Clarke, J., Critcher, C. and Johnson, R. (eds.) (1979) *Working Class Culture*. London: Hutchinson.

Clegg, S. (1989) *Frameworks of Power*. London: Sage.
Clifford, J. (1988) *The Predicament of Culture*. Cambridge, MA: Harvard University Press.
太田好信ほか訳（2003）『文化の窮状』人文書院
Clifford, J. (1989) 'Notes on travel and theory', *Inscriptions*, 5: 177–88.
Clifford, J. (1992) 'Traveling cultures', in L. Grossberg, C. Nelson and P. Triecher (eds.) *Cultural Studies*, London: Routledge.
Clifford, J. and Marcus, G. (eds.) (1986) *Writing Culture*. Berkeley: University of California Press.
春日直樹ほか訳（1996）『文化を書く』紀伊國屋書店
Cohen, A. (1985) *The Symbolic Construction of Community*. London: Tavistock.
吉瀬雄一訳（2005）『コミュニティは創られる』八千代出版
Connerton, P. (1989) *How Society Remembers*. Cambridge: Cambridge University Press.
Connolly, W. (1994) 'Tocqueville, territory and violence', *Theory, Culture & Society*, 11 (1).
Cooke, P. (1988) 'Modernity, postmodernity and the city', *Theory, Culture & Society*, 5 (2–3).
Cooke, P. (1990a) *Back to the Future: Modernity, Postmodernity and Locality*. London: Unwin Hyman.
Cooke, P. (1990b) 'Locality, structure and agency: a theoretical analysis', *Cultural Anthropology*, 5 (1).
Cornwall, A. and Lindisfarne, N. (eds.) (1994) *Dislocating Masculinity*. London: Routledge.
Coser, L. (1977) 'Georg Simmel', in *Masters of Sociological Thought*. 2nd edn. New York: Harcourt Brace Jovanovich.
Crane, D. (1987) *The Transformation of the Avant-Garde*. Chicago: Chicago University Press.
Crapanzano, V. (1980) *Tuhami: Portrait of a Moroccan*. Chicago: University of Chicago Press.
大塚和夫・渡部重行訳（1991）『精霊と結婚した男』紀伊國屋書店
Crapanzano, V. (1992) *Hermes' Dilemma and Hamlet's Desire: On the Epistemology of Interpretation*. Cambridge, MA: Harvard University Press.
Critcher, C. (1979) 'Sociology, cultural studies and the postwar working class', in J. Clarke, C. Critcher and R. Johnson (eds.) (1979) *Working Class Culture*. London: Hutchinson.
Culler, J. (1983) *On Deconstruction*. London: Routledge.
富山太佳夫・折島正司訳（1998）『ディコンストラクション』（1・2）岩波書店

Dahrendorf, R. (1987) 'Max Weber and modern social science', in W. J. Mommsen and J. Osterhammel (eds.) (1987) *Max Weber and his Contemporaries*. London: Allen & Unwin.
鈴木広・米沢和彦・嘉目克彦監訳（1994）『マックス・ヴェーバーとその同時代人群像』ミネルヴァ書房
Darnton, R. (1983) *The Literary Underground of the Old Regime*. Cambridge MA: Harvard University Press.
関根素子・二宮宏之訳（2000）『革命前夜の地下出版』岩波書店
Davidoff, L. (1973) *The Best Circles: Society, Etiquette and Season*. London: Croom Helm.
Davis, F. (1974) *Yearning for Yesterday: A Sociology of Nostalgia*. New York: Free Press.
間場寿一・荻野美穂・細辻恵子訳（1990）『ノスタルジアの社会学』世界思想社
Davis, M. (1992) 'Beyond *Blade Runner*: urban contronl and the ecology of fear', Westfield, NJ: Open Magazine Pamphlet Series.
de Certeau, M. (1981) 'The discovery of everyday life, a sample', *Tabloid*, 3: 24–30.
de Certeau, M. (1984) *The Practice of Everyday Life*. Berkeley: California University Press.
山田登世子訳（1987）『日常的実践のポイエティーク』国文社
Debord, G. (1970) *Society of the Spectacle*. Detroit: Red & Black.
木下誠訳（2003）『スペクタクルの社会』ちくま学芸文庫
Deleuze, G. and Guattari, F. (1983) *Anti-Oedipus*. Minneapolis: University of Minnesota Press.
宇野邦一訳（2006）『アンチ・オイディプス』（上・下）河出文庫
Deleuze, G. and Guattari, F. (1987) *A Thousand Plateaus: Capitalism and Schizophrenia*. Minneapolis: University of Minnesota Press.
宇野邦一ほか訳（1994）『千のプラトー』河出書房新社
Dennis, N., Henriques, F. and Slaughter, C. (1956) *Coal is Our Life*. London: Tavistock.
Derrida, J. (1973) *Speech and Phenomena (and other Essays) on Husserl's Theory of Signs*. Evanston: Northwestern University Press.
林好雄訳（2005）『声と現象』ちくま学芸文庫
Dezalay, Y. (1990) 'The big bang and the law', in M. Featherstone (ed.) *Global Culture*. London: Sage.
Donaldson, P. (1975) *Edward VIII*. Philadelphia.
Dorfman, A. and Mattelart, A. (1975) *How to Read Donald Duck*. New York: International General Editions.
山崎カヲル訳（1984）『ドナルド・ダックを読む』晶文社
Douglas, M. and Isherwood, B. (1980) *The World of Goods*. Harmondsworth: Penguin.

浅田彰・佐和隆光訳（1984）『儀礼としての消費』新曜社
Dumont, L. (1986) 'Collective identities and universalist ideology: the actual interplay', *Theory, Culture & Society*, 3 (3): 25–34.
Durkheim, E. (1961) *The Elementary Forms of the Religious Life*. New York: Collier.
古野清人訳（1975）『宗教生活の原初形態』（上・下）岩波文庫
Durkheim, E. (1969) 'Individualism and the Intellectuals', *Political Studies*, 17.
佐々木交賢・中嶋明勲訳（1988年）『社会科学と行動』恒星社厚生閣
Dyan, D. and Katz, E. (1988) 'Articulating consensus: the ritual and rhetoric of media events', in J. C. Alexander (ed.) *Durkheimian Sociology: Cultural Studies*. Cambridge: Cambridge University Press.
Dyer, R. (1979) *Stars*. London: British Film Institute.
浅見克彦訳（2006）『映画スターの「リアリティ」』青弓社
Eagleton, T. (1984) *The Function of Criticism*. London: Verso.
大橋洋一訳（1988）『批評の機能』紀伊國屋書店
Eckstein, M. (1990) *The Rites of Spring: The Great War and the Birth of the Modern Age*. New York: Doubleday.
金利光訳（1991）『春の祭典——第一次世界大戦とモダン・エイジの誕生』TBSブリタニカ
Elias, N. (1971) 'Sociology of knowledge: new perspectives, part 1', *Sociology*, 5.
Elias, N. (1978) *The Civilizing Process, Volume 1: The History of Manners*. Oxford: Blackwell.
赤井慧爾ほか訳（2004）『文明化の過程』上（ヨーロッパ上流階層の風俗の変遷）法政大学出版局
Elias, N. (1982) *The Civilizing Process, Volume 2: State Formation and Civilization*. Oxford: Blackwell.
波田節夫ほか訳（2004）『文明化の過程』下（社会の変遷／文明化の理論のための見取図）法政大学出版局
Elias, N. (1983) *The Court Society*. Oxford: Blackwell.
波田節夫・中埜芳之・吉田正勝訳（1981）『宮廷社会』法政大学出版局
Elias, N. (1984) 'On the sociogenesis of sociology', *Sociologisch Tijdschrift*, 11 (1).
Elias, N. (1987a) 'The retreat of sociologists into the present', *Theory, Culture & Society*, 4 (2–3).
Elias, N. (1987b) 'The changing balance of power between the sexes', *Theory, Culture & Society*, 4 (2–3).
Elias, N. (1987c) *Involvement and Detachment*. Oxford: Blackwell.
波田節夫・道籏泰三訳（1991）『参加と距離化』法政大学出版局

Elias, N. (1987d) Interview with M. Featherstone, *et al.*, University of Teesside, mimeo.
Elias, N. and E. Dunning (1987) *Quest for Excitement: Sport and Leisure in the Civilizing Process*. Oxford: Blackwell.
大平章訳（1995）『スポーツと文明化——興奮の探求』法政大学出版局
Elias, N. and Scotson, J. L. (1994) *The Established and the Outsiders*. revised edn. London: Sage.
Enloe, C. (1989) *Bananas, Beaches and Bases: Feminism and International Politics*. Berkeley: California University Press.
Ewen, S. (1976) *Captains of Consciousness; Advertising and the Social Roots of the Consumer Culture*. New York: McGraw-Hill.
Ewen, S. and Ewen, E. (1982) *Channels of Desire*. New York: McGraw-Hill.
小沢瑞穂訳（1988）『欲望と消費』晶文社
Eyerman, R. and Lofgren, O. (1995) 'Road movies', *Theory, Culture & Society*, 12 (1).
Featherstone, M. (1990) 'Global culture: An introduction', in M. Featherstone (ed.) *Global Culture*. London Sage.
Featherstone, M. (1991a) *Consumer Culture and Postmodernism*. London: Sage.
川崎賢一・小川葉子監訳（1999–2003）『消費文化とポストモダニズム』（上・下）恒星社厚生閣
Featherstone, M. (1991b) 'Georg Simmel; an introduction', *Theory, Culture & Society*, 8 (3): 1–16.
Featherstone, M. (1995) 'Post-bodies, aging and vitual reality', in M. Featherstone and A. Wernick (eds.) *Images of Ageing*. London: Routledge.
Featherstone, M. and Burrows, R. (eds.) (1995) *Cyberbodies, Cyberspace and Cyberpunk*. London: Sage. (Also special issue of *Body & Society* 1 (3), 1995.)
Featherstone, M. and Lash, S. (1995) 'Globalization, modernity and the spatialization of social theory', in M. Featherstone, S. Lash and R. Robertson (eds.) *Global Modernities*. London: Sage.
Fechter, P. (1948) *Menschen und Zeiten*. Gutersloh: Berdelsmann.
Feldman-Bianco, Bella (1992) 'Multiple layers of time and space: the construction of class, ethnicity and nationalism among Portuguese immigrants', in N. G. Schiller, L. Basch and C. Blanc-Szanton (eds.) *Towards a Transnational Perspective on Migration: Race, Class, Ethnicity and Nationalism Reconsidered*. Annals of the New York Academy of Science, Vol. 645. New York Academy of Sciences.
Fiefer, M. (1985) *Going Places*. London: Macmillan.
Fiske, J. and Hartley, J. (1978) *Reading Television*. London: Methuen.
池村六郎訳（2000）『テレビを「読む」』未來社

Fiske, J., Hodge, B. and Turner, G. (eds.) (1987) *Myths of Oz*. Sydney: Allen & Urwin.

Fjellman, S. J. (1992) *Vinyl Leaves: Walt Disney World and America*. Boulder, CO: Westeview Press.

Foucault, M. (1971) *Madness and Civilization*. London: Tavistock.
田村俶訳（1975）『狂気の歴史――古典主義時代における』新潮社

Foucault, M. (1986) 'What is enlightment?', in P. Rabinow (ed.) *The Foucault Reader*. Harmondsworth: Penguin.
石田英敬訳（2002）「啓蒙とは何か」，蓮實重彦・渡辺守章監修『ミシェル・フーコー思考集成X 1984–88 倫理／道徳／啓蒙』筑摩書店

Foucault, M. (1987) *The Use of Pleasure*. Harmondsworth: Penguin.
田村俶訳（1986）『快楽の活用』新潮社

Frankenberg, R. (1966) *Communities in Britain*. Harmondsworth: Penguin.

Friedman, J. (1987) 'Prolegomena to the adventures of Phallus in Blunderland: an anti-anti discourse', *Culture & History*, 1 (1).

Friedman, J. (1988) 'Cultural logics of the global system', *Theory, Culture & Society*, 5 (2–3), special issue on postmodernism.

Friedman, J. (1990) 'Being in the world: globalization and localization', in M. Featherstone (ed.) *Global Culture*. London: Sage.

Friedman, J. (1992) 'Narcissism, roots and postmodernity: the constitution of selfhood in the global crisis', in S. Lash, and J. Friedman (eds.) *Modernity and Identity*. Oxford: Blackwell.

Frisby, D. (1981) *Sociological Impressionism: A Reassesment of Georg Simmel's Social Theory*. London: Heinemann.

Frisby, D. (1985a) 'Georg Simmel, first sociologist of modernity', *Theory, Culture & Society*, 2 (3).

Frisby, D. (1985b) *Fragments of Modernity*. Cambridg: Polity.

Frisby, D. and Sayer D. (1986) *Society*. London: Tavistock.
大鐘武訳（1993）『社会とは何か』恒星社厚生閣

Frith, S. (1983) *Sound Effects: Youth, Leisure, and the Politics of Rock'n' Roll*. London: Constable.
細川周平・竹田賢一訳（1991）『サウンドの力』晶文社

Frith, S. and Horne, H. (1987) *Art into Pop*. London: Methuen.

Fussell, P. (1980) *Abroad: British Literary Travelling between the Wars*. Oxford: Oxford University Press.

Fussell, P. (1982) *The Great War and Modern Memory*. Oxford: Oxford University Press.

Gabriel, T. H. (1990) 'Thoughts on nomadic aesthetics and the black independent cinema:

traces of a journey', in R. Ferguson, M. Gever, T. T. Minh-ha and C. West (eds.) *Out There: Marginalization and Contemporary Culture*. Cambridge, MA: MIT Press.
Game, A. (1990) 'Nation and identity: Bondi', *New Formations*, 11.
Game, A. (1991) *Undoing the Social*. Milton Keynes: Open University Press.
Gay, P. (1973) *The Enlightenment*, vol. 1. London: Wildwood House.
Geertz, C. (1983) *Local knowledge*. New York: Harper.
梶原景昭ほか訳（1999）『ローカル・ノレッジ』岩波書店
Gellner, E. (1983) *Nations and Nationalism*. Oxford: Blackwell.
加藤節監訳（2000）『民族とナショナリズム』岩波書店
Gerth, H. H. and Mills C. W. (1948) *From Max Weber*. London: Routledge.
山口和男，犬伏宣宏共訳（1964）『マックス・ウェーバー――その人と業績』ミネルヴァ書房
Gessner, V. and Schade, A. (1990) 'Conflicts of culture in cross-border legal relations', *Theory, Culture & Society*, 7 (2–3).
Giddens, A. (1990) *The Consequences of Modernity*. Cambridge: Polity.
松尾精文・小幡正敏訳（1993）『近代とはいかなる時代か？』而立書房
Giddens, A. (1991) *Modernity and Self-Identity*. Cambridge: Polity.
秋吉美都・安藤太郎・筒井淳也訳（2005）『モダニティと自己アイデンティティ』ハーベスト社
Giddens, A. (1994) 'Living in a post-traditional society', in U. Beck, A. Giddens and S. Lash (eds.) *Reflexive Modernization*. Cambridge: Polity.
松尾精文・小幡正敏・叶堂隆三訳（1997）『再帰的近代化』而立書房
Gilroy, P. (1993) *The Black Atlantic*. London: Verso.
上野俊哉・毛利嘉孝・鈴木慎一郎訳（2006）『ブラック・アトランティック』月曜社
Gledhill, C. (1991) *Stardom: Industry of Desire*. London: Routledge.
Goldman, H. (1988) *Max Weber and Thomas Mann*. Berkeley: California University Press.
Goldman, R. and Wilson, J. (1983) 'Appearance and essence: the commodity form revealed in perfume advertisements', *Current Perspectives in Social Theory*, 4.
Goldscheid, R. (1904) 'Review of *Philosophie des Geldes*', *Archiv für systematische Philosophie*, 10.
Gooding-Williams, R. (1987) 'Nietzsche's pursuit of modernism', *New German Critique*, 41.
Gouldner, A. (1975) 'Sociology and the everyday life' in L. Coser (ed.) *The Idea of Social Science*. New York: Harcourt, Brace and World.
Grafton, A. (1992) *New Worlds, Ancient Texts: the Power and Shock of Discovery*.

Cambridge, MA: Harvard University Press.
Green, B. S. (1988) *Literary Methods and Sociological Theory: Case Studies of Simmel and Weber*. Chicago: Chicago University Press.
Green, M. (1976) *The von Richthoven Sisters*. New York: Basic Books.
Grossberg, L., Nelson, C. and Triechler, P. (eds.) (1992) *Cultural Studies*. London: Routledge.
Gupta, A. and Ferguson, J. (1992) 'Beyond "culture": space, identity, and the politics of difference', *Cultural Anthropology*, 7 (1): 6–23.
Gupta, S. (ed.) (1993) *Disrupted Borders*. London: Rivers Oram Press.
Habermas, J. (1974) 'The public sphere', *New German Critique*, 3.
Habermas, J. (1981) *Theorie des kommunikativen Handelns*. Frankfurt am Main: Suhrkamp.
河上倫逸・M. フーブリヒト・平井俊彦訳（1985–1987）『コミュニケイション的行為の理論』（上・中・下）未來社
Habermas, J. (1984a) *The Theory of Communicative Action,* Volume 1. London: Heinemann.
河上倫逸・M. フーブリヒト・平井俊彦訳（1985–1986）『コュニケイション的行為の理論』（上・中）未來社
Habermas, J. (1984b) 'Remettre le mobile en mouvement', *Le monde d'aujourd'hui*, 6 August.
Habermas, J. (1988) *The Philosophical Discourse of Modernity*. Cambridge: Polity.
三島憲一ほか訳（1999）『近代の哲学的ディスクルス』（Ⅰ・Ⅱ）岩波書店
Habermas, J. (1989) *The Structural Transformation of the Public Sphere*. Cambridge: Polity.
細谷貞雄訳（1973）『公共性の構造転換』未來社
Haferkamp, H. (1987) 'Beyond the iron cage of modernity', *Theory, Culture & Society*, 4 (1).
Halbwachs, M. (1992) *On Collective Memory*. Chicago: Chicago University Press.
小関藤一郎訳（1989）『集合的記憶』行路社
Hall, C. (1992) *White, Male and Middle Class*. Cambridge: Polity.
Hall, S. (1991) 'Old and new identities', in A. King (ed.) *Culture*. London: Sage.
Hall, S. (1992a) 'Introduction', to S. Hall and B. Gieben (eds.) *Formation of Modernity*. Cambridge: Polity.
Hall, S. (1992b) 'The question of cultural identity', in S. Hall, D. Held and T. McGrew (eds.) *Modernity and its Futures*. Cambridge: Polity.
Hall, S. (1992c) 'The rest and the West: discourse and power', in S. Hall and B. Gieben (eds.) *Formation of Modernity*. Cambridge: Polity.
Hall, S., Hobson, D., Lowe, D. and Willis, P. (eds.) (1980) *Culture, Media and Language*.

London: Hatchinson.
Hannerz, U. (1990) 'Cosmopolitans and locals in world culture', *Theory, Culture & Society*, 7 (2–3).
Hannerz, U. (1991) 'Scenarios for peripheral cultures', in A. King (ed.) *Culture, Globalization and the World-System*. London: Macmillan.
山中弘・安藤充・保呂篤彦訳（1999）『文化とグローバル化』玉川大学出版部
Harvey, D. (1989) *The Condition of Postmodernity*. Oxford: Blackwell.
吉原直樹監訳（1999）『ポストモダニティの条件』青木書店
Hatch, E. (1973) *Theories of Culture*. New York: Columbia University Press.
Hebdige, D. (1979) *Subculture: The Meaning of Style*. London: Methuen.
山口淑子訳（1986）『サブカルチャー』未來社
Hebdige, D. (1982) 'The cultural politics of pop', *Block*.
Hebdige, D. (1988) *Hiding in the Light*. London: Routledge.
Held, D. (1980) *Introduction to Critical Theory*. London: Hutchinson.
Heller, A. (1978) *Renaissance Man*. London: Routledge.
Heller, A. (1984) *Everyday Life*. London: Routledge.
Heller, A. (1990) *Can Modernity Survive?* Cambridge: Polity.
Hennis, W. (1988) *Max Weber: Essays in Reconstruction*. London: Allen & Unwin.
Henrich, D. (1987) 'Karl Jaspers: thinking with Max Weber in mind', in W. J. Mommsen and J. Osterhammel (eds.) *Max Weber and his Contemporaries*. London: Allen & Unwin.
鈴木広・米沢和彦・嘉目克彦監訳（1994）『マックス・ヴェーバーとその同時代人群像』ミネルヴァ書房
Higson, A. (1989) 'The concept of national cinema', *Screen*, 30 (4).
Hirsch, F. (1976) *The Social Limits to Growth*. London: Routledge.
都留重人監訳（1980）『成長の社会的限界』日本経済新聞社
Hoggart, R. (1957) *The Uses of Literacy*. Harmondsworth: Penguin.
香内三郎訳（1986）『読み書き能力の効用』晶文社
Hohendahl, P. U. (1982) *The Institution of Criticism*. Ithaca, NY: Cornell University Press.
Horkheimer, M. and Adorno, T. (1972) *Dialectic of Enlightenment*. New York: Herder & Herder.
徳永恂訳（2007）『啓蒙の弁証法』岩波文庫
Huyssen, A. (1986) 'Mass culture as women: modernism's other', in *After the Great Divide*. Bloomington: Indiana University Press.
Iyer, P. (1989) *Video Nights in Kathmandu: Reports from Not-So-Far East*. London: Black

Swan.
Jackson, B. (1968) *Working Class Community*. London: Routledge.
大石俊一訳（1984）『コミュニティ――イングランドのある町の生活』晶文社
Jacoby, R. (1987) *The Last Intellectuals*. New York: Basic Books.
Jameson, F. (1979) 'Reification and utopia in mass culture', *Social Text*, 1 (1).
Jameson, F. (1984a) 'Postmodernism or the cultural logic of late capitalism', *New Left Review*, 146: 52–92.
Jameson, F. (1984b) 'Postmodernism and the consumer society', in H. Foster (ed.) *Postmodern Culture*, London: Pluto.
合庭惇・河野真太郎・秦邦生訳（2006）『カルチュラル・ターン』作品社
Jaspers, K. (1989) *Karl Jaspers on Max Weber*. New York: Paragon House.
Jusserand, J. J. (1973) *English Wayfaring Life in the Middle Ages*. Boston: Milford House.
Kamper, D. (1990) 'After modernism: outline of an aesthetics of posthistory', *Theory, Culture & Society*, 7 (1).
Kaplan, E. A. (1987) *Rocking around the Clock*. London: Methuen.
Kasson, J. F. (1990) *Rudeness and Civility*. New York: Hill Wang.
Kellner, D. (1983) 'Critical theory, commodities and the consumer society', *Theory, Culture & Society*, 3 (3): 66–83.
Kern. S. (1983) *The Culture of Time and Space 1880–1918*. Cambridge, MA: Harvard University Press.
浅野敏夫訳（1993）『時間の文化史』法政大学出版局
浅野敏夫・久郷丈夫訳（1993）『空間の文化史』法政大学出版局
King, A. D. (1990a) 'Architecture, capital and the globalization of culture', in M. Featherstone (ed.) *Global Culture*. London: Sage.
King, A. D. (1990b) *Global Cities*. London: Routledge.
King, A. D. (1995) 'The times and spaces of modernity (or who needs postmodernity?)' in M. Featherstone, S. Lash and R. Robertson (eds.) *Global Modernities*. London: Sage
Kirkpatrick, John (1989) 'Trials of identity in America', *Cultural Anthropology*, 4 (3): 301–11.
Kitto, H.D.F. (1951) *The Greeks*. Harmondsworth: Penguin.
向坂寛訳（1980）『ギリシア人』勁草書房
Klapp, O. E. (1969) *The Collective Search for Identity*. New York: Holt, Rinehart & Winston.
Knorr-Cetina, K. (1981) *The Manufacture of Knowledge. An Essay on the Constructivist and Contextual Nature of Science*. Oxford: Pergamon.

Knorr-Cetina, K. (1994) 'Primitive classification and postmodernity: towards a sociological notion of fiction', *Theory, Culture & Society*, 11 (3).

Krauss, R. (1984) 'The originality of the avant-garde: a postmodern repetition', in B. Wallis (ed.) *Art after Modernism*. New York: Museum of Contemporary Art.

Kroeber, A. L. (1948) 'The nature of culture', in *Cultural Patterns and Processes*. New York: Harcourt, Brace and World.

Kroker, A. and Cook, D. (1988) *The Postmodern Scene*. New York: St Martin's Press.

Laing, S. (1986) *Representations of Working Class Life 1957–1964*. London: Macmillan.

Lamont, M. and Lareau, A. (1988) 'Cultural capital: elisons, gaps and glissandos in recent theoretical developments', *Sociological Theory*, 6 (2): 153–68.

Las Casas, B. de (1992) *A Short Account of the Destruction of the Indies*. Harmondsworth: Penguin.
染田秀藤訳（1976）『インディアスの破壊についての簡潔な報告』岩波文庫

Lasch, C. (1991) *The True and Only Heaven: Progress and Its Critics*. New York: Norton.

Lash, S. (1988) 'Discourse or figure', *Theory, Culture & Society*, 5 (2-3).

Lash, S. and Urry, J. (1987) *The End of Organized Capitalism*. Cambridge: Polity.

Lash, S. and Urry, J. (1993) *Ecconomies of Signs and Spaces*. London: Sage.

Lassmann, P. and Velody, I. with Martins, H. (eds.) (1989) *Max Weber's Science as a Vocation*. London: Unwin Hyman.

Latour, B. (1987) *Science in Action*. Milton Keynes: Open University Press.
川崎勝・高田紀代志訳（1999）『科学が作られているとき』産業図書

Latour, B. (1993) *We Have Never Been Modern*. Hemel Hempstead: Harvester Wheatsheaf.

Leed, E. J. (1991) *The Mind of the Traveler*. New York: Basic Books.
伊藤誓訳（1993）『旅の思想史』法政大学出版局

Lefebvre, H. (1971) *Everyday Life in the Modern World*. Harmondsworth: Penguin, orig. publ. 1968.

Leiss, W. (1978) *The Limits to Satisfaction*. London: Marion Boyars.
阿部照男訳（1987）『満足の限界』新評論

Leiss, W. (1983) 'The icons of the marketplace', *Theory, Culture & Society*, 1 (3).

Leiss, W., Kline, S. and Jhally, S. (1986) *Social Communication in Advertising*. London: Methuen.

Levine, D. (1965) *Wax and Gold: Tradition and Innovation in Ethiopian Culture*. Chicago: Chicago University Press.

Levine, D. (1985) *The Flight from Ambiguity*. Chicago: Chicago University Press.

Lévi-Strauss, C. (1976) *Tristes Tropiques*. Harmondsworth: Penguin.
川田順造訳（2001）『悲しき熱帯』（1・2）中央公論新社

Ley, D. (1989) 'Modernism, post-modernism and the struggle for place', in J. A. Agnew and J. A. Duncan (eds.) *The Power of Place*. London: Unwin Hyman.

Lichtblau, K. (1995) 'Sociology and the diagnosis of the times: or the reflexivity of modernity', *Theory, Culture & Society*, 12 (1).

Liebersohn, H. (1988) *Fate and Utopian in German Sociology 1870–1923*. Cambridge, MA: MIT Press.

Liebersohn, H. (1989–90) 'Review of Marianne Weber *Max Weber: A Biography*, with a new Introduction by Guenther Roth', *Telos*, 78.

Linder, H. S. (1970) *The Harried Leisure Class*. New York: Columbia University Press.
江夏健一・関西生産性本部訳（1971）『時間革命』好学社

Lindholm, C. (1990) *Charisma*. Oxford: Blackwell.
森下伸也訳（1992）『カリスマ』新曜社

Liu, A. (1990) 'Local transcendence: cultural criticism, postmodernism and the romanticism of detail', *Representation*, 32.

Lowenthal, L. (1961) *Literature, Popular Culture and Society*. Palo Alto: Pacific Books.

Luke, T. (1995) 'New world order or new world orders? Power, politics and ideology in the informationalizing global order', in M. Featherstone, S. Lash and R. Robertson (eds.) *Global Modernities*. London: Sage.

Lunn, E. (1986) 'Cultural populism and egalitarian democracy', *Theory and Society*, 15: 479-517.

Lutkehaus, N. C. (1989) '"Excuse me, everything is not all right": an interview with film-maker Dennis O'Rourke', *Cultural Anthropology*, 4 (4).

Lynd, D. and Lynd, H. (1929) *Middletown*. New York: Harcourt Brace.
中村八朗訳（1990）『ミドゥルタウン』青木書店

Lynd, D. and Lynd, H. (1937) *Middletown in Transition*. New York: Harcourt Brace.
中村八朗訳（1990）『ミドゥルタウン』青木書店

Lyotard, J.-F. (1984) *The Postmodern Condition*. Manchester: Manchester University Press.
小林康夫訳（1986）『ポスト・モダンの条件』書肆風の薔薇

MacCannell, D. (1992) *Empty Meeting Grounds: The Tourist Papers*. London: Routledge.

McGrane, B. (1989) *Beyond Anthropology: Society and the Other*. New York: Columbia University Press.

McKendrick, N., Brewer, J. and Plumb, J. H. (1982) *The Birth of a Consumer Society*. London: Europa.

MacIntyre , A. (1981) *After Virtue*. London: Duckworth.
篠崎榮訳（1993）『美徳なき時代』みすず書房

Maffesoli, M. (1988) *Le Temps des Tribus*. Paris: Meridiens Klincksiek.

古田幸男訳（1997）『小集団の時代』法政大学出版局

Maffesoli, M. (1989) 'The sociology of everyday life (epistemological elements)', *Current Sociology*, 37 (1).

Maffesoli, M. (1991) 'The ethic of aesthetics', *Theory, Culture and Society*, 8 (1).

Maffesoli, M. (1995) *The time of the Tribes*. London: Sage.

古田幸男訳（1997）『小集団の時代』法政大学出版局

Malkki, Liisa (1992) '*National Geographic*: the rooting of peoples and the territorialization of national identity among scholars and refugees', *Cultural Anthropology*, 7: 24–44.

Manasse, E. M. (1957) '"Jaspers" relation to Weber', in P. A. Schlipp (ed.) *The Philosophy of Karl Jaspers*. New York: Tudor Publishing.

Mandel, E. (1975) *Late Capitalism*. London: New Left Books.

Mannhcim, K. (1956) 'The problem of intelligentsia', in E. Mannheim and P. Kecskennseti (eds.) *Essays on the Sociology of Culture*. London: Routledge.

Maravall, J. A. (1986) *Culture of the Baroque*. Manchester: Manchester University Press.

Marcus, G. (1992a) 'Past, present and emergent identities: requirements for ethnography in late twentieth century modernity' in S. Lash and J. Friedman (eds.) *Modernity and Identity*. Oxford: Blackwell.

Marcus, G. (ed.) (1992b) *Rereading Cultural Anthropology*. Durham, NC: Duke University Press.

Marcus, G. and Fischer, M. M. J. (1986) *Anthropology as Cultural Critique*. Chicago: Chicago University Press.

永渕康之訳（1989）『文化批判としての人類学』紀伊國屋書店

Marcuse, H. (1964) *One-dimensional Man*. London: Routledge.

生松敬三・三沢謙一訳（1984）『一次元的人間』河出書房新社

Marshall, G. (1982) *In Search of the Spirit of Capitalism*. London: Hutchinson.

Martin, B. (1981) *A Sociology of Contemporary Cultural Change*. Oxford: Blackwell.

Maruyama, M. (1969) *Thought and Behaviour in Modern Japanese Politics*. London: Oxford University Press.

丸山眞男著（1956–1957）『現代政治の思想と行動』（上・下）未來社

Mattelart, A. (1979) *Multinational Corporations and the Control of Culture*. Brighton: Harvester.

阿波弓夫訳（1991）『多国籍企業としての文化』日本エディタースクール出版部

Maunier, R. (1949) *The Sociology of the Colonies*. London: Routledge.

河合弘道訳（1939）『植民社曾學』東學社

Maybury-Lewis, D. (1992a) 'On the importance of being tribal', *Utney Reader*, 52 (July-

August).
Maybury-Lewis, D. (1992b) *Millennium: Tribal Wisdom and the Modern World*. New York: Viking Penguin.
Mazlish, B. (1994) 'The *flâneur*: from spectator to representation' in K. Tester (ed.) *The Flâneur*. London: Routledge.
Mellencamp, P. (ed.) (1990) *The Logics of Television*. Bloomington: Indiana University Press.
Mennell, S. (1985) *All Manners of Food*. Oxford: Blackwell.
北代美和子訳（1989）『食卓の歴史』中央公論社
Mennell, S. (1987) 'On the civilizing of appetite', *Theory, Culture & Society*, 4(2–3): 373–403.
Mennell, S. (1989) *Norbert Elias*. Oxford: Blackwell.
Merleau-Ponty, M. (1964a) 'The eye and the mind' in *The Primacy of Perception*. Evanston: Northwestern University Press.
滝浦静雄・木田元訳（1966）『眼と精神』みすず書房
Merleau-Ponty, M. (1964b) *Sense and Non-Sense*. Evanston: Northwestern University Press.
滝浦静雄ほか共訳（1983）『意味と無意味』みすず書房
Meyrowitz, J. (1985) *No Sense of Place*. Oxford: Oxford University Press.
安川一・高山啓子・上谷香陽訳（2003）『場所感の喪失』（上）新曜社
Middleton, D. and Edwards, D. (eds.) (1990) *Collective Remembering*. London: Sage.
Minh-ha, Trinh T. (1989) *Woman, Native, Other. Writing Postcoloniality and Feminism*. Bloomington: Indiana University Press.
竹村和子訳（1995）『女性・ネイティヴ・他者』岩波書店
Minchinton, W. (1982) 'Convention, fashion and consumption: aspects of British experience since 1750', in H. Baudel and H. van der Meulen (eds.) *Consumer Behaviour and Economic Growth*. London: Croom Helm.
Mintz, S. (1988) *The Power of Sweetness and the Sweetness of Power* (8th Duiker Lecture). Deventer: Van Loghum Slaterus.
Mitterauer, M. (1992) *A History of Youth*. Oxford: Blackwell.
Miyoshi, M. (1991) *Off Center: Power and Culture Relations between Japan and the United States*. Cambridge: Harvard University Press.
佐復秀樹訳（1996）『オフ・センター』平凡社
Miyoshi, M. and Harootunian, H. (1989a) 'Introduction', in H. Harootunian and M. Miyoshi (eds.) *Postmodernism and Japan*. Durham, NC: Duke University Press.
Miyoshi, M. and Harootunian, H. (eds.) (1989b) *Postmodernism and Japan*. Durham, NC:

Duke University Press.
Moch, L. P. (1992) *Moving Europeans: Migrations in Western Europe Since 1650*. Bloomington: Indiana University Press.
Mollenkopf, J. and Castells, M. (eds.) (1991) *Dual City: Restructuring New York*. New York: Russell Sage Foundation.
Monk, R. (1990) *Ludwig Wittgenstein*. London: Cape.
岡田雅勝訳（1994）『ウィトゲンシュタイン——天才の責務』みすず書房
Moore, P. (ed.) (1989) *Genius: The History of an Idea*. Oxford: Blackwell.
Moore, S. F. (1989) 'The production of cultural pluralism as a process', *Public Culture*, 1 (2).
Moore, W. E. (1966) 'Global sociology: the world as a singular system', *American Journal of Sociology*, 71.
Morley, D. (1991) 'Where the global meets the local: notes from the sitting room', *Screen*, 32 (1).
Morris, M. (1990) 'Banality in cultural studies', in P. Mellencamp (ed.) *Logics of Television*. Bloomington: Indiana University Press.
Morris, M. (1992) 'The man in the mirror: David Harvey's *Condition of Postmodernity*', in M. Featherstone (ed.) *Cultural Theory and Cultural Change*. London: Sage.
Moscovici, S. (1990) 'Questions for the twenty-first century', *Theory, Culture & Society*, 7 (4).
New Formations (1983) *Formations of Pleasure*. London: Routledge.
Nicholson, L. J. (ed.) (1990) *Feminism/Postmodernism*. London: Routledge.
Nisbet, R. (1967) *The Sociological Tradition*. London: Heinemann.
中久郎監訳（1975-1977）『社会学的発想の系譜』（1・2）アカデミア出版会
Obeyesekere, G. (1992) *The Apotheosis of Captain Cook*. Princeton: Princeton University Press.
O'Pray, M. (ed.) (1989) *Andy Warhol Film Factory*. London: British Film Institute.
Osborne, P. (1992) 'Modernity is a qualitative, not a chronological category' in F. Barker, P. Hulme and M. Iverson (eds.) *Postmodernism and the Re-reading of Modernity*. Manchester: Manchester University Press.
Pearson, G. (1985) 'Lawlessness, modernity and social change', *Theory, Culture & Society*, 2 (3).
Pels, D. and Crebas, A. (1988) '*Carmen* or the invention of a new feminine myth', *Theory, Culture & Society*, 5 (4). Reprinted in M. Featherstone, M. Hepworth and B. S. Turner (eds.) *The Body: Social Process and Cultural Theory*. London: Sage [1991].
Portis, E. B. (1973) 'Max Weber's theory of personality', *Sociological Inquiry*, 48 (2).
Preteceille, E. and Terrail, J. P. (1985) *Capitalism, Consumption and Needs*. Oxford:

Blackwell.
Reddy, W. M. (1984) *The Rise of Market Culture*. Cambridge: Cambridge University Press.
Richards, J. (1984) *The Age of the Dream Palace: Cinema and Society in Britain 1930–1939*. London: Routledge.
Richardson, M. (1992) 'The sacred and the Collège de Sociologie', *Theory, Culture & Society*, 9 (3).
Rieff, P. (1990) 'The impossible culture: Wilde as modern prophet', in *The Feeling Intellect*. Chicago: Chicago University Press.
Ritzer, G. (1993) *The McDonaldization of Society*. London: Sage.
正岡寛司監訳（1999）『マクドナルド化する社会』早稲田大学出版部
Robertson, R. (1982) 'Review of D. Frisby *Sociological Impressionism*', *Theory, Culture & Society*, 1 (1).
Robertson, R. (1990a) 'Mapping the global condition', in M. Feathersotne (ed.) *Global Culture*. London: Sage.
Robertson, R. (1990b) 'After nostalgia? Wilful nostalgia and the phase of globalization', in B. S. Turner (ed.) *Theories of Modernity and Postmodernity*. London: Sage.
Robertson, R. (1991) 'Social, theory, cultural relativity and the problem of globality' in A. D. King (ed.) *Culture, Globalization and the World System*. New York: Macmillan.
山中弘ほか訳（1999）『文化とグローバル化』玉川大学出版部
Robertson, R. (1992a) *Globalization*. London: Sage.
阿部美哉訳（1997）『グローバリゼーション——地球文化の社会理論』東京大学出版会
Robertson, R. (1992b) 'Globality and modernity', *Theory, Culture & Society*, 9 (2).
Robertson, R. (1995) 'Globalization: time-space and homogeneity-heterogeneity', in M. Featherstone, S. Lash and R. Robertson (eds.) *Global Modernities*. London: Sage.
Rojek, C. (1995) *Decentring Leisure*. London: Sage.
Rorty, R. (1986) 'Freud and moral reflection', in J. H. Smith and W. Kerrigan (eds.) *Pragmatism's Freud*. Baltimore: John Hopkins University Press.
Rosaldo, R. (1993) *Culture and Truth: The Remaking of Social Analysis*. London: Routledge.
椎名美智訳（1998）『文化と真実』日本エディタースクール出版部
Roth, G. (1988) 'Introduction to Marianne Weber', *Max Weber: A Biography*. 2nd edn. New York: Wiley.
Sahlins, M. (1976) *Culture and Practical Reason*. Chicago: Chicago University Press.
山内昶訳（1987）『人類学と文化記号論』法政大学出版局
Said, E. W. (1978) *Orientalism*. Harmondsworth: Penguin.
今沢紀子訳（1993）『オリエンタリズム』（上・下）平凡社ライブラリー

Said, E. W. (1993) *Culture and Imperialism*. New York: Vintage.
大橋洋一訳（1998-2001）『文化と帝国主義』（上・下）みすず書房
Sakai, N. (1989) 'Modernity and its critique: the problem of universalism and particularism', in M. Miyoshi and H. D. Harootunian (eds.) *Postmodernism and Japan*. Durham, NC: Duke University Press.
Sassen, S. (1991) *Global Cities: New York, London, Tokyo*. Princeton: Princeton University Press.
Sayre, H. M. (1989) *The Object of Performance: The American Avant-Garde since 1970*. Chicago: Chicago University Press.
Scaff, L. A. (1989) *Fleeing the Iron Cage: Culture, Politics and Modernity in the Thought of Max Weber*. Berkeley: California University Press.
Scaff, L. A. (1990) 'Georg Simmel's theory of culture' in M. Kaern, B. S. Phillips and R. S. Cohen (eds.) *Georg Simmel and Contemporary Sociology*. Dordrecht: Kluwer.
Scheff, T. J. (1990) 'Language acquisition versus formal education: a theory of genius' in *Microsociology: Discourse, Emotion and Social Structure*. Chicago: Chicago University Press.
Schiller, H. I. (1976) *Communications and Cultural Domination*. New York: Sharpe.
Schiller, H. I. (1985) 'Electronic information flows: new basis for global domination?' in P. Drummond and R. Patterson (eds.) *Television in Transition*. London: British Film Institute.
Schor, N. (1987) *Reading in Detail: Aesthetics and the Feminine*. London: Methuen.
Shutz, A. (1962) 'On multiple realities' in *Collected Papers*, Volume 1. The Hague: Nijhoff.
渡部光ほか訳（1983）『社会的現実の問題』（第 1 巻）マルジュ社
Shutz, A. (1964) 'Don Quixote and the problem of reality', in *Collected Papers*, Volume 3. The Hague: Nijhoff.
渡部光ほか訳（1991）『社会的現実の問題』（第 3 巻）マルジュ社
Schwentker, W. (1987) 'Passion as a mode of life: Max Weber, the Otto Gross Circle and eroticism' in W. J. Mommsen and J. Osterhammel (eds.) (1987) *Max Weber and his Contemporaries*. London: Allen & Unwin.
鈴木広・米沢和彦・嘉目克彦監訳（1994）『マックス・ヴェーバーとその同時代人群像』ミネルヴァ書房
Seed, J. and Wolff, J. (eds.) (1988) *The Culture of Capital: Art, Power and the Nineteenth-Century Middle Class*. Manchester: Manchester University Press.
Seigel, J. (1986) *Bohemian Paris*. New York: Viking.
Serres, M. (1991) *Rome: the Book of Foundations*. Stanford, CA: Stanford University Press.
Sharrock, W. and Anderson, B. (1986) *The Ethnomethodologists*. London: Travistock.

Shils, E. (1960) 'Mass society and its culture', *Daedalus*, 89 (2): 288–314.
Shotter, J. (1993) *Cultural Politics of Everyday Life*. Milton Keynes: Open University Press.
Shusterman, R. (1988) 'Postmodern aestheticism: a new moral philosophy?', *Theory, Culture & Society*, 5 (2–3).
Simmel, G. (1923) 'Rodin', in *Philosophische Kultur*, 3rd edn. Potsdam.
円子修平・大久保健治訳（2004）『文化の哲学』白水社
Simmel, G. (1968) 'On the concept of the tragedy of culture' in *The Conflict in Modern Culture and Other Essay*. New York: Teachers College Press.
生松敬三訳（1976）『哲学の根本問題――現代文化の葛藤』白水社
Simmel, G. (1971a) 'The adventurer' in D. L. Levine (ed.) *Georg Simmel on Individuality* and Social Forms. Chicago: Chicago University Press.
居安正訳（2004）『社会学の根本問題（個人と社会）』世界思想社
Simmel, G. (1971b) 'Sociability' in D. L. Levine (ed.) *Georg Simmel on Individuality and Social Forms*. Chicago: Chicago University Press.
居安正訳（2004）『社会学の根本問題（個人と社会）』世界思想社
Simmel, G. (1971c) 'Subjective culture' in D. L. Levine (ed.) *Georg Simmel on Individuality and Social Forms*. Chicago: Chicago University Press.
居安正訳（2004）『社会学の根本問題（個人と社会）』世界思想社
Simmel, G. (1971d) 'The metropolis and mental life' in D. L. Levine (ed.) *Georg Simmel on Individuality and Social Forms*. Chicago: Chicago University Press.
居安正訳（2004）『社会学の根本問題（個人と社会）』世界思想社
Simmel, G. (1977) *The Problem of a Philosophy of History*, trans. and ed. by G. Oakes, New York: Free Press.
生松敬三・亀尾利夫訳（1977）『歴史哲学の諸問題』白水社
Simmel, G. (1978) *The Philosophy of Money*, trans. by T. Bottomore and D. Frisby. London: Routledge.
居安正訳（1999）『貨幣の哲学』白水社
Simmel, G. (1983) *Philosophische Kultur*. Berlin: Wagenbach.
円子修平・大久保健治訳（2004）『文化の哲学』白水社
Simmel, G. (1986) *Schopenhauer and Nietzsche*. Amherst: Massachusetts University Press.
吉村博次訳（2004）『ショーペンハウアーとニーチェ』白水社
Simmel, G. (1990) *The Philosophy of Money*, 2nd edn, trans. D. Frisby. London: Routledge.
居安正訳（1999）『貨幣の哲学』白水社
Simmel, G. (1991) 'The Berlin Trade Exhibition', *Theory, Culture & Society*, 8 (3).
Simmel, G. (1995) 'Fashion', in D. Frisby and M. Featherstone (eds.) *Simmel on Culture*. London: Sage.

Smart, B. (1990) 'Modernity, postmodernity and the present', in B. S. Turner (ed.) *Theories of Modernity and Postmodernity*. London: Sage.
Smith, A. D. (1990) 'Towards a global culture?' *Theory, Culture & Society*, 5 (2–3).
Soja E. (1989) *Postmodern Geographies*. London:Verso.
加藤政洋ほか訳（2003）『ポストモダン地理学』青土社
Springborg, P. (1981) *The Problem of Human Needs and the Critique of Civilisation*. London: Allen & Unwin.
Stallybrass, P. and White, A. (1986) *The Politics and Poetics of Transgression*. London: Methuen.
本橋哲也訳（1995）『境界侵犯』ありな書房
Staude, J. R. (1967) *Max Scheler: An Intellectual Portrait 1874–1928*. New York: Free Press.
Staude, J. R. (1990) 'Georg Simmel and Max Scheler', University of Teesside, Mimeo.
Stauth, G. and Turner, B. S. (1988a) *Nietzsche's Dance*. Oxford: Blackwell.
Stauth, G. and Turner, B. S. (1988b) 'Nostalgia, postmodernism and the critique of mass culture', *Theory, Culture & Society*, 5 (2–3): 509–26.
Stead, P. (1989) *Film and the Working Class*. London: Routledge.
Stein, M. (1960) *Eclipse of Community*. New York: Harper.
Suttles, G. (1991) 'Preface', to *Kamikaze Biker*. Chicago: Chicago University Press.
Swanson, G. E. (1992) 'Modernity and the postmodern', *Theory, Culture & Society*, 9 (2).
Swingewood, A. (1977) *The Myth of Mass Culture*. London: Methuen.
稲増龍夫訳（1982）『大衆文化の神話』東京創元社
Tagg, J. (1991) 'Globalization, totalization and the discursive field', in A. King (ed.) *Culture, Globalization and the World-system*. London: Macmillan.
山中弘ほか訳（1999）『文化とグローバル化』玉川大学出版部
Taussig, M. (1980) *The Devil and Commodity Fetishism in South America*. Chapel Hill: North Carolina University Press.
Taussig, M. (1987) *Shamanism, Colonialism and the Wild Man: A Study of Terror and Healing*. Chicago: Chicago University Press.
Taylor, C. (1992) *Multiculturalism and "The Politics of Recognition"*. Princeton: Princeton University Press.
佐々木毅ほか訳（1996）『マルチカルチュラリズム』岩波書店
Tenbruck, F. (1980) 'The problem of thematic unity in the work of Max Weber', *British Journal of Sociology*, 31.
Tenbruck, F. (1990) 'The dream of a secular ecumene: the meaning and politics of development', in M. Featherstone (ed.) *Global Culture*. London: Sage.
Tenbruck, F. (1994) 'History of Society or universal history', *Theory, Culture & Society*, 11

(1).

Therborn, G. (1995) 'Routes to/through modernity', in M. Featherstone, S. Lash and R. Robertson (eds.) *Global Modernities*. London: Sage.

Theroux, P. (1992) *The Happy Isles of Oceania: Paddling the Pacific*. New York: Putnam.

Theweleit, K. (1987) *Male Fantasies Volume 1: Women, Floods, Bodies, History*. Cambridge: Polity.
田村和彦訳（1999）『男たちの妄想 I ――女・流れ・身体・歴史』法政大学出版局

Thomas, K. (1983) *Man and the Natural World. Harmondsworth*: Allen Lane.
中島俊郎・山内彰訳（1989）『人間と自然界』法政大学出版局

Thornton, R. J. (1992) 'The rethoric of ethnographic holism' in G. Marcus (ed.) *Rereading Cultural Anthropology*. Durham, NC: Duke University Press.

Tibi, B. (1995) 'Culture and knowledge: the politics of Islamisation of knowledge as a postmodern project? The fundamentalist claim to de-Westernisation', *Theory, Culture & Society*, 12 (1).

Todorov. T. (1984) *The Conquest of America*. New York: Harper.
及川馥・大谷尚文・菊地良夫訳（1986）『他者の記号学――アメリカ大陸の征服』法政大学出版局

Tomlinson, J. (1991) *Cultural Imperialism*. London: Pinter.
片岡信訳（1997）『文化帝国主義』青土社

Tönnies, F. (1955) *Community and Association*. London: Routledge.
杉之原寿一訳（1957）『ゲマインシャフトとゲゼルシャフト』（上・下）岩波文庫

Touraine, A. (1986) *Le Retour de l'acteur*. Paris. Trans. *The Return of the Actor*. Minneapolis: Minnesota University Press.

Turner, B. S. (1987) 'A note on nostalgia', *Theory, Culture & Society*, 4 (1).

Turner, B. S. (1990a) 'Two faces of sociology: global or national', in M. Featherstone (ed.) *Global Culture*. London: Sage.

Turner, B. S. (ed.) (1990b) 'Introduciton' to B. S. Turner (ed.) *Theories of Modernity and Postmodernity*. London: Sage.

Turner, C. (1990) 'Lyotard and Weber: postmodern rules and neo-Kantian values' in B. S. Turner (ed.) *Theories of Modernity and Postmodernity*. London: Sage.

Turner, G. (1990) *British Cultural Studies*. London: Unwin Hyman.
溝上由紀ほか訳（1999）『カルチュラル・スタディーズ入門』作品社

Turner, V. (1969) *The Ritual Process: Structure and Anti-Structure*. Harmondsworth: Allen Lane.

冨倉光雄訳（1996）『儀礼の過程』新思索社
Tyssen, L. van Vucht (ed.) (1995) *Modernization and the Search for Fundamentals*. Dordrecht: Kluwer.
Urry, J. (1990) *The Tourist Gaze*. London: Sage.
加太宏邦訳（1995）『観光のまなざし』法政大学出版局
Urry, J. (1992) 'The tourist gaze and the "environment"', *Theory, Culture & Society*, 9 (3).
Van den Abbeele, G. (1992) *Travel as Metaphor*. Minneapolis: Minneapolis University Press.
Vattimo, G. (1988) *The End of Modernity*. Cambridge: Polity.
Vaughan, M. (1984) 'Intellectuals, nationalism and modernity', unpublished paper, University of Lancaster.
Veblen, T. (1953) *The Theory of the Leisure Class*. New York: The New American Library, orig. publ. 1891.
小原敬士訳（1961）『有閑階級の理論』岩波文庫
Viddich, A. and Bensman, J. (1958) *Small Town in Mass Society*. Princeton, NJ: Princeton University Press.
Vowinckel, G. (1987) 'Command or refine? Culture patterns of cognitively organizing emotions', *Theory, Culture & Society*, 4 (2–3): 489–514.
Walker, J. A. (1987) *Crossovers: Art into Pop/Pop into Art*. London: Methuen.
Wallace, A. F. C. (1970) *Culture and Personality*. New York: Random House.
Wallerstein, I. (1974) *The Modern World-System I*. London: Academic Press.
川北稔訳（2006）『近代世界システム――農業資本主義と「ヨーロッパ世界経済」の成立』（1・2）岩波書店
Wallerstein, I. (1980) *The Modern World-System II*. London: Academic Press.
川北稔訳（1993）『近代世界システム1600～1750 ――重商主義と「ヨーロッパ世界経済」の凝集』名古屋大学出版会，川北稔訳（1997）『近代世界システム1730～1840s ――大西洋革命の時代』名古屋大学出版会
Wallerstein, I. (1987) 'World-systems analysis', in A. Giddens and J. Turner (eds.) *Social Theory Today*. Cambridge: Polity.
Wallerstein, I. (1990) 'Culture as the ideological battleground of the modern world-system' in M. Featherstone (ed.) *Global Culture*. London: Sage.
Wang, G. (1993) 'Migration and its enemies', in B. Mazlish and R. Builtjens (eds.) *Conceptualizing Global History*. Boulder, CO: Westview Press.
Warner, W. L. and Lunt, P. S. (1941) *The Social Life of a Modern Community*. New Haven: Yale University Press.
Wasielewski, P. L. (1985) 'The emotional basis of charisma', *Symbolic Interaction*, 8 (2).
Watier, P. (1991) 'The war writings of Georg Simmel', *Theory, Culture & Society*, 8 (3),

special issue on Georg Simmel.

Weber, Marianne. (1975) *Max Weber: A Biography*. New York: Wiley. (2nd revised edition edited by G. Roth, 1989.)

Weber, M. (1948a) 'Politics as a vocation', in H.H. Gerth and C. W. Mills (eds.) *From Max Weber*. London: Routledge.
脇圭平訳（1984）『職業としての政治』岩波文庫

Weber, M. (1948b) 'Science as a vocation' in H.H. Gerth and C. W. Mills (eds.) *From Max Weber*. London: Routledge.
尾高邦雄訳（1982）『職業としての学問』岩波文庫

Weber, M. (1948c) 'Religious rejections of the world and their directions', in H. H. Gerth and C. W. Mills (eds.) *From Max Weber*. London: Routledge.
安藤英治ほか訳（1988）『宗教・社会論集』河出書房新社

Weber, M. (1948d) 'The sociology of charismatic authority' in H. H. Gerth and C. W. Mills (eds.) *From Max Weber*. London: Routledge.
世良晃志郎訳（1962）『支配の社会学 II』創文社

Weber, M. (1949) 'The meaning of "ethical neutrality" in sociology and economics' in *The Methodology of the Social Sciences*. New York: Free Press.
松代和郎訳（1976）『社会学および経済学の「価値自由」の意味』創文社

Weber, M. (1951) *The Religion of China*. Glencoe, IL: Free Press.
木全徳雄訳（1971）『儒教と道教』創文社

Weingartner, R. H. (1962) *Experience and Culture: The Philosophy of Georg Simmel*. Middletown, CT: Wesleyan University Press.

Weinstein, D. and Weinstein M. (1990) 'Georg Simmel: sociological flâneur/bricoleur', *Theory, Culture & Society*, 8 (3).

Weinstein, D. and Weinstein M. (1991) 'Georg Simmel', *Canadian Journal of Political and Social Theory*.

Whimster, S. (1987) 'The secular ethic and the culture of modernism', in S. Whimster and S. Lash (eds.) *Max Weber, Rationality and Modernity*. London: Allen & Unwin.

Whimster, S. (1989) 'Heidelberg man: recent literature on Max Weber', *Theory, Culture & Society*, 6 (3).

White, H. (1973) *Metahistory*. Baltimore: Johns Hopkins Universtity Press.

White, R. (1981) *Inventing Australia*. Sydney: Allen & Unwin.

White, R. (1983) 'A backwater awash: the Australian experience of Americanization', *Theory, Culture & Society*, 1 (3).

Wilensky, H. L. (1964) 'Mass society and mass culture: interdependencies or dependencies', *American Sociological Review*, 29 (2): 173–97.

Williams, R. (1961) *Culture and Society, 1780–1950*. Harmondsworth: Penguin, publ. orig. 1958.
若松繁信・長谷川光昭訳（1968）『文化と社会』ミネルヴァ書房
Williams, R. (1975) *The Country and the City*. London: Chatto & Windus.
山本和平ほか訳（1985）『田舎と都会』晶文社
Williams, R. (1981) *Culture*. London: Fontana.
小池民男訳（1985）『文化とは』晶文社
Williams, R. (1983) *Towards 2000*. London: Chatto & Windus.
Williamson, B. (1982) *Class, Culture and Community*. London: Routledge.
Wohl, R. (1980) *The Generation of 1914*. London: Weidenfeld & Nicholson.
Wolfe, T. (1989) *The Right Stuff*, London: Black Swan.
中野圭二・加藤弘和訳（1983）『ザ・ライト・スタッフ』中公文庫
Wolff, Eric R. (1990) 'Distinguished lecture: facing power — old insights, new questions', *American Anthropologist*, 92 (3).
Wolff, J. (1993) 'On the road again: metaphors of travel in cultural criticism', *Cultural Studies*, 7 (2).
Yeats, W. B. (1991) *Selected Poetry*. Harmondsworth: Penguin.
鈴木弘訳（1982）『W・B・イェイツ全詩集』北星堂書店
Yoshimoto, M. (1989) 'Postmodernism and mass image in Japan', *Public Culture*, 1(2).
Zerubavel, E. (1991) *The Fine Line: Making Distinctions in Everyday Life*. Chicago: Chicago University Press.
Zolberg, A. (1995) 'The Great Wall against China: responses to the first immigration crisis, 1885–1925', in Wang Gungwu (ed.) *Global History and Migrations*. Boulder, CO: Westview Press.
Zukin, S. (1988) 'The postmodern debate over urban form', *Theory, Culture & Society*, 5 (2–3).
Zukin, S. (1991) *Landscapes of Power: From Detroit to Disney World*. Berkeley: California University Press.